Orfèvrerie française

par
VÉRONIQUE ALEMANY-DESSAINT
Conservateur des musées de France

Suivi d'une étude sur
L'orfèvrerie d'étain
par
PHILIPPE BOUCAUD

LES ÉDITIONS DE L'ILLUSTRATION
BASCHET & CIE
13, rue Saint-Georges
75009 PARIS

Orfevre Grossier, Ouvrages.

Planche extraite de L'Encyclopédie de Diderot et d'Alembert.

LES STYLES FRANÇAIS

© 1988. Les Éditions de l'Illustration - Baschet et Cie, Paris.
ISBN 2-7059-0035-7

Sommaire

Avant-propos 6

Le métier d'orfèvre 9

Les matériaux 10
    Conservation des ouvrages en argent massif 12
La fabrication 13
La décoration 15
La réglementation 19
    Symbole des villes dans les poinçons de maître 22
    Juridictions de province à la fin de l'Ancien Régime 23
    Exemples de poinçons parisiens de 1672 à 1789 24
    Poinçons en usage de 1798 à nos jours 27
    Conseils pour authentifier l'orfèvrerie 27

L'orfèvrerie à travers les âges 29

Le Moyen Age 30
La Renaissance 42
Le Grand Siècle 47
Le Siècle des Lumières 54
Le néo-classicisme 80
Le romantisme 92
L'éclectisme 97
Le naturalisme 102
L'Art Déco 108

L'orfèvrerie au quotidien 113

Les mets 114
L'eau et le vin 154
Les boissons exotiques 167
La toilette 178
L'éclairage 183
L'écriture 189

L'orfèvrerie d'étain 192

La technique 194
Les poinçons 195
Le Moyen Age 196
La Renaissance 197
L'âge d'or, 1610-1730 201
Le déclin, 1730-1780 209

Glossaire 215
Sources des photographies 216

LES objets d'orfèvrerie ont été de tous temps, puisque l'origine en remonte au monde antique, à la fois symbole de richesse parce que faits dans les métaux les plus précieux, type même de l'œuvre d'art par l'exécution originale de chaque pièce, et conception utilitaire pour des usages domestiques ou religieux.

A deux de ces titres, l'orfèvrerie a subi les vicissitudes des événements sociaux de tous genres : en métal précieux, les pièces étaient aisément fondues pour servir de monnaie dans les périodes troublées comme le furent la fin du règne de Louis XIV, le milieu du règne de Louis XV ou les débuts de la Révolution française. D'innombrables œuvres d'art disparurent ainsi, au cours des siècles ; les objets d'or et d'argent du Moyen Age, de la Renaissance et même du XVIIe siècle, encore conservés de nos jours, sont essentiellement religieux : croix, calices ou reliquaires et cependant ils n'étaient pas absents de la table des rois et des seigneurs. Il n'en est pas de même, fort heureusement, pour ce qui fut fabriqué au cours du XVIIIe siècle et durant le premier tiers du XIXe siècle, périodes que l'on peut considérer comme l'âge d'or et l'apogée de cet art.

Si le métier d'orfèvre a été exercé à l'échelle européenne, durant cette époque, il n'en reste pas moins que l'orfèvrerie française a tenu une place dominante non seulement parce qu'elle fut exportée dans toutes les cours d'Europe, mais aussi parce que ses modes eurent une influence sur les réalisations des pays voisins.

On peut, en effet, constater que les plus belles productions de notre orfèvrerie ne sont pas seulement dans les collections publiques françaises, comme celles du Louvre ou des Arts décoratifs, mais qu'elles occupent une place importante dans la plupart des grands musées européens ou américains. Citons par exemple ceux de Londres, Lisbonne, Vienne, Munich, Leningrad, New York.

Cependant, ces pièces prestigieuses ne doivent pas occulter la qualité plus sobre mais tout aussi artistique des pièces qui furent fabriquées en grand nombre pour une clientèle où se côtoyaient noblesse et bourgeoisie, grâce à une plus grande répartition des richesses. C'est une large place qui leur est faite dans cet ouvrage, s'adressant ainsi à tous ceux qui possèdent ou cherchent à acquérir des pièces d'orfèvrerie anciennes ou modernes puisque cet art a su se renouveler jusqu'à nos jours, en adaptant son style à celui de l'époque. Prenons en exemple, les influences réciproques entre les styles Art Déco et les créations d'un Jean Puiforcat.

Pour que l'amateur puisse aborder dans ce volume les différents aspects de l'orfèvrerie, nous avons constitué trois parties qui en rendent plus aisée la consultation. La première partie est consacrée à la technique de fabrication, à l'historique de la corporation des orfèvres et à la réglementation, qui par les poinçons de charge, de décharge, de maître, de communautés ou de jurandes, permettent d'identifier les pièces en les datant et les attribuant avec précision, sans omettre la garantie de leur teneur en métal fin.

La seconde partie, outre un rapide rappel historique remontant, pour la clarté du sujet, à notre Moyen Age, est consacrée à l'étude des styles qui se sont succédés depuis le règne de Louis XIV. On y notera une lente évolution et le retard constaté dans les productions provinciales, avec malgré tout, des tournants brusques provoqués par des engouements de la cour de France. Mazarin, la marquise de Pompadour, Marie-Antoinette, Napoléon Ier, Louis-Philippe, imposent des modes que suivent les plus grands orfèvres du temps : les Ballin, Germain, Biennais, Odiot, Froment-Meurice, etc.

Dans une troisième partie, les pièces d'orfèvrerie française ont été systématiquement répertoriées selon leur usage ou leur destination avec un classement distinguant les arts de la table, les objets de toilette, l'éclairage, les éléments de bureau. Certes, le sujet étant très vaste, il n'a pas été possible de présenter tous les objets qui ont pu être exécutés en or ou en argent, tels les objets de vitrine, les statuettes, les trophées ou des réalisations exceptionnelles, comme le berceau du roi de Rome, en vermeil, ou le lit en argent massif d'un maharajah.

Une dernière partie est consacrée à l'orfèvrerie d'étain. Certes, le travail de ce métal n'est pas réellement du domaine de l'orfèvrerie, l'étain étant généralement utilisé par un maître potier pour confectionner des objets simples, destinés à un usage quotidien ; mais la cherté de l'argent et les besoins d'une clientèle bourgeoise désireuse de posséder des pièces de qualité ont incité de véritables artistes à reproduire en étain des œuvres d'orfèvrerie.

La corporation des étainiers avait d'ailleurs sa réglementation, ses poinçons, ses garanties qui la rapprochaient de celle des orfèvres. Cette étude a été limitée aux pièces de table, dont la production a occupé une place importante tout au long du XVIIIe siècle ; c'est une analyse typologique comportant d'intéressantes comparaisons, avec les pièces d'argenterie similaires tant dans la forme que dans le décor.

Nous espérons ainsi avoir répondu à l'attente de tous ceux que l'orfèvrerie attire par la beauté de la matière, l'équilibre des proportions du décor et qui souhaitent avoir les connaissances indispensables. Qui ne possède ou rêve de posséder une « ménagère », l'élément de base de toute argenterie de maison ? Si l'abondante iconographie de ce livre comporte nombre de pièces prestigieuses, elle fait place à des objets de qualité à la portée de tout amateur, notamment dans la production du XIXe siècle, qui souvent reproduit des sujets du siècle précédent.

LES ÉDITEURS

Le métier d'orfèvre

L'analyse du matériau employé, la description des diverses étapes de fabrication et des outils nécessaires pour parvenir à l'achèvement d'une pièce d'orfèvrerie sont placées au début de cette étude pour deux raisons : d'une part, parce que avant de signifier un ouvrage particulier, le mot « orfèvrerie » désigne la technique, l'art dont le produit est cet ouvrage ; d'autre part, pour faire prendre conscience au lecteur de la variété et de l'abondance de la production, du savoir-faire mêlé d'habileté et d'intelligence, de travail et de sensibilité qui a présidé à l'exécution de cet ouvrage. Que de précautions à prendre, donc quelle patience et quelle délicatesse pour savoir préparer les matériaux et les façonner. Que d'expérience et d'attention pour choisir parmi une panoplie impressionnante les bons outils au bon moment et faire avec adresse les bons gestes. Connaître les techniques de l'orfèvrerie fait apprécier encore plus la beauté des œuvres. Le lecteur regardera ainsi leur reproduction avec un double regard : sensitif et émotionnel ; à l'émerveillement esthétique s'ajoutera l'admiration respectueuse.

Vase couvert. Or ciselé et émaillé.
Frise de Luc-Olivier Merson illustrant les métiers d'art.
Lucien Falize, orfèvre et Émile Pye, graveur, Paris, 1895.
(Musée des Arts décoratifs, Paris).

Les matériaux

Le terme d'orfèvrerie indique la nature du matériau utilisé dans l'exercice de ce métier : « les métaux réputés précieux ». L'or et l'argent le sont soit à l'état brut, soit mélangés à des métaux moins nobles, la synthèse s'appelant *alliage*. Troisième possibilité : l'or et l'argent sont posés en plaques minces (*plaqué, doublé*) ou en couches (*dorure, argenture*) sur des métaux communs. Ce livre est consacré aux pièces d'orfèvrerie au sens restreint du terme : fabriquées en or et en argent avec des alliages dans la composition desquels entrent les métaux précieux. Les objets faits à base de métaux communs, c'est-à-dire ceux dont les alliages ont l'aspect de l'or et de l'argent ou qui sont destinés à être argentés ou dorés pour imiter la vraie orfèvrerie, méritent à eux seuls une étude de par leur différence de nature et l'importance qu'ils ont prise depuis le XVIII siècle.

L'or a toujours été considéré comme le « roi des métaux » à cause de son ancienneté, de sa rareté qui en font un symbole de richesse et de pouvoir, de son éclat jaune inaltérable, de ses qualités physiques. De tous les métaux, il est le plus malléable, le plus ductile donc le plus facile à travailler pour un orfèvre qui peut le façonner, le réduire en feuilles épaisses de dix millièmes de millimètre et réaliser à partir d'un gramme de ce métal un fil de deux kilomètres de longueur. Enfin, il est inoffensif du point de vue de la santé. Ce n'est qu'au XVIe siècle, lorsque les Espagnols ont conquis le Mexique et le Pérou, que l'or commence à être régulièrement importé en Europe ; cependant, dès le Moyen Age, ce métal est couramment employé dans la vaisselle profane et religieuse des rois, des princes, des seigneurs et des prélats du royaume de France, voire même dans leur mobilier. Voilà donc un

Terrine et son présentoir. Argent et or. Robert-Joseph Auguste, Paris 1775-1776. (Coll. de S.M. le roi de Suède, Palais royal, Stockholm).

phénomène étrange : alors qu'aux époques ultérieures, les découvertes de riches gisements et les progrès dans leur exploitation augmentent la quantité de matière première, son usage se réduit : dès 1506, Louis XII, par une ordonnance, interdit pendant quatre ans la fabrication de vaisselle d'or et limite le poids de l'argent dans la vaisselle plate, sauf pour l'usage religieux. Excepté pour quelques commandes spécifiques dont nous reparlerons, où l'or est employé non seulement dans la vaisselle mais parfois dans le mobilier, les orfèvres réservent l'utilisation de l'or à la confection de bibelots alors que bijoutiers et joailliers s'en emparent.

L'argent, bénéficiant de cette situation, va devenir le matériau privilégié de l'orfèvrerie, son usage se généralise au cours des époques. Ce métal suit de près l'or pour ses qualités de ductilité et de malléabilité auxquelles s'ajoutent sa couleur blanche, sa résistance et sa légèreté plus grandes que celles de son rival, sa facilité à être soudé. L'argent est sans danger pour la santé, il conserve les aliments et les boissons sans les altérer et garde leur chaleur ; enfin, il est inoxydable à l'air et à l'oxygène et reflète la lumière. Le terme « argent massif » n'est employé qu'à partir du XIXe siècle pour le différencier du « métal argenté », procédé dont les orfèvres Joseph Bouilhet et Charles Christofle achetèrent le brevet à partir de 1842 et dont ils se firent les spécialistes : l'objet est fabriqué en métal non précieux (laiton, maillechort) et recouvert d'argent par électrolyse, technique concurrençant celle du « plaqué » employée depuis la fin du règne de Louis XV et très utilisée au début du XIXe siècle jusqu'à l'intervention de la galvanoplastie.

Le platine, de couleur blanc grisâtre, découvert au Mexique en 1735 fut très peu employé en orfèvrerie ; Marc-Étienne Javety, orfèvre parisien sous Louis XVI, s'en fit une spécialité. Le platine ne fut reconnu comme métal précieux qu'en 1850.

Préparation

L'or et l'argent doivent être chimiquement purs : les opérations d'*affinage* sont l'œuvre des fondeurs-affineurs responsables également de leur présentation : fondus, les métaux sont versés dans les *lingotières*. Ces mêmes ouvriers spécialisés, ou les orfèvres eux-mêmes suivant l'époque et l'importance de l'atelier, obtiennent diverses formes à partir du *lingot* initial : des fils par *martelage* ou au moyen de filières ; des feuilles ou des plaques plus ou moins épaisses exécutées manuellement au marteau et à partir du début du XVIIIe siècle au laminoir (*laminage*).

La malléabilité de l'or et de l'argent ne facilite pas le travail de l'orfèvre qui a besoin de matériaux durs, rigides pour résister aux coups et manipulations de la fabrication, aux usages et aux chocs ultérieurs subis par l'objet. Adjoints à des métaux communs, l'or et l'argent sont plus résistants et l'alliage conserve leurs autres propriétés. Le cuivre est le plus souvent utilisé : en le mélangeant avec l'or, on obtient un matériau dont l'aspect rappelle celui de l'or, la teinte variant suivant les dosages ; mêmes phénomènes pour les colorations de l'alliage obtenu à partir d'un mélange d'or, d'argent et de cuivre (rose, vert, blanc par exemple). L'argent peut s'allier isolément au cuivre ou à l'or (*electrum*, à ne pas confondre avec le *vermeil*, argent recouvert d'une dorure tirant sur le rouge).

Les titres et leur essai

Pour des raisons d'opportunité économique et pour éviter la fraude, la quantité de métal fin à employer dans la confection d'un alliage par rapport à son poids total fut déterminée légalement : d'où son nom d'*aloi* qui devint par la suite le *titre*. Depuis le Moyen Age et jusqu'à la fin de l'Ancien Régime, la quantité d'or s'exprime en *carats* (le carat est divisé en trente-deux parties), celle d'argent en *deniers* (le denier égalant soixante-quatre grains) ; l'or pur est à vingt-quatre carats, l'argent fin à douze deniers. A partir du XIVe siècle, le poids de ces métaux s'évalue en *marcs*.

Le souci de conformité de la composition de l'alliage naît dès le XIIIe siècle : Louis IX fixe le titre de l'or à dix-neuf carats ; celui de l'argent, aligné sur la monnaie anglaise ayant alors cours en France depuis le règne de Louis le Gros (1108-1137) à savoir l'esterling, équivaut à onze deniers. Philippe le Hardi relève en 1275 le titre de l'argent à onze deniers douze grains de fin soit 958/1000. Cet alliage est nommé « argent-le-roi » ou « argent de Paris ». Philippe le Bel en 1313 réitère cette réglementation ; Henri II, par une ordonnance de 1549, prescrit pour l'argent une tolérance de deux grains (soit 0,10 g). De nombreuses communautés de province se référaient à cette norme parisienne ; néanmoins celles de Lorraine, de Franche-Comté, d'Alsace, de Flandre

---

POIDS

Ancien régime		*Depuis 1812*
Marc = 8 onces	244,752 g	250 g
Once = 8 gros	30,594 g	31,25 g
Gros = 3 deniers	3,82425 g	3,90 g
Denier = 24 grains	1,27475 g	1,30 g
Grain	0,05315625 g	0,054 g

ALLIAGES EN COURS

OR

1er titre : 920 parties d'or, 80 de cuivre
2e titre : 840 parties d'or, 160 de cuivre
3e titre : 750 parties d'or, 250 de cuivre
(tolérance de 3 millièmes)

ARGENT

1er titre : 925 parties d'argent, 75 de cuivre
2e titre : 800 parties d'argent, 200 de cuivre
(tolérance de 5 millièmes)

PLATINE

Titre unique : 950 (tolérance de 10 millièmes)

> **CONSERVATION DES OUVRAGES EN ARGENT MASSIF**
>
> **ALTÉRATION**
> - Oxydation au contact du soufre et de ses composés contenus dans l'atmosphère et dans la nourriture (œuf, vinaigrette, fruits de mer, par exemple).
> - Altération sous l'effet des acides chlorydriques et sulfuriques (à température élevée), sous celui des acides nitriques et du chlorure de sodium (à froid).
>
> **ENTRETIEN**
> - Utiliser un produit de nettoyage antioxydant. On peut soit étendre la pâte ou le liquide avec une chamoisine, soit tremper dedans l'objet, l'en retirer et le rincer.
> - Ne pas nettoyer avec de l'eau de Javel ou un produit abrasif.
> - Le blanc d'Espagne, s'il nettoie, n'a aucune action anti-oxydante.
> - Pour ranger les pièces, il existe des tissus de protection traités antioxydants.
> - Le papier de soie protège de la poussière. Ne pas le maintenir avec un caoutchouc car celui-ci contient du soufre.

employaient des titres supérieurs ; de leur côté, les orfèvres de Charleville et de Clermont-en-Argonne, qui relevaient du prince de Condé, travaillaient sans contrôle. Pour les ouvrages en or, Henri II ordonne en 1554 que le métal précieux soit employé à vingt-deux carats de fin, deux parties étant réservées au cuivre, au *remède* d'un quart de carat. Ce titre ayant une résistance insuffisante pour la fabrication de menus ouvrages, Louis XIV autorise que celle-ci se fasse au titre de vingt carats un quart. La connaissance de cette réglementation du titre de l'or et de l'argent était indispensable au compagnon qui, avant d'accéder à la maîtrise, subissait un examen sur ce sujet.

La loi du 19 brumaire an VI changea le système : les métaux précieux furent dès lors titrés d'après le nombre de millièmes de fin qu'ils contenaient : trois titres pour l'or, deux pour l'argent. A noter que les orfèvres continuèrent à estimer l'or en carats. Cette loi de 1797 est toujours en vigueur sauf pour le premier titre ou titre fort de l'argent, qui de 950 millièmes a été abaissé à 925 millièmes depuis 1973 : il est inférieur de quelques grains à celui de l'Ancien Régime. Le marc de cette époque révolue est remplacé en 1812 par un nouveau marc, légèrement plus lourd.

L'*essai* destiné à contrôler le titre de l'ouvrage se fait par une analyse chimique : procédés du *touchau* et surtout de la *coupellation* connue depuis Philippe le Bel. En chauffant le métal à essayer avec ajout de plomb on sépare l'oxyde de cuivre et le métal pur dont il reste à comparer la masse avec l'échantillon. Lorsqu'il s'agit d'électrum, il faut, après la coupellation, traiter le bouton obtenu après séparation de l'oxyde de cuivre par la méthode de l'*inquartation* : l'argent est dissous par l'acide nitrique après plusieurs cuissons ; reste à peser l'or pur. A cet essai par voie sèche, s'ajoute un autre essai par voie humide, découvert en 1829 par Gay-Lussac et réservé aux alliages d'argent : cette méthode, qui fait intervenir une solution titrée de sel marin, donne des résultats approximatifs après des recherches plus délicates.

La fabrication

Le métal préparé, l'orfèvre commence son travail qui comprend plusieurs phases : la mise en forme, la fabrication des accessoires et des garnitures, l'assemblage des divers éléments. Jusqu'au XVIIe siècle, ces travaux se faisaient manuellement. Apparu à la fin de cette période, l'outillage mécanique se généralise au Siècle des lumières : l'usage du balancier, du mouton et du tour, mis en mouvement au pied, à bras, à la main, permettent la fabrication de couverts et d'objets de vaisselle en série qui amortit le coût des outils et des machines. Au milieu du siècle suivant, avec la découverte des procédés de dorure et d'argenture par galvanoplastie, l'orfèvrerie entre dans l'ère de l'industrialisation ; la vapeur, l'électricité permettent de produire économiquement des pièces : le travail de l'ouvrier est presque supplanté par celui de la machine. L'orfèvrerie industrielle née dans les ateliers de Charles Christofle en 1842 connaît un grand essor ; pour répondre aux demandes de plus en plus importantes — le métal argenté ayant permis de démocratiser l'orfèvrerie — les ateliers s'adaptent à la mécanisation, se transformant en grandes maisons dont certaines ont leurs usines. Le travail manuel n'en est pas pour autant éliminé et les pièces d'orfèvrerie véritable sont réalisées avec les méthodes artisanales traditionnelles : le *martelage*, la *fonte*, le *tournage*.

La mise en forme

Autrefois, la production d'orfèvrerie civile se divisait en deux catégories suivant le volume des pièces : la *menuierie* et la *grosserie*, celle-ci comprenant la vaisselle plate ou platerie (assiettes, jattes,...) et la vaisselle montée constituée de pièces de forme (récipients,...).

Pour fabriquer un objet monté ou plat, l'orfèvre découpe un cercle à la cisaille dans une feuille de métal ; pour des

---
— 1 —

Atelier d'orfèvre. De gauche à droite : coulage du métal fondu dans une lingotière ; martelage sur l'enclume ; mise en forme au marteau sur une bigorne ; finition d'une bordure de plat. Planche de l'Encyclopédie de Diderot, 2e moitié du XVIIIe siècle.

— 2 —

Atelier d'Étienne Delaune, orfèvre parisien. Gravure, 1576.

cuillers et des fourchettes, il découpe un plan dans une barre. Marteaux et enclumes (*tas* et *bigornes*) de formes et de dimensions variées sont alors utilisés pour les diverses étapes du travail. Au cours des opérations successives, le métal doit être chauffé au rouge sur la forge afin de retrouver ses qualités de ductilité et de malléabilité, les coups répétés l'ayant rendu dur et cassant. Après chaque *passe*, il faut laisser refroidir la pièce avant de la retravailler.

Suivons les stades de mise en forme d'un récipient : la plaque d'argent découpée est placée sur l'enclume, martelée à froid (comme c'est le cas pour toutes les pièces de forme alors que l'on frappe à chaud pour des couverts) pour lui donner une forme concave : c'est l'*emboutissage*. Puis, il faut resserrer les bords de façon à obtenir un cylindre et donner au corps la forme choisie. Chaque passe est séparée par un recuit de la plaque. Le *planage* fait disparaître les traces des coups. Adroit, l'orfèvre ne doit pas frapper deux fois de suite au même endroit afin que le métal reste homogène et doit varier la force et la direction des coups afin de maintenir la même résistance partout : il lui faut ainsi faire glisser les molécules qui ont tendance à se regrouper dans les parties rétrécies vers les parties bombées amincies. Les couvercles sont élaborés de la même façon.

La pièce massive, telle une cuiller, est forgée sur l'enclume : la barre d'argent est élargie et aplatie au marteau à l'extrémité qui doit devenir le cuilleron qui sera creusé par martelage sur une *bouterolle*, tandis que le manche est allongé et la spatule amincie. Cette fabrication à la main, lente, difficile, coûteuse est remplacée à partir du XVIIIe siècle, spécialement pour la réalisation d'une série, par des procédés mécaniques : du métal fondu est versé dans une matrice en acier ayant la forme définitive du couvert et imprimée de son décor ; le flan, ébauche grossière du couvert, est retravaillé au *laminoir*, ou au *mouton* ou au *balancier*, jusqu'à ce que l'objet ait son aspect définitif. Ce procédé est long, plusieurs passes successives alternant avec des recuits.

Le *coquillé* est un procédé rapide utilisé à partir du XIIIe siècle : des lames de métal sont appliquées à l'intérieur d'un moule en bronze ou en fer ; frappées à la bouterolle et au marteau, elles en épousent les détails. Au Moyen Age, les feuilles d'argent ainsi obtenues servaient aux châsses, aux reliquaires, aux statues. Lorsque les pièces à fabriquer ont une taille importante, le moule est remplacé par un *mandrin* en bois, modèle moins coûteux. L'*estampage* se fait en creux ou en relief.

Les accessoires et les garnitures

Garnitures des bords des plats, des plateaux et des récipients, les moulures renforcent le corps de l'objet à l'endroit où le métal est sensible aux chocs. Deux étapes président à leur fabrication. Les moulures sont obtenues sur le *banc à étirer* et reçoivent une forme circulaire en étant refermées sur un cône métallique, le *triboulet* ; les extrémités sont soudées. Edme-Pierre Balzac fut le premier orfèvre à réaliser des bords moulurés pris dans la masse des plats et des assiettes (deuxième tiers du XVIIIe siècle).

Massif ou creux, les accessoires de prise et de soutien (anses, boutons, pieds,...) et les ornements en ronde bosse ou appliqués résultent des opérations délicates de la *fonte* et *moulage au sable* (au XVIe siècle, Benvenuto Cellini vantait la qualité du sable de la Seine pour cette opération). Autres méthodes : le *façonnage* et le *repoussé à la main*.

L'assemblage

Bien décapés, les divers éléments et les garnitures d'une pièce sont assemblés ou montés (d'où le terme de *monture*). L'orfèvre a le choix entre deux procédés. La *soudure* est une opération délicate (la température ne doit pas endommager les pièces) et irrégulièrement satisfaisante car elle provoque parfois un empâtement au point d'attache. De plus, elle entraîne une baisse du titre lorsque entre dans l'alliage utilisé pour la soudure une trop grande quantité de métal commun, spécialement de cuivre, qui augmente la fusibilité de l'alliage et permet de moins le chauffer. Les soudures sont au nombre de quatre et se nomment à huit, à six, au quart, au tiers, suivant la proportion de cuivre contenu par rapport au complément d'argent premier titre. Le *montage à froid*, avec rivets ou vis, dont les têtes sont limées, a été introduit par Henri Auguste, maître orfèvre en 1785.

---- 1 ----

Écuelle couverte et son présentoir argent. Guillaume Pigeron, Paris, 1773. (Coll. part.).

---- 2 ----

Aiguière. Vermeil. Paris, 1798. Le pied, monté au marteau ainsi que le corps ovoïde sur lequel il se visse, fixe les appliques. Comme l'anse, elles sont fondues, ciselées puis rapportées par soudure. Le décor de palmettes sur la base est exécuté à la molette, celui des feuilles, au-dessus du col, ciselé dans la masse. (Coll. part.).

La décoration

2

La forme même de la pièce, l'opération de coquillé qu'a pu subir la feuille de métal dont elle provient, les moulures chantournées, les accessoires produisent souvent à eux seuls un effet décoratif. Néanmoins, le décor d'une pièce est d'ordinaire le second stade de sa fabrication avant ou après assemblage des éléments. Il s'effectue sur une surface rendue plane et nettoyée et est obtenu de trois façons : soit en travaillant cette surface (ciselure, repoussé, gravure, reperce), soit en la colorant (dorure, argenture), soit en y rapportant des matériaux (nielle, émail).

La ciselure. Sans pour autant l'entamer, l'orfèvre frappe sur l'endroit de la pièce pour l'enfoncer. D'une main, il tient le marteau, de l'autre, le ciselet, tige d'acier non tranchante dont l'extrémité varie suivant le décor recherché. Les *outils clairs* ont une pointe unie et polie tandis que les *matoirs* présentent une extrémité striée, granulée, quadrillée... donnant un fond non poli dit « amati ». Le « tracé mati » est un effet décoratif consistant à faire jouer entre eux un décor mat sur un fond poli, ou un décor tracé sur un fond amati. La lumière joue sur les surfaces, s'accroche plus ou moins dans les creux du décor selon que leur modelé est doux ou gras, fin ou nerveux.

Le repoussé. Comme dans l'opération précédente, l'épaisseur de métal fin reste identique. L'artiste frappe sur l'envers de la pièce quand il s'agit d'un ouvrage de platerie, à l'intérieur pour un récipient afin de repousser le métal vers l'extérieur et d'obtenir un relief plus ou moins accentué. Pour pénétrer à l'intérieur d'un objet à col étroit et pouvoir enfoncer le métal, une tige d'acier particulière est nécessaire : la *recingle*, aux deux extrémités repliées à angle droit et en sens opposé, qui maintenue dans un étau est frappée au marteau. L'une des extrémités rebondit par élasticité à l'intérieur de l'objet et repousse le métal.

La gravure. Le métal est creusé à l'aide d'un *burin* en acier ou mordu à l'eau-forte par une technique identique à celle de la gravure sur cuivre utilisée dans l'impression.

La reperce. Les trous, réalisés à l'aide d'un mince foret, sont évidés au moyen de scies très fines pour former des motifs décoratifs ajourés.

La dorure et l'argenture. Le vermeil est de l'argent massif recouvert d'une couche d'or. Il est obtenu selon deux procédés. Le plus ancien connu dès l'Antiquité est la *dorure au mercure* : l'objet poli est recouvert à la brosse d'un amalgame d'or et de mercure chauffé pour que ce dernier s'évapore. Dangereuse, car les vapeurs de mercure sont toxiques, cette technique n'est plus guère utilisée. On lui préfère à présent *l'électrolyse* : l'objet à dorer ou à argenter

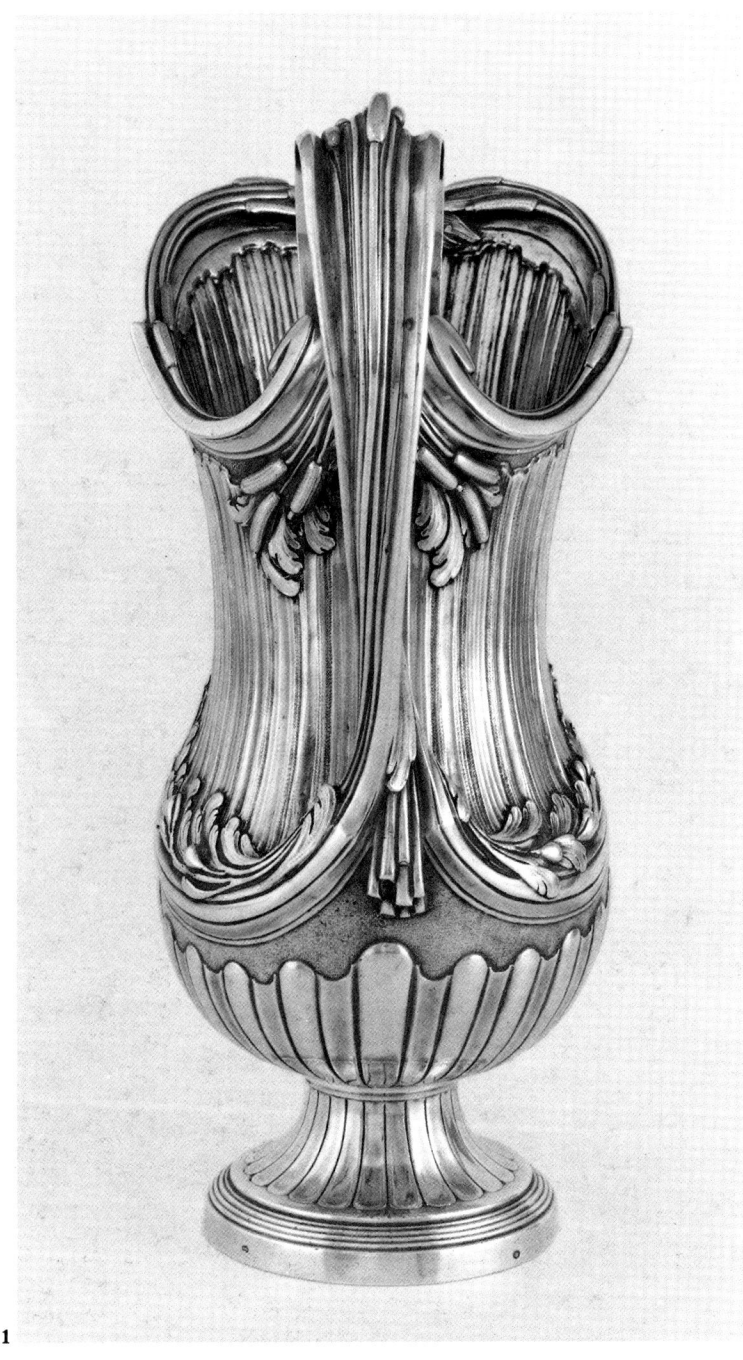

La décoration

— 1 —

Aiguière. Argent. François-Thomas Germain, Paris, 1756-1758. Alternance de godrons et de canaux sur fond amati dans le bas de la panse puis décor repoussé de côtes de rocailles. Encolure moulurée. Décor du pied mouluré et ciselé. (Musée des Arts décoratifs, Paris).

— 2 —

Aiguière d'un nécessaire de toilette (détail). Argent. Pierre-Joseph Wattiaux, Paris, 1768. (Coll. part.).

— 3 —

Aiguière (détail). Argent. Veuve Legoix, Paris, 1742-1743. (Musée du Louvre, Paris).

LE MÉTIER D'ORFÈVRE 17

---- 4 ----

*Gobelet. Argent. France XVIIIe siècle.
Exemple de décor tracé mati à deux registres.*
(Coll. part.).

---- 5 ----

*Timbale. Argent. Théodore Tonnelier,
époque Charles X. Décor à la molette.*
(Coll. Odiot.).

---- 6 ----

*Réchaud. Argent et noyer. Pierre-Philippe
de Ribeaucourt, Abbeville, vers 1751.
Reperce de croisillons, fleurs de lys et rosaces.*
(Musée des Arts décoratifs, Paris).

est suspendu dans un bain de sels métalliques où est plongée une anode recouverte d'or ou d'argent ; le courant passant, le métal fin se dépose sur la pièce qui joue le rôle d'électrode négative. Intervient alors la finition, le *brunissage* : l'objet, une fois brossé pour en supprimer les aspérités, est frotté par mouvements rapides pour rendre le métal poli et brillant. L'opération se fait au brunissoir, pierre ronde en agathe ou en hématite montée dans un manche de cuivre.

La niellure. L'opération consiste à faire pénétrer dans un dessin gravé légèrement en creux sur une surface en argent, une poudre faite d'un mélange de soufre, de plomb, d'argent et de cuivre, délayé à l'eau. L'objet est alors passé au four jusqu'à fusion : le nielle se soude à l'argent. La pièce refroidie est polie pour en égaliser la surface et faire mieux jouer l'opposition entre le blanc de l'argent et le noir du décor *(polissage).*

L'émaillage. Le verre coloré, opaque ou transparent, en poudre très fine, est posé sur les zones à décorer et maintenu soit par des cloisons soudées (émail cloisonné) soit dans des cuvettes réservées dans le métal (émail champlevé). La pièce est passée au four ; par fusion, l'émail y adhère mais il faut surveiller la température afin que l'argent n'oxyde pas. Les opérations de finition sont délicates : refroidissement par étapes afin d'éviter qu'un courant d'air trop froid ne fasse craqueler l'émail, puis polissage.

Au XIIIe siècle, apparaît à Limoges la peinture sur émail : l'émail formant le fond est opaque, tandis que celui utilisé pour peindre est transparent.

La décoration. *Aiguière. Argent doré et émaux translucides. Paris, 1333.* (Musée national du Danemark, Copenhague).

Emblème du corps des orfèvres de Paris, noms des six gardes en charge en 1726. Gravure. (B.N., Paris).

La réglementation

LA profession d'orfèvre est caractérisée par son organisation rigoureuse, sans cesse modifiée sous l'Ancien Régime et le contrôle exercé sur elle, renforcé après la Révolution : réglementation de l'organisation du métier et des conditions de travail, réglementation des opérations de fabrication, droits à payer et vérifications à subir avant l'approbation du travail et l'autorisation de rendre public le produit. Décidées par le pouvoir central, exprimées dans des édits, des ordonnances, des lois ou des décrets, ces directives furent prises dans l'intérêt de la profession pour assurer la qualité de la fabrication et lutter contre la fraude. Les orfèvres, percevant ces exigences comme des précautions pour sauvegarder leur métier, transmettre un savoir-faire, défendre leurs privilèges, se devaient de s'y soumettre. Loin d'étouffer la profession et d'entraver la production, cette lourdeur administrative et cette surveillance sévère assurèrent la renommée de l'orfèvrerie française.

Le cadre corporatif

Progressivement, à partir de l'an mille, les artisans qualifiés se libèrent des contraintes de l'économie seigneuriale, laïque et ecclésiastique. Au XIIIe siècle, l'émancipation est totale ; les artisans exercent librement leur « ministère », se regroupent entre collègues d'un même métier là où ils peuvent écouler les produits de leur travail. La maison commune (ou communauté ou jurande) est le siège de la corporation. La première codification des statuts des orfèvres date de 1268 : sur les ordres de Louis IX, Étienne Boileau, prévôt des marchands de Paris, rédige les usages et les règlements qui régissent chacune des cent une communautés de métiers recensées dans la capitale du royaume ; les pratiques professionnelles des orfèvres sont présentées en douze articles dans le titre IX. En 1330, Philippe VI de Valois érige la profession en corps d'état, autorise les orfèvres à porter l'épée et à avoir des armoiries ; membres du premier corps des métiers parisiens, ils participent aux cérémonies officielles. En 1543, le métier d'orfèvre devient un métier juré. L'esprit d'association, déjà bien vivant au XIIIe siècle, est raffermi chaque fois que les statuts sont précisés par ordre royal et ce, jusqu'à leur mise au point de 1679. L'organisation corporative se maintient jusqu'en novembre 1797, date à laquelle elle est juridiquement supprimée (loi du 19 Brumaire an IV). Elle avait survécu aux mesures abolissant, en 1776, les corporations (on comptait cent soixante seize corporations d'orfèvres en 1789). Abrogée le 12 mars 1791 par l'Assemblée constituante, elle était rétablie un mois plus tard. Entre-temps, la corporation des orfèvres-bijoutiers-joailliers de Paris était élargie : elle avait accueilli en 1776 les batteurs d'or et, en 1781, les lapidaires.

Six gardes, maîtres orfèvres depuis dix ans au moins, administrent la communauté ; au début, ils n'étaient que deux et se nommaient prud'hommes. Élus pour deux ans depuis 1759, par les orfèvres de la corporation et renouvelés par moitié chaque année, ils deviendront des fonctionnaires à partir du Directoire ; ils sont chargés du contrôle de l'application du règlement, des visites domiciliaires. Quatre aides leur sont adjoints depuis 1630. Comme les autres artisans, les orfèvres sont placés sous l'autorité et la surveillance des officiers chargés de la police ; ils dépendent encore des officiers des Monnaies, répartis en 1785 en trente et un départements.

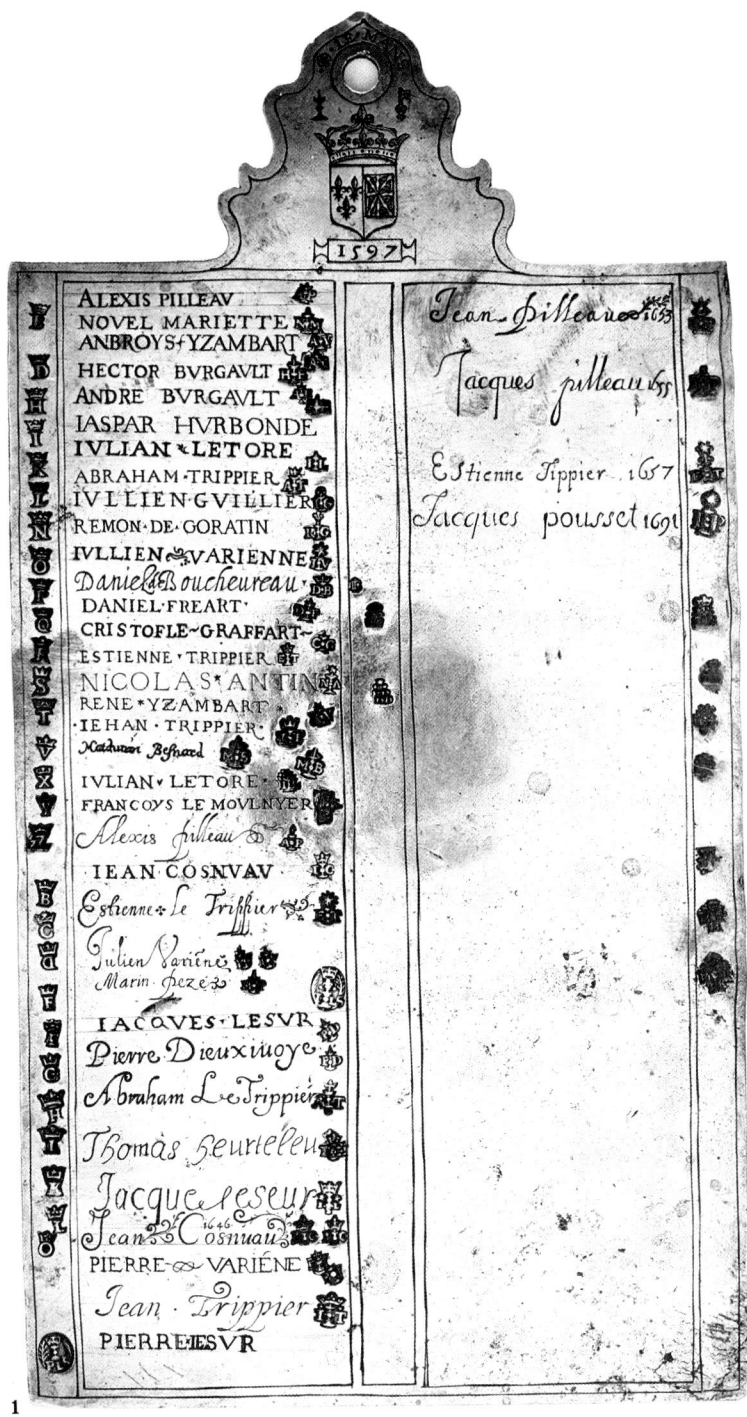

1

Plaque d'insculpation de maîtres orfèvres manseaux au XVIIᵉ siècle. Cuivre. (Musée de Tessé, Le Mans).

2

Plaque d'insculpation des orfèvres grenoblois de 1741 à 1782. (Musée dauphinois, Grenoble).

3

Poinçons sous le fond d'un bassin : maître Raymond Vinsac (R. VINSAC) ; maison commune, Toulouse 1775 (TOL, V, quatre grains, une fleur de lys) ; charge, Toulouse 1768-1775 (M couronné). (Musée des Arts décoratifs, Paris).

L'esprit de corps ne se manifeste pas seulement dans l'exercice du métier ; les orfèvres forment aussi une association fraternelle d'entraide et de dévotion au sein de quatre confréries et sous le patronage de Saint-Éloi. A la fin du XIVᵉ siècle, la communauté érige une chapelle, acquiert un édifice. Transformé en hospice, agrandi au siècle suivant, celui-ci accueille les orfèvres malades, infirmes, pauvres, âgés, ainsi que leurs veuves. De 1630 à 1704, la Confrérie du Mai offre chaque année un tableau commandé à l'un des grands peintres de l'époque tel Simon Vouet, Philippe de Champaigne ; l'œuvre orne un pilier de la nef de Notre-Dame.

La formation de l'orfèvre dure dix ans dans l'atelier du maître ; gîte et couvert sont assurés, mais aucun salaire n'est perçu. Après huit ans, l'apprenti devient compagnon ; le maître lui consacre tout son temps, car il n'a pas le droit d'accueillir d'autre élève étranger à sa famille. Après un stage de deux ans et l'exécution d'un chef-d'œuvre, l'accès à la maîtrise est ouvert. Le candidat doit encore payer un droit et prêter serment devant des représentants de la communauté des orfèvres puis il fait insculper son poinçon personnel sur une planche de cuivre déposée à la Maison commune ou Bureau des orfèvres ; il renouvelle la démarche à la Cour des monnaies à Paris, dans les juridictions qui sont de son ressort en province, soit trente et une à la fin de l'Ancien Régime. Sont dispensés d'apprentissage, les enfants de maîtres (mesure encourageant le caractère familial voire dynastique du corps), les orfèvres attachés à la maison de membres de la famille royale (deux chez le duc d'Orléans), les privilégiés travaillant aux ateliers du Louvre et des Gobelins (nombre non limité) et les deux orfèvres attachés à l'hôtel de la Trinité. A partir du XVIᵉ siècle, plusieurs décrets tentent, en vain, de limiter à trois cents le nombre des orfèvres à Paris (au début du XVIIIᵉ siècle, ils atteignirent le chiffre de quatre cent vingt-cinq). Seuls les maîtres sont autorisés à ouvrir une boutique située obligatoirement à côté de l'atelier et donnant sur la rue : le public peut ainsi contrôler les opérations ; c'est pourquoi le travail de nuit est interdit, sauf pour les commandes du roi, de membres de sa famille, de l'évêque.

Certains jeunes maîtres orfèvres, formés à Paris, partaient s'installer en province soit par attaches familiales, soit en quête d'une clientèle possible. En principe, il suffit dans les villes de la présence de trois maîtres pour créer une communauté. Le Conseil des cinq cents décide en 1797 que ceux qui veulent exercer cette profession sont tenus de se faire connaître à l'administration du département et à la municipalité du canton où ils résident et de faire insculper leur poinçon particulier dans les deux administrations : « Maîtres et apprentis n'existent plus, le nombre des orfèvres n'est plus limité ».

L'île de la Cité accueillit très tôt les orfèvres parisiens ; au XIIIᵉ siècle sous Philippe le Bel, un arrêt du Parlement leur permet de se regrouper sur le Grand-Pont, appelé Pont-au-Change à partir de 1369, époque où son occupation par les orfèvres est importante. Très vite, ils débordent sur la rive droite de la Seine. Au XVᵉ siècle, la rue des Orfèvres devient un centre actif où se trouvent les bureaux, la chapelle et l'hospice de la communauté. Les membres qui s'étaient installés sur le Petit-Pont doivent se résigner à abandonner cet emplacement, le pont s'étant plusieurs fois écroulé. Certains s'installent alors dans le quartier nouvellement aménagé autour du palais et le long du quai qui deviendra le quai des Orfèvres. D'autres rejoignent leurs confrères sur la rive droite puis près du Châtelet, le long de l'actuel quai de la Mégisserie et rues des Orfèvres et de l'Arbre-Sec ; la communauté s'étend en direction du Marais (rues du Temple, Saint-Martin, des Archives). Lorsque la corporation est supprimée (1797) la dispersion se produit, avec une préférence vers les quartiers où loge la clientèle aisée, les actuels Ier et VIIIe arrondissements reliés ou traversés par la rue Saint-Honoré et celle du Faubourg-Saint-Honoré.

Contrôles et poinçons

Sous l'Ancien Régime, un ouvrage d'orfèvrerie recevait diverses empreintes en creux, faites d'une part par l'orfèvre lui-même, d'autre part par des contrôleurs officiels et ce dans un triple but : établir sur l'objet lui-même sa fiche d'identité (nom du fabricant, date et lieu de fabrication, titre), vérifier la composition légale de l'alliage, attester du paiement des droits. Le poinçonnage fut institué progressivement du XIIIe siècle jusqu'au règne de Louis XIV. En 1275, Philippe le Hardi impose l'usage des poinçons dans tout le royaume, usage déjà en vigueur à Paris et dans certaines communautés de province organisées dès le début du XIIIe siècle comme celles de Montpellier (en 1204), d'Arras ; régulièrement les rois confirment cet usage par des ordonnances (Philippe le Bel en 1313, Jean le Bon en 1355, Charles V en 1379,...) et ce jusqu'à Louis XIV qui perfectionne le système en codifiant précisément l'usage des poinçons parisiens en 1672 : dès lors, quatre poinçons sont normalement apposés, auxquels peuvent s'ajouter diverses contremarques.

Les temps successifs d'insculpation respectent les étapes de la fabrication : sur l'objet ébauché, l'orfèvre applique son poinçon (*poinçon de maître*). Il le porte revêtu ainsi de sa signature au Bureau des fermiers des droits du roi (à partir de 1774 à la Régie) où il signe une soumission des droits à payer lorsqu'il rapportera la pièce achevée : le fermier officialise cet engagement en appliquant sur la pièce un poinçon, preuve de l'engagement du fabricant à payer la taxe obligatoire (*poinçon de charge*). De la Ferme générale, l'orfèvre se rend au Bureau des orfèvres dont il dépend, la Maison commune : les gardes procèdent à l'essai de l'aloi du métal ; lorsque la vérification du titre est faite, ils apposent un troisième poinçon, celui de la communauté (*poinçon de communauté ou de jurande*). L'orfèvre peut alors retourner dans son atelier avec sa pièce à l'état d'ébauche, marquée de trois poinçons, pour l'achever. Terminée, il la rapporte à la Ferme générale où il acquitte les droits : le certificat de paiement est un poinçon appliqué à nouveau (*poinçon de décharge*). La pièce peut alors être mise en vente.

L'interprétation du poinçon est plus complexe que le mécanisme de leur application : c'est un exercice qui exige patience et efficacité et auquel tout collectionneur doit se soumettre avec rigueur pour découvrir l'histoire et vérifier l'authenticité de sa pièce. La difficulté de résoudre les énigmes posées par un signe découle de plusieurs facteurs : diverses fonctions données aux poinçons ; variété des modèles due aux particularismes locaux et temporels, au nombre des orfèvres, à la diversité des ouvrages (composition et nature), au non-respect du règlement relatif aux emplacements d'apposition des marques, au manque de netteté fréquent des empreintes.

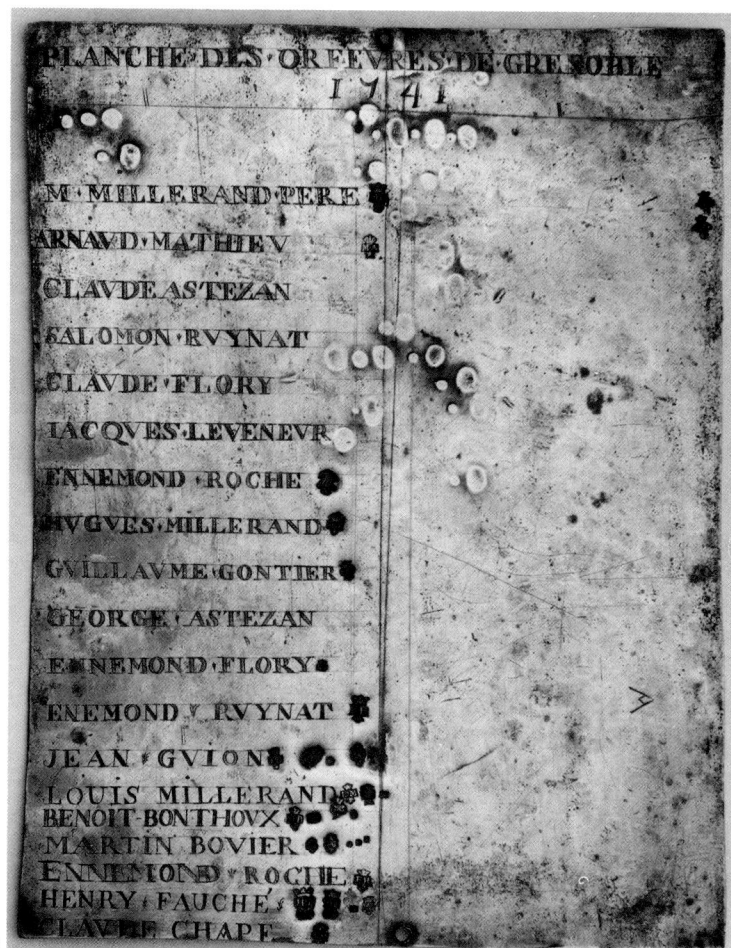

2

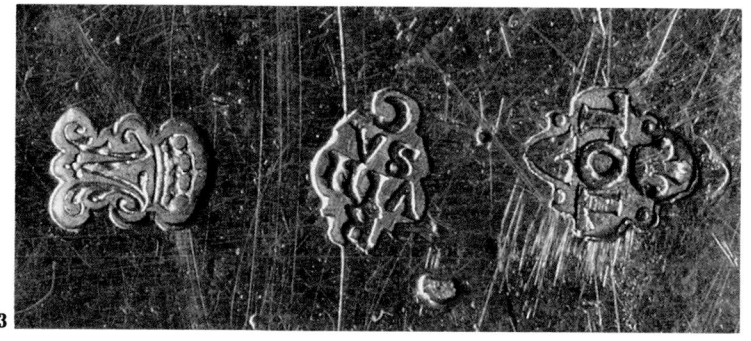

3

SYMBOLE DES VILLES
DANS LES POINÇONS DE MAITRE

  **ALENÇON** Un aigle à 2 têtes les ailes déployées	 **FORBACH** Une pomme de pin	 **NEUFCHATEAU** Une tour
 **ANGERS** Une grande clef	 **GRENOBLE** Un dauphin	 **PONT-A-MOUSSON** Un cœur
 **BLAMONT** Une marguerite	  **LA FLÈCHE** Une flèche verticale	 **REMIREMONT** Un trèfle
 **BOUQUEMONT** Un bouc	 **LAVAL** Un lion hissant	 **ROUEN** Un agneau pascal
 **CAEN** Un lion passant	 **LE MANS** Un chandelier	 **SAINT-AVOLD** Un pigeon
 **CHARMES** Un lévrier hissant	 **LUNÉVILLE** Un croissant	 **SAINT-DIÉ** Une rose
 **COMMERCY** Une couronne de roses	 **MACON** Trois (besants) annelets	 **SAINT-MIHIEL** Une balance
 **ÉPINAL** Une étoile	 **MIRECOURT** Une grosse hermine	 **SAINT-NICOLAS-DE-PORT** Une molette
 **ÉTAIN** Une cruche	 **NANCY** Un chardon	 **VÉZELIZE** Un losange

JURIDICTIONS DE PROVINCE A LA FIN DE L'ANCIEN RÉGIME

DÉPARTEMENTS ATELIER MONÉTAIRE	DIFFÉRENT	PRINCIPALES COMMUNAUTÉS	DÉPARTEMENTS ATELIER MONÉTAIRE	DIFFÉRENT	PRINCIPALES COMMUNAUTÉS
AIX	&	Aix, Antibes, Apt, Arles, Barjols, Draguignan, Forcalquier, Grasse, Manosque, Marseille, Riez, Tarascon, Toulon	NANCY		Nancy, Lunéville
AMIENS	X	Amiens, Abbeville, Boulogne-sur-Mer, Calais, Noyon, Saint-Quentin	NANTES	T	Nantes, Lorient, Quimper, Vannes
			ORLÉANS	R	Orléans, Blois, Gien, Montargis
ANGERS	F	Angers, Château-Gontier, Laval, Saumur	PAU	🐄	
BAYONNE	L	Bayonne			
BESANÇON	∞	Besançon, Dôle, Gray, Lons-le-Saunier, Salins, Vesoul	PERPIGNAN	Q	Perpignan, Carcassonne, Castres, Narbonne
			POITIERS	G	Poitiers, Châtellerault, Fontenay-le-Comte, Luçon, Melle, Niort, Parthenay, Les Sables, Saint-Maixent, Thouars
BORDEAUX	K	Bordeaux, Agen, Périgueux			
BOURGES	Y	Bourges, Issoudun, La Charité, Nevers	REIMS	S	Reims, Châlons-sur-Marne, Château-Thierry, Guise, Laon, La Fère, Liesse, Mézières, Rethel, Sainte-Menehould, Soisson
CAEN	C	Caen, Alençon, Coutances, Falaise, Lisieux, Saint-Lô, Valognes			
			RENNES	9	Rennes, Brest, Dinan, Morlaix, Saint-Malo
DIJON	P	Dijon, Autun, Auxonne, Avallon, Beaune, Bourg-en-Bresse, Chalon-sur-Saône, Châtillon-sur-Seine, Clamecy, Mâcon, Semur-en-Auxois	RIOM	O	Riom, Aurillac, Clermont-Ferrand, Issoire, Langeac, Moulins, Le Puy, Saint-Flour, Thiers
GRENOBLE	Z	Grenoble, Gap, Montélimar	LA ROCHELLE	H	La Rochelle, Cognac, D'Aligre (Marans), Marennes, Pons, Rochefort, Saintes, Saint-Jean-d'Angély, Saint-Martin-de-Ré
LILLE	W	Lille, Arras, Avesnes, Bailleul, Bergues, Cambrai, Douai, Dunkerque, Landrecies, Maubeuge, Saint-Omer, Valenciennes			
			ROUEN	B	Rouen, Dieppe, Fécamp, Gisors, Le Havre
LIMOGES	I	Limoges, Angoulême	STRASBOURG		Strasbourg, Colmar
LYON	D	Lyon, Trévoux	TOULOUSE	M	Toulouse, Cahors, Millau, Montauban, Payrat, Rodez
METZ	ᴁ	Metz, Longwy, Sedan, Toul, Verdun	TOURS	E	Tours, Chinon, Loudun, Le Mans
MONTPELLIER	N	Montpellier, Alais, Annonay, Aubenas, Beaucaire, Béziers, Le Vigan, Lunel, Mende, Nîmes, Pézenas, Saint-Esprit, Uzès	TROYES	V	Troyes, Bar-sur-Aube, Chaumont-en-Bassigny, Joinville et Wassy, Langres, Vitry-le-François

ARGENTERIE. POINÇONS PARISIENS APPOSÉS SUR GROS OUVRAGES
Quelques exemples de 1672 à 1789

Poinçons de maison commune

1673	1739	1778
1700	1756	1779
1714	1764	1780
1728	1765	1783
1729	1766	1784
1731	1767	1785
1735	1775	1787
1738	1777	1788
		1789

Poinçons de charge

1672-1677   juillet 1684-octobre 1687   octobre 1687-décembre 1691   décembre 1691-avril 1698

Poinçons de charge et de décharge

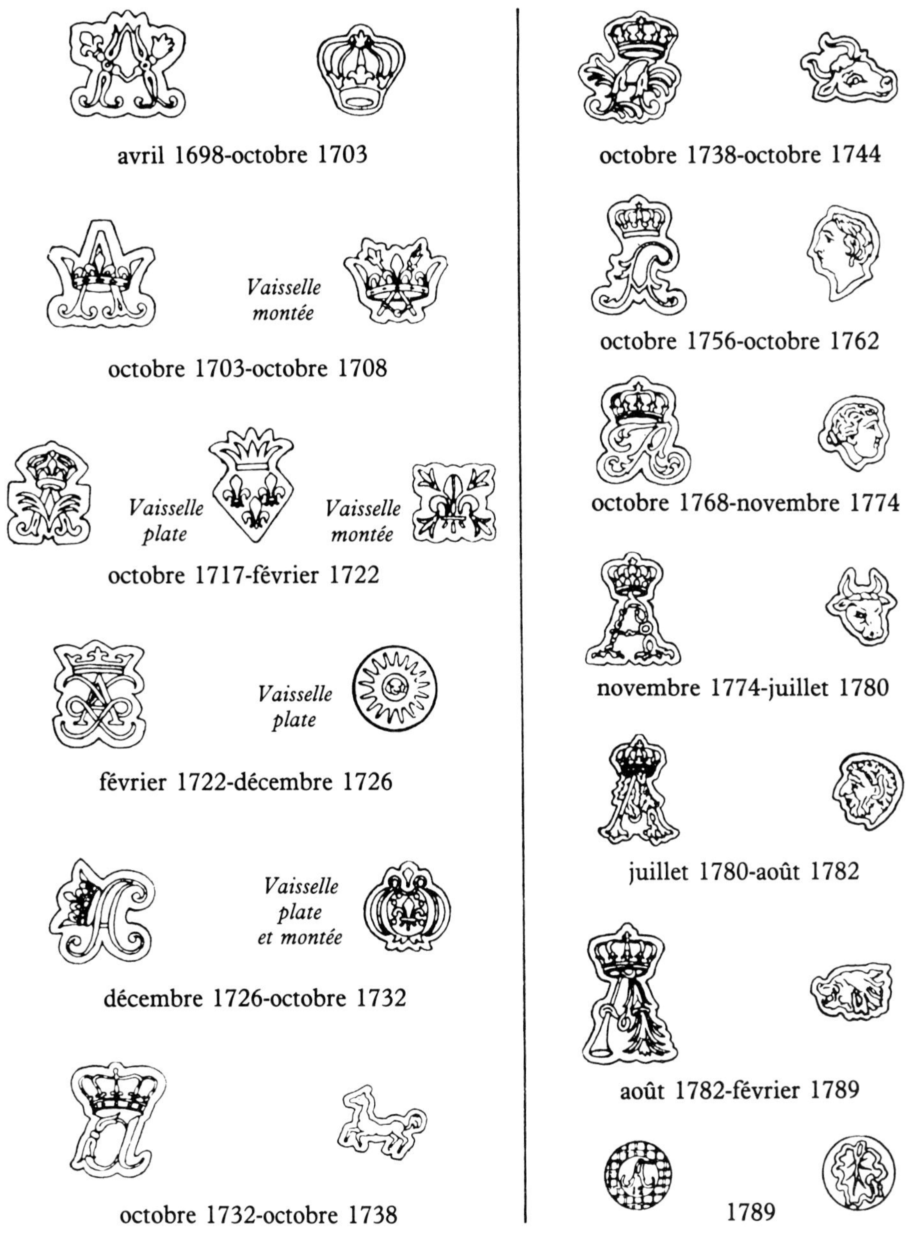

avril 1698-octobre 1703

 *Vaisselle montée*

octobre 1703-octobre 1708

Vaisselle plate *Vaisselle montée*

octobre 1717-février 1722

Vaisselle plate

février 1722-décembre 1726

Vaisselle plate et montée

décembre 1726-octobre 1732

octobre 1732-octobre 1738

octobre 1738-octobre 1744

octobre 1756-octobre 1762

octobre 1768-novembre 1774

novembre 1774-juillet 1780

juillet 1780-août 1782

août 1782-février 1789

1789

Sous l'Ancien Régime

Les poinçons sont présentés par ordre d'insculpation.

Poinçon de maître. Obligatoire depuis le Moyen Age, le poinçon de maître était le premier apposé sur l'ouvrage ébauché (le travail d'achèvement, l'empreinte successive des autres poinçons en déformaient parfois l'empreinte). Une seule constante réunit depuis 1679 le nombre impressionnant des poinçons de maître insculpté dans le royaume : leurs dimensions fixées à quatre millimètres et demi sur trois ; au XVIIIe siècle, les menus ouvrages d'or (1721) et ceux d'argent (1733) sont marqués par un poinçon plus petit.

Au début du Moyen Age, le poinçon de maître parisien est losangique, il combine en un seul le symbole du maître et le poinçon primitif de Paris à fleur de lys, celle-ci n'étant couronnée qu'après l'ordonnance de Charles V établie en 1378.

Trois données caractérisent l'aspect des poinçons du fabricant parisien : depuis 1378, la fleur de lys couronnée surmontant à partir de 1540 les initiales des nom et prénom du maître ; la devise ou contreseing propre à chacun (sauf de père en fils où elle reste identique) ; à partir de 1506, deux petits points, appelés *grains de remède*, accostent la couronne royale ou la fleur de lys ; ils rappellent la tolérance extrême du titre fixé par Henri II.

La province offre une plus grande variété : comme à Paris, on retrouve généralement les lettres initiales sur la couronne. Le nom du maître est écrit en toute lettres à Strasbourg et dans les régions de Toulouse, Béziers et Perpignan. La fleur de lys est souvent remplacée par un motif iconographique indiquant l'origine géographique de l'orfèvre ; ce motif peut être l'emblème des armes d'une ville (une clef à Angers, trois annelets à Mâcon, trois piliers à Coutances, un bateau à Dieppe,...) ou le symbole d'une région (l'hermine en Bretagne). La ville est quelquefois mentionnée par la première lettre de son nom (S. : Saumur) ou un abrégé (S.S. : Soissons). Parfois les grains de remède sont supprimés, parfois un seul est figuré. Le poinçon de maître est biffé lorsque l'orfèvre n'exerce plus (maladie, vieillesse, décès).

Poinçon de charge. En 1672, Louis XIV établit un droit de marque sur les ouvrages en or et argent. A cette époque, le poinçon apposé sur les pièces exécutées et autorisées à être vendues en France, est identique pour tous les types d'ouvrages. A partir de 1738, un poinçon est insculpé par les fermiers pour les gros ouvrages d'argent, un second étant réservé à ceux d'or et aux menus ouvrages d'argent. Le premier est une lettre (propre à vingt-trois départements des Monnaies : A : Paris, B : Rouen, C : Caen, D : Lyon,...), une combinaison de lettres (AA : Metz,...), un chiffre (9 : Rennes), un motif ; chacun des trente et une circonscriptions fiscales a ainsi son emblème. Chaque fois que le fermier change, l'aspect et l'ornement du poinçon varient légèrement. Le poinçon de charge permet ainsi de dater, à quelques années près, un objet.

Les orfèvres des provinces acquises depuis le milieu du XVIe siècle étaient exempts de cet impôt spécial ; ainsi les objets fabriqués en Flandre, en Alsace, en Lorraine, en Franche-Comté, dans le Roussillon, à Dombes portaient à la place du poinçon de charge un poinçon de reconnaissance (13 à Strasbourg, par exemple) ; il en était de même pour les pièces provenant de provinces et de villes dites étrangères (Avignon, Mulhouse, Chambéry, Montbéliard, Ypres, le Comtat Venaissin).

Les orfèvres trop éloignés du bureau de marque payaient un droit annuel forfaitaire ; ces maîtres abonnés apposaient deux à trois fois leur poinçon.

Poinçon de jurande ou de communauté. Depuis 1275, suite à une ordonnance de Philippe le Hardi, chaque ville a sa marque particulière, lettre ou emblème, confiée aux gardes de la communauté. Responsables du bon aloi du métal précieux, ceux-ci apposent après essai, le poinçon comme certificat de garantie de la qualité du métal.

Le poinçon de la communauté de Paris était gravé au XIVe siècle d'une fleur de lys. En 1460, entre en usage la *lettre-date* surmontée d'une couronne ; la lettre change chaque année, tandis que le dessin de la couronne varie (par exemple, elle est flamboyante dans la première moitié du XVIIIe siècle, puis à griffes). Les J, U, W ne sont pas utilisés : l'alphabet

Plaque d'insculpation des poinçons de la marque de l'or et de l'argent de la régie de Jean-Baptiste Fouache et Dominique Compant, Bordeaux, 1744-1780. Cuivre argenté.
(Musée des Arts décoratifs, Bordeaux).

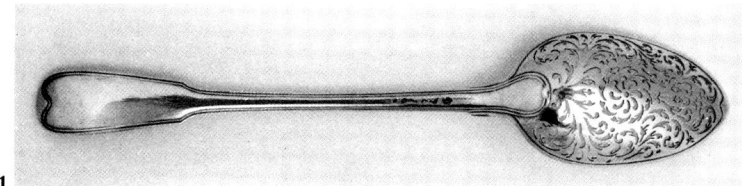

se renouvelle donc tous les vingt-trois ans. Les lettres sont écrites en majuscules et en romain, elles changent d'aspect pour éviter les confusions. Depuis le règlement du 30 décembre 1679, les endroits des pièces où le poinçon doit être insculpé sont précisés et les dimensions de ce dernier sont fixées à 4,5 mm sur 3 mm, pour être en accord avec celles du poinçon de maître. En 1721, un poinçon plus petit (lettre minuscule en italique) est mis en service pour le marquage des menus ouvrages d'or, en 1733 pour ceux d'argent ; un quatrième poinçon, de taille encore différente, est réservé aux plus menus ouvrages d'or (signe ou emblème). En 1783, la lettre U est insculpée pour la première fois.

A dater du 17 juillet 1784, Paris se voit attribuer le P surmonté d'une couronne et du millésime de l'année en vigueur et le système de lettre-date est supprimé dans tout le royaume, système qui était plus compliqué encore en province du fait des combinaisons propres à chaque ville. Dès lors, chacune possède son poinçon : colimaçon à Périgueux, licorne à Bordeaux, mouchettes à Saint-Omer, porc-épic à Nîmes, verre à boire à Beaune, etc.

Poinçon de décharge. Institué en 1681 pour attester du paiement des droits, ce poinçon était le plus petit et le seul appliqué sur l'ouvrage achevé. Le motif change avec chaque fermier.

Après la Révolution

Le 19 brumaire an VI (9 novembre 1797) la loi qui ordonne la création de bureaux de garantie, organismes d'état chargés de percevoir les droits et de surveiller le titre des ouvrages, prescrit aussi l'emploi de nouveaux poinçons. Jusqu'en 1838 ils sont trois, puis deux, répartis en deux catégories.

Poinçon de fabricant. Un arrêté, publié par l'administration des Monnaies le 17 nivôse an VI (6 janvier 1797), donne les consignes sur l'aspect de ce poinçon : pour les ouvrages d'or et d'argent, un *losange* présenté en hauteur ou en largeur, dont la taille varie suivant l'importance de l'ouvrage, contenant les initiales de l'orfèvre (le nom est inscrit parfois en toutes lettres) et son symbole. Pour les ouvrages de plaqué, la *forme carrée* est imposée ; outre les initiales, le poinçon contient le mot « doublé » en toutes lettres et les chiffres indicatifs de la quantité d'or ou d'argent contenue dans l'ouvrage.

Poinçon d'État. Pour garantir le titre et donner un certificat du paiement de l'impôt, l'État a insculpé deux poinçons jusqu'en 1838 : le *poinçon titre*, remplaçant celui de maison commune, et le *poinçon de garantie* à la place de celui de décharge. Les modèles changent toutefois entre 1798 et 1838 suite aux fraudes, les plus connus étant le « coq » dans des attitudes et des cadres variés pour le poinçon de titre utilisé de 1798 à 1819, la « tête de vieillard » de face pour celui de garantie de 1798 à 1809. Bien que le dessin soit modifié, le poinçon de garantie est uniforme pour tout le pays sauf pour Paris ; il comporte cependant un code caractéristique par bureau.

Une ordonnance du 7 avril 1838 fond en un seul et même poinçon les deux précédents ; un indicatif, différent pour chacun des vingt-trois bureaux de garantie, est toujours indiqué dans l'empreinte, comme dans l'ancien poinçon de garantie. Pour les ouvrages d'or, le poinçon figurait une « tête de médecin grec », à Paris comme dans les départements, le cadre variant suivant le titre. A partir de 1919, ce motif fut remplacé par la « tête d'aigle tournée vers la droite » avec les mêmes remarques. Pour les ouvrages d'argent, la « tête de Minerve » accompagnée du chiffre indicatif du bureau de

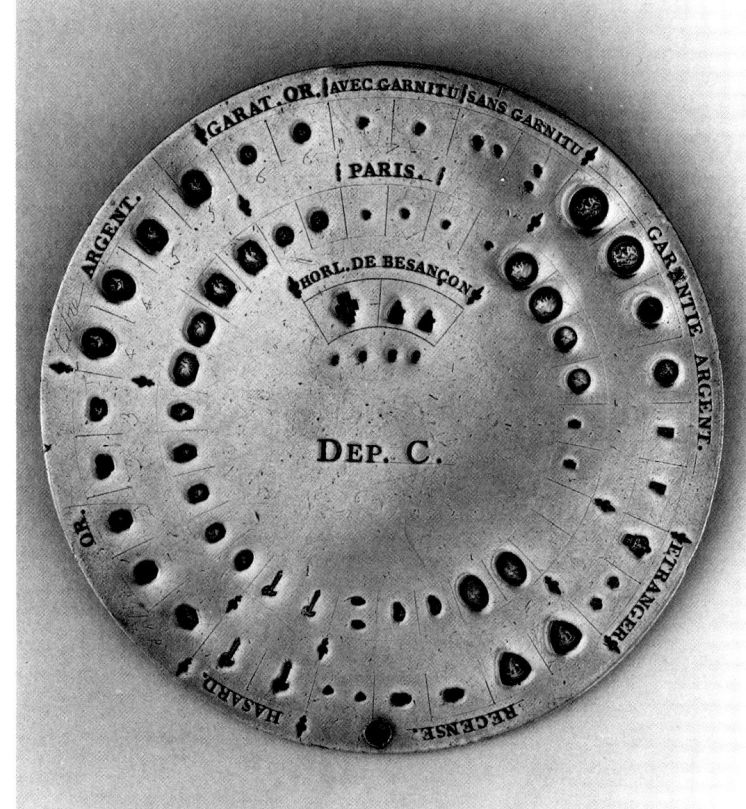

1

Cuiller à olives. Argent. Pierre-Nicolas Somme, Paris, 1774-1780.
(Musée Rolin, Autun).

2

Plaque d'insculpation des poinçons de l'or et de l'argent mis en service le 1ᵉʳ septembre 1809 jusqu'au 15 août 1819. Cuivre argenté.
(Musée des Arts décoratifs, Bordeaux).

POINÇONS EN USAGE DE 1798 A NOS JOURS

| | Paris || || Départements || ||
| | OR || ARGENT || OR || ARGENT ||
	1er titre	Grosse garantie	1er titre	Grosse garantie	1er titre	Grosse garantie	1er titre	Grosse garantie
1798 à 1809								
1809 à 1819								
1819 à 1938								
1938 à 1973								

garantie est commune à Paris et à la province. Elle a été légèrement modifiée en 1973 étant accompagnée dès lors d'une lettre en majuscule placée sous le menton et changeant tous les dix ans : le A jusqu'en 1982.

L'État a institué d'autres poinçons. La loi du 19 brumaire an VI demande aux orfèvres de présenter au bureau de garantie les ouvrages neufs en stock pour y faire apposer gratuitement un poinçon de transition dit *poinçon de recense*. En 1818, il met en place un nouveau système de contremarque avec le *poinçon bigorne* inauguré en 1819 et toujours en usage. La bigorne est l'enclume en acier sur laquelle l'objet à marquer est placé. Elle est gravée de bandes d'insectes réunis par familles et différents à Paris et dans les départements. L'objet avait donc deux empreintes sur chacun de ses côtés : le poinçon bigorne apparaît au revers et au-dessous de l'empreinte légale. Suivant la taille de l'objet, on distingue trois catégories : grosse, moyenne et petite bigornes. Depuis le 11 juillet 1840, la « tête de Mercure » orne le *poinçon d'exportation*, sujet à sept variantes selon la nature du métal et son titre. Un décret du 24 décembre 1887 instaure le *poinçon de retour*, une « tête de lièvre » dans un octogone régulier pour les objets exportés puis réintroduits. En décembre 1912, les objets de platine, jusqu'ici contrôlés par les poinçons de l'or, sont dotés de trois poinçons : la « tête de chien » pour les pièces destinées à être vendues en France, la « tête de jeune fille » pour celles à exporter, le troisième, le « mascaron », étant réservé à l'importation.

CONSEILS POUR AUTHENTIFIER L'ORFÈVRERIE

Outil indispensable, la loupe complète la lecture d'un œil même avisé ; elle permet de relever le plus exactement possible les poinçons, d'en apercevoir les anomalies éventuelles.

Tout collectionneur éclairé reconnaît généralement les marques successives qui indiquent depuis le Consulat le titre d'un ouvrage en argent et peut ainsi le dater ; ceci est moins évident pour la garantie aux mêmes époques, presque impossible lorsqu'il s'agit des poinçons utilisés sous l'Ancien Régime depuis leur institution : le recours à des ouvrages spécialisés est indispensable. Comment s'assurer de l'authenticité d'une pièce ?

- Vérifier le point d'application du poinçon sur l'objet et son emplacement par rapport aux autres poinçons.
- Considérer l'état de la marque : son manque de netteté peut être dû aux effets du temps et de l'usage mais aussi à la fraude : soudure sur un objet neuf d'un poinçon prélevé sur un objet ancien (procédé appelé « enture ») ou imitation d'une ancienne marque ou application d'un faux poinçon ; on remarque alors leur contour inégal et des déformations dans les lettres. Inversement il faut se méfier d'un poinçon intact : en effet, apposées, pour trois d'entre eux, sur l'objet à l'état d'ébauche, les marques peuvent se trouver déformées lors de la finition.
- S'assurer que les données des poinçons correspondent au style et à la facture de la pièce.
- Se méfier si la marque d'un maître bordelais côtoie celle de la Monnaie de Strasbourg, par exemple.

La reproduction de poinçons anciens est répréhensible depuis 1910. L'expertise coûte entre 1 et 2 % de la valeur estimée. Le certificat d'expertise est la meilleure garantie.

Ci-dessus. *Coupe ovale. Argent. Attribué à Jean Jame, Rouen, 1654 (?)*. (Musée des Arts décoratifs, Paris).

Ci-dessous. *Poinçon insculpé sous le fond d'une théière en argent. Maître, Guillaume David (G.D., un dauphin); maison commune, Bordeaux 1738-1739 (BOR, I); charge, Bordeaux 1732-1738 (K); décharge, Bordeaux, 1732-1738 (un renard)*. (Musée des Arts décoratifs, Paris).

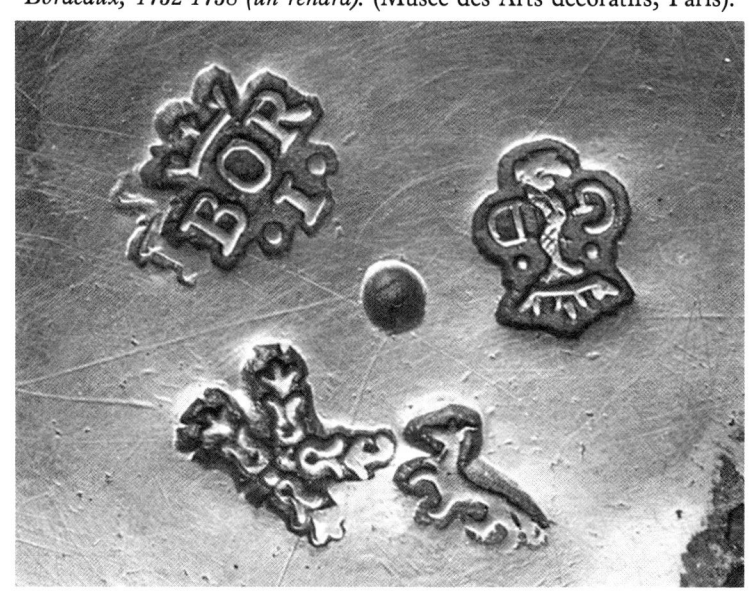

L'orfèvrerie à travers les âges

L'orfèvrerie a une histoire dynamique.
Depuis le Moyen Age, la création et l'évolution d'objets sont
liées au devenir de la civilisation et de la société françaises.
L'histoire de l'orfèvrerie est le reflet de notre Histoire
dont elle suit les fluctuations : diversité des conjonctures
économiques et politiques, perfectionnement des techniques de fabrication artisanale
et industrielle, ouverture des marchés commerciaux, variation du goût et de la mode, évolution
des habitudes culinaires et des mœurs domestiques, influence des arts étrangers, élargissement
de la clientèle avec toujours de la part de l'acquéreur une arrière-pensée d'investissement en
réserve monétaire et d'affirmation extérieure de sa condition matérielle. Si des courants
stylistiques se succèdent, l'histoire de l'orfèvrerie n'est pas faite de ruptures.
Elle connaît la loi de succession des contrastes : des phases de rigueur dans les formes
et de simplicité dans la décoration alternent avec des périodes
luxuriantes, ses courants se chevauchant à un moment donné.
Enfin, le savoir-faire et l'imagination des orfèvres, le goût
français pour l'élégance et la qualité
ont toujours prévalu.

Le Moyen Age

La première manifestation de l'art qui s'établit dans le royaume des Francs est l'expression d'un peuple migrant venu de l'est de l'Europe. Les productions artistiques du Haut Moyen Age ont longtemps été sous-estimées par la faute d'une méprise sur leur qualificatif de barbares, terme qui a perdu son sens ethnique pour un contenu péjoratif.

L'époque mérovingienne

L'art des Mérovingiens (milieu Vᵉ siècle - milieu VIIᵉ siècle) a ainsi été accusé à tort de coupure nette avec l'art classique, de décadence, de faiblesse, de pauvreté d'imagination par rapport à lui. Néanmoins, même si on constate une certaine rupture aux Vᵉ et VIᵉ siècles avec l'esthétique occidentale, les créations artistiques n'en sont pas pour autant laides et de mauvaise qualité. Les rares témoignages que nous conservons de l'orfèvrerie mérovingienne (du matériel funéraire avant tout destiné à la parure et à l'ornement ayant miraculeusement échappé aux vols et à la fonte) sont exécutés dans une facture soignée et présentent un décor raffiné ; ils laissent deviner le haut degré de maîtrise technique atteint par les premiers orfèvres francs. Ceux-ci se montrent habiles dans l'emploi de la soudure, de la fonte à la cire, du moulage, de l'estampage.

Pour décorer leurs ouvrages, ils ont recours à des techniques traditionnelles — la gravure, la ciselure, le damasquinage —, mais abandonnent celle du repoussé. L'ornementation peut être rapportée au moyen de la granulation et surtout de filigranes. Rares sont les pièces exclusivement en métal précieux : l'orfèvrerie du Haut Moyen Age est dépendante d'autres matériaux : émail, ivoire, pierres dures — grenat, anadines, saphir — remplacés parfois par du verre, des perles. En vogue pour plusieurs siècles, cette tendance est remarquablement illustrée dans l'orfèvrerie cloisonnée, technique nouvelle empruntée aux Barbares. Le décor est exécuté à plat avec des incrustations de pierres dures polies et taillées, serties dans les alvéoles avec cloisons faites de minces lames métalliques rapportées et dont le fond est généralement recouvert d'un paillon, mince feuille d'or ou d'argent doré gaufré avivant l'éclat des pierres. Dès son apparition, l'orfèvrerie cloisonnée est parfaitement maîtrisée ; le plus ancien document de cette technique et aussi « le plus ancien monument de la monarchie française » est un chef-d'œuvre : la poignée en or battu (le pommeau est en or ciselé au burin) et la garniture de l'épée du roi Childéric Iᵉʳ (457-481). Dès le siècle suivant, puis surtout à la fin de la période mérovingienne, le travail de l'orfèvre sera moins précis, de qualité et d'effets moindres.

Au Vᵉ siècle, les artisans sont encore très influencés par les objets d'art de style oriental qui, depuis quelque temps déjà, avaient pénétré en Gaule par l'intermédiaire de marchands syriens et juifs venus des régions pontiques ou qui étaient arrivés dans les bagages des peuples nomades ; en outre, la population de ces tribus comptait certainement des orfèvres venus en Occident avec leur savoir-faire et leur sensibilité artistique. Les artisans sont aussi redevables aux Barbares du parti-pris ornemental donné à leur production. Dès la fin du Vᵉ siècle, la tradition méditerranéenne est abandonnée au profit de l'esthétique orientale : coloration des ornements, prédilection pour le décor ornemental emprunté au répertoire géométrique et obtenu après déformation et stylisation de motifs floraux et animaliers (jeu de cercles, S ou double S, crosses enroulées, entrelacs et tresses), disposition rigide de l'ornementation construite sur un schéma géométrique dans lequel prévaut la symétrie, horreur du vide. Les témoignages de métallurgie précieuse à caractère civil sont quelques passoires et cuillers en argent, des viroles de couteaux en argent — parfois doré —, des garnitures d'épée. Cette rareté s'explique du fait que les habitats ont été très peu fouillés. Les plus anciens objets de culte connus datent du VIᵉ siècle. Ils confirment ce que nous avons dit du haut degré

1

Poignée et garniture d'épées. Or, grenat. Trouvées dans la tombe de Childéric Iᵉʳ, roi des Francs. Art mérovingien avant 481.
(B.N., Paris).

2

Messe de saint Gilles, huile sur bois, fin XVᵉ siècle. La grande croix de saint Éloi, début du VIIᵉ siècle, est posée sur l'autel de la basilique Saint-Denis, recouvert d'or ; cadeau de Charles le Chauve, IXᵉ siècle.
(National Gallery, Londres).

L'ORFÈVRERIE A TRAVERS LES AGES 31

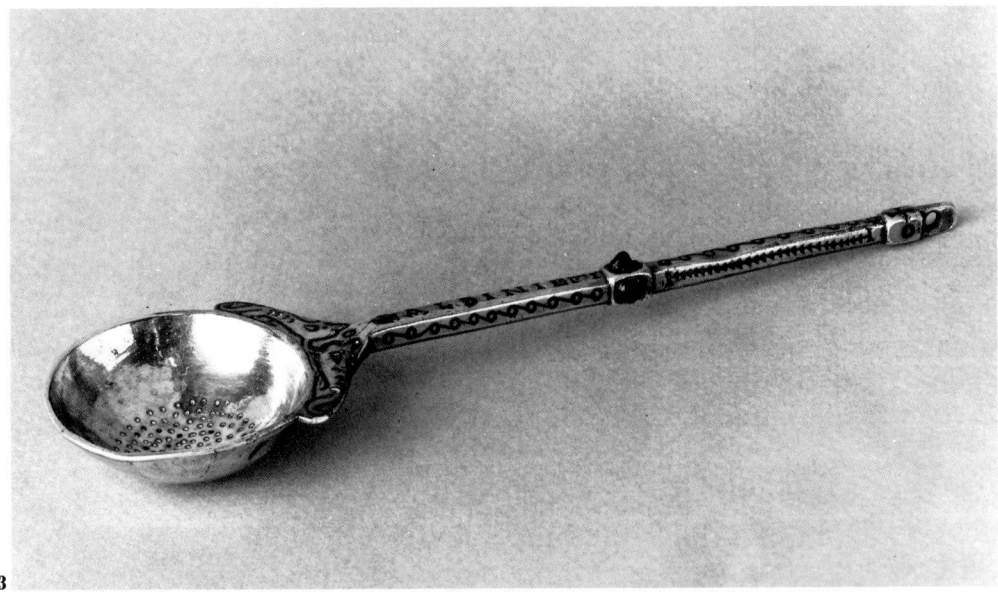

Le Moyen Age

1

Calice. Or, saphirs et turquoises ; décor de godrons et de filigranes, 1ʳᵉ m. VIᵉ siècle. Découvert à Gourdon en Côte-d'Or. (B.N., Paris).

2
---

*Patène (*missorium*) ou petit plateau. Or et verre rouge. Orfèvrerie mérovingienne cloisonnée, 1ʳᵉ m. VIᵉ siècle. Découvert à Gourdon. (B.N., Paris).*

3

Passoire liturgique. Argent. Pour filtrer le vin avant de le verser dans le calice. Manche moulé décoré de grenats et soudé au cuilleron martelé. 1ʳᵉ m. VIᵉ siècle. (Musée de Cluny, Paris).

4

Châsse reliquaire. Argent. Maisonnette avec un toit en bâtière ; décor de figurines à faible relief sur des plaques métalliques rivées à une âme de bois. Fin VIIᵉ siècle. (Musée de Cluny, Paris).

de technicité et de la prédilection pour l'aspect décoratif qui caractérisent l'orfèvrerie mérovingienne : le calice et la patène trouvés à Gourdon en Côte-d'Or datent du premier tiers du VIᵉ siècle. Vers cette époque apparaissent les châsses rectangulaires à toit à double pente, type qui sera reproduit jusqu'à la fin de l'âge carolingien.

L'orfèvrerie est l'art prédominant au point d'imposer son vocabulaire ornemental aux autres disciplines. Art noble, les grands ne dérogent pas en l'exerçant : selon Grégoire de Tours, le roi Chilpéric Iᵉʳ (561-584) se livra lui-même à des travaux d'orfèvrerie par plaisir et aussi pour affirmer son autorité et son prestige et pour « ennoblir la gens Francorum ». La figure la plus illustre de cette époque est le grand saint Éloi (588-660) dont la réputation pour son travail exceptionnel d'orfèvre a traversé les siècles ; c'est à juste titre que ce saint populaire, patron des orfèvres, est considéré comme un promoteur culturel et un artiste génial. Le roi Dagobert (629-639), pour qui le saint travailla, passa commande aux orfèvres d'une quantité de vases sacrés, de croix, de reliquaires, de mobilier en métal précieux pour les églises et les couvents de son royaume et se fit livrer de la vaisselle d'or à usage personnel. (Il buvait dans une coupe pesant plus d'un kilogramme.)

La technique du repoussé et la représentation figurative, oubliées depuis la prise du pouvoir par les Barbares, réapparaissent timidement et de façon gauche dans la deuxième moitié du VIIᵉ siècle : reliefs assez plats, personnages naïfs et statiques. Comme dans le cas des motifs végétaux, la déformation des motifs figurés est en fait due à une stylisation délibérée, l'esthétique contemporaine ayant tendance à la simplification graphique. Bien que d'aspect fruste, la composition figurée devient même élaborée dès la fin du VIIᵉ siècle.

L'époque carolingienne

Le règne des Carolingiens (751-987) est une époque florissante pour l'orfèvrerie, même si l'évolution de cet art fut plus lente que celle de la sculpture sur ivoire et sur pierre dure, matériaux associés à l'or et à l'argent. D'importants foyers d'art sont créés dans des monastères, des villes épiscopales et princières. Des objets d'une grande qualité sortent des ateliers, les orfèvres ayant rapidement maîtrisé le nouveau style et les nouvelles techniques qui satisfont leurs clients. En commandant des œuvres fastueuses, l'Église et la cour n'imposent pas seulement leur goût pour le luxe, mais aussi leur conception de l'art : celui-ci doit avoir un but moral. Sa beauté, sa richesse, sa chaude coloration sont, dans la production religieuse, à la fois une louange à Dieu et l'image de sa grandeur. La divinité abstraite que l'on craint, est rendue accessible à la vue du peuple. La splendeur de l'objet, dont la taille prend de l'importance surtout pour les croix, et celle de l'environnement consacrée au culte divin, agissent sur l'imagination des fidèles, leur donnent une intuition plus concrète de la majesté divine et justifient l'adoration qui lui est due. Les livres qui contiennent les Saintes Écritures méritent une splendide couverture dont la pureté des matériaux précieux et la beauté de la décoration sont dignes de la Vérité et de la Grandeur qu'ils véhiculent ; le même souci préside à la fabrication de la vaisselle liturgique au contact de laquelle sont les précieux corps et sang du Christ et à celle des reliquaires qui contiennent des restes sanctifiés.

Tant dans leur vie privée que lors de cérémonies officielles, les princes apprécient les arts somptuaires ; ils vivent dans la magnificence, entourés d'objets précieux qui symbolisent leur richesse, accroissent leur majesté et affermissent leur pouvoir. Charlemagne (768-814) fut l'initiateur du renouveau de l'orfèvrerie, donnant une grande impulsion à cet art par les nombreuses commandes qu'il passa dans des ateliers monastiques créés par lui pour enrichir les basiliques de dons magnifiques, remettre des cadeaux à son entourage, accumuler des trésors dans son palais. Se référant politiquement au modèle de l'Antiquité pour assurer son pouvoir, l'empereur incita les artistes à retourner aux traditions de l'art classique étudié dans les écoles qu'il fonda.

C'est ainsi que dans le domaine technique, parallèlement à l'utilisation du cloisonné et du décor en filigrane caractéristiques de l'époque antérieure et qui resteront en usage jusqu'au XIe siècle, la pratique du métal repoussé en haut-relief, parfois très accusé, est remise à l'honneur. L'or et l'argent continuent à être rarement utilisés seuls et de façon massive. Des effets décoratifs sont obtenus par des techniques qui font leur apparition à l'époque carolingienne : outre les émaux cloisonnés, le nielle, connu dans l'Antiquité, réapparaît ; le goût pour les gemmes s'intensifie (on en trouve sur le marli des plats, sur les montures de vases, sur l'encadrement de plaques d'ivoire, sur des objets en ronde-bosse) tandis que leur monture prend de l'importance. Les battes lisses rabattues à l'époque précédente, cèdent la place à des montures à griffes : certaines sont complexes et produisent un effet décoratif dès la seconde moitié du IXe siècle. L'esthétique évolue par un retour à la tradition méditerranéenne : le vocabulaire ornemental s'enrichit de motifs puisés dans le répertoire

4

antique : ornements naturalistes (rinceaux, feuillage) traités avec souplesse et réalisme, figures humaines représentées de façon moins fruste qu'auparavant. Les thèmes orientaux persistent encore, repris aux modèles mérovingiens ou inspirés par ceux qui décorent les cadeaux adressés par de nobles représentants des mondes byzantin et islamique. Ces références à l'Antiquité méditerranéenne et orientale s'expliquent aussi par les collections d'objets anciens réunies par Charlemagne, puis par ses successeurs ; certaines pièces ont été adaptées avec raffinement à un usage contemporain par l'adjonction d'une monture d'or souvent enrichie de pierres serties, illustration de l'habileté et du bon goût des orfèvres du Haut Moyen Age.

Les règnes de Louis le Pieux (814-840) et de Lothaire (840-855) continuent cette époque heureuse pour l'orfèvrerie mais celui de Charles le Chauve (840-877) peut rivaliser par sa grandeur artistique avec celui de Charlemagne. La production se concentre dans les ateliers de Corbie, de Reims, de Saint-Denis, ce dernier étant alors la plus célèbre école de l'art de l'orfèvrerie. Charles le Chauve fut abbé laïque de Saint-Denis de 867 jusqu'à sa mort ; il continua la tradition de mécénat chère à ses prédécesseurs, se montrant un prince très généreux en offrant de somptueux cadeaux à l'abbaye, les plus courants étant des reliquaires. Le roi ne faillit pas à cette habitude, liée à la faveur populaire croissante pour les pèlerinages et le culte des reliques. Ses contemporains puis la tradition sont unanimes pour préserver la mémoire de six ouvrages d'orfèvrerie cloisonnée à montures décoratives (battes cernées de collerettes de feuillage d'or et de filigranes) caractéristiques des productions sandyonisiennes, tous offerts à Saint-Denis : la table d'or de l'autel majeur (ou devant d'autel *antepedium*) surmonté de la croix de saint Éloi (cadeau le plus fastueux que nous ne connaissons que par une peinture flamande du XVe siècle) ; une grande croix d'or ; l'« escrain de Charlemagne », le « hanap de Salomon », la coupe des Ptolémée et sa patène.

L'époque ottonienne

Après le partage de l'empire carolingien en 843, l'art officiel cesse de s'imposer, les troubles politiques détournant les rois de toutes préoccupations artistiques ; l'activité des monastères diminue, le pouvoir spirituel de l'Église tombant dans les mains de laïcs. L'époque ottonienne, en cette fin de Haut Moyen Age, se caractérise par un glissement vers le nord-est du pays (Lorraine, pays rhénans et mosans) des centres actifs dont celui de Trèves va devenir la référence.

L'orfèvrerie subit alors trois influences : la tradition carolingienne (motifs végétaux, montures filigranées), la tradition antique, l'art de l'Italie du Nord (émaux cloisonnés, pierres fines) dont l'atelier de Milan s'est fait une spécialité. Les évangéliaires présentent des scènes figurées exécutées en bas-relief dans des feuilles d'or et d'argent repoussées. Ces mêmes feuilles peuvent être appliquées sur une armature de bois sculpté figurant la Vierge, un saint ou une sainte, dans une position frontale solennelle ; les ateliers monastiques d'Auvergne en produisent au Xe siècle ; parmi ces « majestés », seule subsiste la fameuse statue reliquaire de sainte Foy dont les reliques avaient été acquises par les moines de Conques dans le dernier tiers du IXe siècle : la statue est faite de feuilles d'or rehaussées de pierres précieuses, martelées sur un support en bois d'if sur lequel a été adaptée une tête creuse du Bas-Empire : il s'agit d'une idole païenne réemployée à usage chrétien au Xe siècle avec remaniement au tout début du siècle suivant.

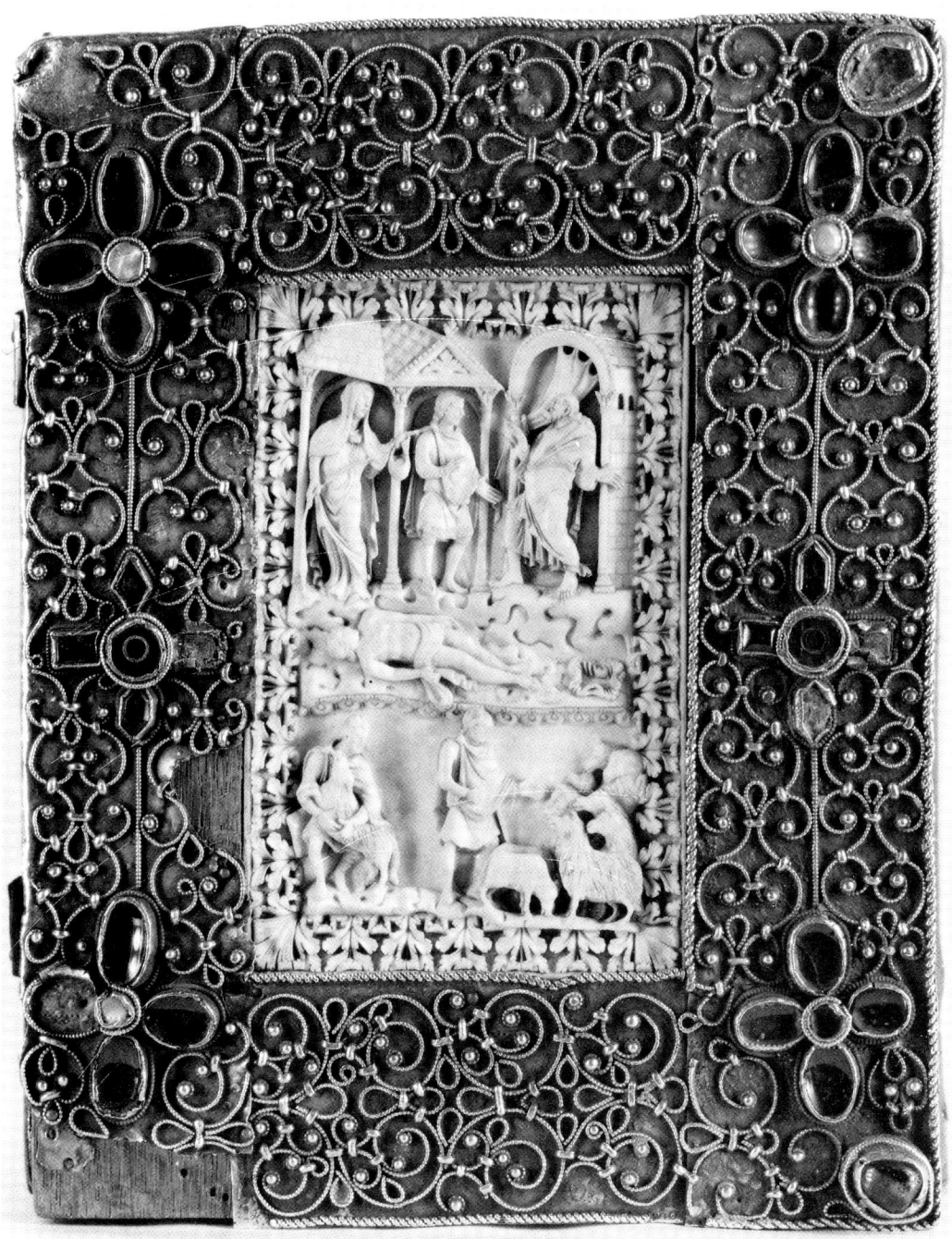

Le Moyen Age

1

Reliure du psautier de Charles le Chauve. Plaque en ivoire encadrée par une bordure en argent filigrané et gemmé. Orfèvrerie carolingienne, école palatine, avant 869. (B.N., Paris).

2

Coupe de sainte Agnès. Or, émaux translucides et perles. Collection de Charles V. Paris, vers 1370-1380. (British Museum, Londres).

L'ORFÈVRERIE A TRAVERS LES AGES 35

2

Le Moyen Age

---- 1 ----

Reliquaire de Pépin d'Aquitaine. Or repoussé avec bandes filigranées montées en arcatures et ornées de pierres, perles et intailles. Figures en relief repoussées. Début XIᵉ siècle. (Trésor, Conques).

---- 2 ----

*Bras reliquaire de sainte Eugénie. Feuilles d'or sur âme de bois d'olivier, pierres précieuses. Début XIᵉ siècle.
(Église Saint-Pierre, Varzy).*

---- 3 ----

*Calice du Sacre dit de saint Rémi. Or, émaux cloisonnés, filigranes, pierres précieuses. Milieu XIIᵉ siècle.
(Trésor de la cathédrale, palais du Tau, Reims).*

L'époque romane

Avec l'avènement des Capétiens (987), le retour à la stabilité politique et la fin de la peur de l'an mille, l'épiscopat et la royauté jouent à nouveau un rôle important dans la reprise des activités artistiques ; l'orfèvrerie est exécutée dans des ateliers monastiques (Saint-Denis, Sens, Vannes, Fleury, Tours, Cluny, en Auvergne, dans le Languedoc et le pays toulousain), même si elle est destinée à des laïcs. Elle est au service du pouvoir temporel et spirituel du roi en lui fournissant les insignes de sa dignité, les « regalia » et de l'Église qui utilise des instruments de culte luxueux dignes de la grandeur divine. Les objets précieux ont une valeur transcendante, une signification politico-spirituelle. Le culte des saints s'intensifie, de nouveaux types de reliquaires sont créés : à côté des châsses, déjà connues à l'époque carolingienne, et des majestés, on trouve des éléments

2 3

physiques (bras, chefs) évoquant la nature des fragments abrités. L'orfèvrerie romane témoigne de nouvelles recherches esthétiques influencées par l'architecture, l'observation de la nature (rinceaux de feuillages et fleurs mêlées d'animaux), l'étude de l'homme qui n'est plus délibérément stylisé et sa situation dans un espace limité.

Au XIIe siècle l'atelier de Conques dirigé par l'abbé Begon et celui de Saint-Denis sur qui règne l'abbé Suger (1122-1151) produisent des ouvrages en or décorés d'émaux de pierreries et de filigranes. Du trésor de Saint-Denis, seuls trois vases transformés pour le service du culte sont parvenus jusqu'à nous ; leur originalité et leur perfection d'exécution témoignent des progrès techniques réalisés par les orfèvres (outillage, procédés de fabrication, inventaire des formes et des décors nous sont minutieusement énumérés dans l'ouvrage d'un moine allemand, Théophile). Les ateliers limousins se spécialisent dans l'orfèvrerie à émail champlevé. Pour la cérémonie du sacre des rois, le trésor de la cathédrale de Reims renferme des objets dont la pureté simple des lignes est enrichie de filigranes, de pierres précieuses et d'émaux cloisonnés.

L'époque gothique

L'orfèvrerie gothique se caractérise par un naturalisme (ornements végétaux agrémentés d'animaux), l'imitation de l'architecture (prédilection pour les formes anguleuses et polygonales, reproduction de châteaux et d'églises) et l'influence de la sculpture. Ces tendances pressenties dans l'art roman évoluent pour culminer aux XIVe et XVe siècles. Autre règle, l'orfèvrerie se laïcise. D'une part, elle entre dans la vie civile, une clientèle profane autre que royale en acquérant comme objets domestiques ou de collection (à noter que l'activité intense des orfèvres est suscitée essentiellement par le mécénat laïque) ; d'autre part, elle est produite dans des ateliers urbains par des orfèvres laïcs travaillant à leur compte et possédant une boutique. Louis IX fit rédiger en 1268 une réglementation pour organiser et surveiller ce corps de métier ; ses successeurs instaurèrent le contrôle de la qualité et de la provenance des ouvrages.

L'orfèvrerie devient l'art précieux par excellence. Au XIVe siècle et au début du XVe siècle (époque la plus prestigieuse de l'orfèvrerie au Moyen Age), la production civile s'instensifie avec les goûts luxueux des Valois, mécènes et amateurs de beaux objets précieux ; leurs inventaires et leurs comptes, spécialement ceux de Charles V et de Louis Ier d'Anjou, énumèrent des ustensiles de toilette, des objets de table et des luminaires somptueux par leurs matériaux et étonnants par leur forme, témoins du talent hardi et de la maîtrise technique des orfèvres. La perfection est atteinte dans le façonnage des objets : repoussé et ronde-bosse à partir de feuilles de métal qui ne sont plus soutenues par une armature de bois. Le raffinement de la décoration, exécutée dans une

Le Moyen Age

―――――――――― 1 ――――――――――

Hanap dit Coupe de l'abbaye de Maubuisson avec son couvercle. Bois d'érable avec pied en argent doré et gravé. Fin XIVe, début XVe siècle. (Musée Lambinet, Versailles).

―――――――――― 2 ――――――――――

Reliure. Argent doré martelé avec pierres précieuses, gemmes antiques, émaux ; l'ensemble fixé sur un plat de chêne. Paris ou nord-est de la France, milieu XIIIe siècle. (Couvent de Saint-Paul, Lavanthal, Vienne, Autriche).

―――――――――― 3 ――――――――――

Reliquaire provenant de la Sainte-Chapelle. Influence de l'architecture et des pierres tombales pour le décor gravé des effigies. Argent doré. Paris, époque de saint Louis, 1261. (Musée de Cluny, Paris).

facture soignée, est dû à la mise au point de deux nouvelles techniques : à partir des années 1320 l'émail translucide qui met en valeur, sous de minces couches d'émail, les bas-reliefs d'or et d'argent ciselés ainsi que le poinçonné du métal avant qu'il ne soit émaillé, travail délicat apparu sous Jean le Bon.

L'imagination des orfèvres est féconde pour créer des formes complexes de pièces de vaisselle (salières monumentales, nefs, aiguières, fontaines de table) et pour transformer avec une monture d'orfèvrerie des vases anciens en pierres dures ou des écorces de noix de coco en gobelets, en coupes ou en aiguières. Même imagination exubérante pour trouver des sujets décoratifs (animaux fantastiques, monstres à buste humain, scènes de mœurs parfois humoristiques). Quelques exemples de vaisselle profane plus courante des XIVe et XVe siècles sont parvenus jusqu'à nous : les trésors de Gaillon, de Maldehem, de Lessay, de Coëffort nous ont livré des cuillers ainsi que des écuelles et des gobelets en argent repoussé, décorés d'inscriptions et d'écussons gravés et de motifs émaillés.

Le rôle de Paris et de la région parisienne est prépondérant dans l'évolution des arts précieux en France à la fin du Moyen Age et dans la création d'un art national. Côtoyant des artistes étrangers, les orfèvres travaillant pour les rois, les princes et les seigneurs y sont installés. Louis IX employa Raoul, que Philippe le Hardi anoblit en 1270 ; Philippe le Bel appréciait Guillaume Julien, Jean Névelon... ; Charles IV et son entourage : Thomas Nevouin, Pierre et Jean de Montpellier, Symon de Lille ; Charles V et ses frères : Jean de Maucreux, Robin Aufroy, Jean le Braelier qui avait travaillé pour Jean le Bon, Pierre des Barres, Claux Fribourg, Hennequin du Vivier.

L'orfèvrerie religieuse demeure une activité intense à l'époque gothique, empruntant, avec un souci d'exactitude, à l'architecture et à la sculpture. Au XIIIe siècle les objets de culte se diversifient : reliquaires-monstrances qui laissent voir la relique à travers un cristal monté sur pied et parfois soutenu par des anges ; reliquaires en forme du fragment qu'ils contiennent, ceux renfermant des éléments de la partie supérieure du corps étant de véritables portraits. Une activité artistique se déploya autour de la Sainte-Chapelle, châsse monumentale élevée sous Saint-Louis pour y abriter les reliques de la Passion du Christ. Sur les croix et les reliures orfévrées, cabochons, filigranes, émaux translucides sont disposés avec minutie. A partir du début du XVe siècle on remarque une tendance à la sobriété dans la construction géométrique rigoureuse et dans le décor des objets de culte. Quant au style des statuettes (modelé des visages, dessin des plis), il évolue avec les courants de la sculpture monumentale.

DES SAINCTE VRSVLLES
ET DES XI MIL VIERGES

L'ORFÈVRERIE A TRAVERS LES AGES 41

Le Moyen Age

---------- 1 ----------

Nef transformée en reliquaire de sainte Ursule. Cornaline, argent émaillé.
(Trésor de la cathédrale, palais du Tau, Reims).

---------- 2 ----------

Aiguière en cristal de roche avec monture en argent partiellement doré et émaillé. France, milieu XIVe siècle.
(Victoria and Albert Museum, Londres).

---------- 3 ----------

Statue reliquaire de sainte Foy. Argent repoussé en partie doré, sur âme de bois. Fin IXe et fin Xe siècles.
(Trésor, Conques).

---------- 4 ----------

Reliquaire. Or pour les anges, cuivre doré pour le reliquaire et le socle. Œuvre byzantine des XIe et XIIe siècles avec ajout des anges d'origine champenoise, vers 1320-1340. (Musée du Louvre, Paris).

La Renaissance

Au XVIe siècle, les métaux précieux affluent sur les galions espagnols chargés aux Indes occidentales récemment découvertes. L'orfèvrerie tient une place de plus en plus importante dans la vie civile sous forme de vaisselle (aiguières, plats, coupes, vases à boire), de luminaires, de cadeaux somptueux offerts par les villes aux souverains et à leur épouse pour commémorer leur entrée solennelle. Nobles de robe, banquiers, marchands forment une part importante de la clientèle des orfèvres qui leur fournissent des signes extérieurs de leur richesse récente. Les inventaires dénombrent des dizaines de milliers d'objets précieux ; à part de très rares exemples échappés à la fonte pour besoin financier, ils nous sont connus par les arts graphiques : projets et modèles dessinés ou gravés, objets peints dans des scènes de genre et des natures mortes.

De l'époque précédente, les orfèvres gardent pour quelque temps encore le goût du pittoresque et du réalisme en reprenant le principe des maquettes de navires (comme cadeaux ou salières) et des constructions. Dans ces dernières, la tradition gothique se perpétue avec l'influence de l'architecture (pinacles, clochetons, arcatures) et de la sculpture, spécialement dans les objets religieux. Néanmoins, sur de tels objets s'appliquent de nouveaux motifs décoratifs (cornes d'abondance, rinceaux et palmettes, animaux marins, figures mythologiques) empruntés au répertoire italien ; ce décor profane orne même des objets liturgiques. Les orfèvres français s'inspirent de recueils d'ornemanistes italiens (surtout milanais et vénitiens), flamands et allemands ; la gravure d'ornements était diffusée en Europe depuis la fin du XVe siècle, les années 1480 marquant l'évolution de l'orfèvrerie de style gothique à celle de style Renaissance.

Après les campagnes de Charles VIII, Louis XII et François Ier qui ramenèrent avec eux des artistes et des objets précieux, les orfèvres français sont directement en contact avec des formes et des motifs décoratifs nouveaux (à noter que peu d'orfèvres étrangers restèrent en France ; le plus célèbre, le florentin Benvenuto Cellini, protégé de François Ier qui l'établit à l'hôtel de Nesle, resta cinq ans). Sensibles à cette production étrangère — art composite mêlant la Haute Renaissance italienne, la tradition nordique et l'Antiquité classique — des architectes ou des orfèvres, à la fois dessinateurs-graveurs, proposent des répertoires de modèles inspirés par les inventions des artistes réunis à Fontainebleau devenu, à partir de 1528 et pour trois quarts de siècle, un foyer d'italianisme. Ils puisent aussi dans leur propre répertoire dont la tradition esthétique ornementale gothique n'est pas absente : Jacques Androuet Du Cerceau, architecte (1510/1520 - vers 1585), Étienne Delaune (1519-1588, nommé

---- 1 ----

Pièces d'orfèvrerie présentées dans le cortège lors de l'entrée de Henri II à Rouen (1551). Gravure.

---- 2 ----

Paire de flambeaux. Cristal de roche et argent doré. Paris, vers 1535. Bobèches, 1581-1582. Ancien trésor de l'ordre du Saint-Esprit. (Musée du Louvre, Paris).

L'ORFÈVRERIE A TRAVERS LES AGES 43

en 1552, graveur et orfèvre du roi) et René Boyvin (vers 1525 - début XVIIe), tous deux orfèvres-ciseleurs avant d'être graveurs sur cuivre, exécutent leurs propres modèles d'objets usuels (plats, coupes) ou ceux dessinés par Léonard Thiry.

Comme les autres arts décoratifs pendant la Renaissance, l'orfèvrerie subit une profonde transformation, certes progressive mais décisive pour son évolution ; vers 1540, se situe la phase maniériste (apogée sous Henri II) caractérisée par la recherche des formes complexes et raffinées, de décors fantaisistes condensés ; ce style gracieux est parfois chargé de références érotiques et courtoises. L'orfèvrerie française n'en perd pas pour autant son originalité, les orfèvres sachant adapter la mode aux tendances de l'art national : élégance, délicatesse, équilibre. Certains orfèvres persistent d'ailleurs dans cette tradition, s'en tenant à des formes sobres, géométriques, mises en valeur par la discrétion des décors : ainsi ceux qui, entre 1579 et 1585, exécutèrent à Paris, de la vaisselle liturgique pour le couvent des Augustins où Henri III avait établi l'ordre du Saint-Esprit fondé par lui en 1578 (les autres pièces du trésor prélevées dans les collections royales datent du Moyen Age ou de la première moitié du XVIe siècle). Les femmes jouèrent un grand rôle dans le développement de l'orfèvrerie pendant la Renaissance, passant personnellement des commandes de vaisselle ou d'objets de toilette, protégeant leurs orfèvres attitrés : Anne de Bretagne, Arnould Duvivier et Henri de Messiers ; Éléonore d'Autriche, deuxième femme de François Ier, Étienne Delaune et François Briet ; Catherine de Médicis, Claude Marcel et François Dujardin ; Gabrielle d'Estrées, Jean Delahaye.

Les guerres de religion interrompirent le développement de l'orfèvrerie française. La production du début de l'époque des Bourbons est en outre mal connue, les désordres politiques et les fontes ayant laissé très peu de vestiges. Sous le règne de Henri IV (1583-1610), le style géométriquement sobre de la fin de la Renaissance, aux formes nues et au décor pur très limité, persiste dans la vaisselle en argent et en argent doré. Ainsi les aiguières à panse unie, à anse de structure géométrique — souvenir des pièces du trésor du Saint-Esprit — offrent un décor ciselé en faible relief limité au pied fondu et rapporté, à une mince bande vers le milieu de la panse et à la plaquette de l'anse. Cette tendance à une élégance austère de formes robustes aux lignes pures se perpétuera jusque sous le règne de Louis XIV dans l'orfèvrerie civile des classes moyennement aisées.

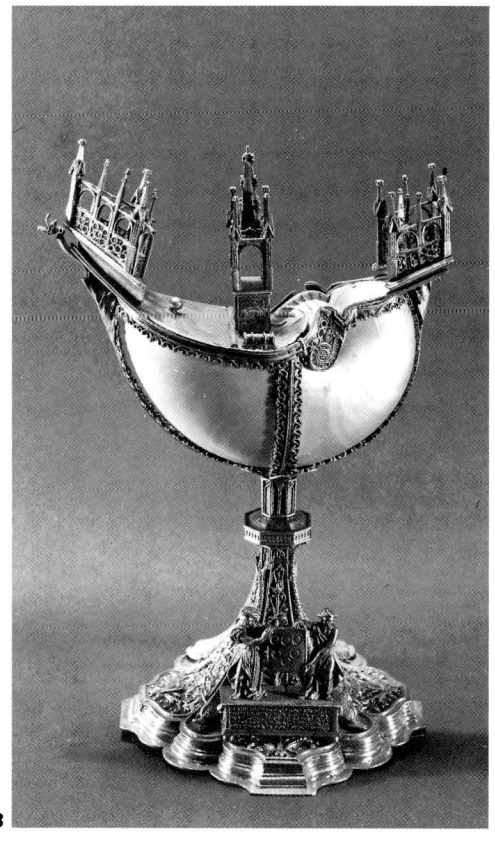

La Renaissance

───── 1 ─────

Calice en argent doré, donné selon la tradition par Anne de Bretagne, en 1506. Œuvre de Guillaume Floch de Morlaix. Décor profane d'un objet liturgique. (Église Saint-Jean-Baptiste Saint-Jean-du-Doigt, Finistère).

───── 2 ─────

Salière en forme de nef. Argent doré. Paris, 1527-1528. (Victoria and Albert Museum, Londres).

───── 3 ─────

Navette à encens. Nacre et argent doré, 1540. (Trésor de la cathédrale, Chartres).

───── 4 ─────

Coupe en agate avec monture en argent doré et émail, ornée de camées. Deuxième moitié du XVIe siècle. (Musée du Louvre, Paris).

───── 5 ─────

Brûle-parfum. Projet d'Étienne Delaune, deuxième moitié du XVIe siècle. Dessin. (Musée du Louvre, Paris).

───── 6 ─────

Coupe couverte. Argent. Mulhouse, 1590. (Musée des Arts décoratifs, Paris).

La Renaissance

---------- 1 ----------

Aiguière couverte, bassin et ciboire aux armes de France et de Pologne provenant de la chapelle de l'ordre du Saint-Esprit, don d'Henri III. Argent doré. Paris, vers 1581-1582. Objets caractéristiques de l'austérité du style Louis XIII. (Musée du Louvre, Paris).

---------- 2 ----------

Aiguière. Argent partiellement doré. Datation discutée : vers 1580 ou vers 1603. (Musée des Arts décoratifs, Paris).

Le Grand Siècle

LA magnificence de l'orfèvrerie exécutée sous le règne de Louis XIV est annoncée par la production du règne antérieur. Le prince de Condé, Louis XIII (1610-1643) et Anne d'Autriche, Richelieu (pour qui travaillèrent Jacques Delaunay et Claude Ballin qui fournira à Louis XIV son mobilier d'argent), Mazarin apprécient les objets luxueux. Les modes espagnole et italienne inspirent les orfèvres français. Leurs somptueuses créations composent les garnitures de toilette, la vaisselle (la fourchette, qui a maintenant trois dents, reste un privilège des tables très aisées), et même le mobilier (spécialement des luminaires comme les plaques et les bras de lumière, et des meubles même imposants comme des lits et des tables). Ces objets fastueux sont généralement en argent ; les surfaces sont chargées de gravures, de hauts-reliefs et de rondes-bosses, d'émaux et de pierres précieuses. Fleurs et feuillages au naturel sont très prisés dans les rinceaux décoratifs ou s'épanouissent au milieu de figures féminines allégoriques.

Dès le début de son règne personnel (1661), Louis XIV, qui a un goût très prononcé du pouvoir, est décidé à éblouir son peuple et à étonner les étrangers ; il va imposer l'image

Coffre dit d'Anne d'Autriche. Or repoussé et ciselé sur une âme de bois. Vue latérale. Vers 1645. (Musée du Louvre, Paris).

de sa puissance et de sa grandeur. Sous l'influence de ce roi qui « aimera en tout la splendeur » (Saint-Simon) et qui « mit dans sa cour comme dans son règne tant d'éclat et de magnificence » (Voltaire), les arts se transforment : ils participent au faste du règne de celui qui donna son nom à son siècle, contribuent à sa glorification et perpétuent son souvenir. Il en est ainsi de l'orfèvrerie ; Louis XIV apprécie la magnificence des matériaux et leur complicité avec les effets de la lumière, spécialement celle du soleil, emblème royal. Il passe et repasse des commandes de pièces somptueuses souvent imposantes par la taille et raffinées par leur décoration ; il ne se contente pas de vaisselle luxueuse pour satisfaire les besoins de sa table mais recherche l'environnement des métaux précieux pour orner et meubler les appartements où il vit, les lieux où il reçoit pour des audiences ou pour des fêtes. Sensible à la virtuosité des orfèvres, il se rend dans les ateliers officiels et se fait présenter leurs ouvrages. Il loge des orfèvres au Louvre tandis que d'autres sont réunis aux Gobelins. Il attire même des étrangers tels Verberckt ou Claude de Villers.

Hélas, Louis XIV fut victime de ses excès et l'enchantement fut éphémère, les ressources financières du royaume s'épuisèrent à force de satisfaire le goût du roi pour l'opulence et l'impérialisme. Ainsi, en 1689 (guerre de Succession d'Espagne), le roi fut-il contraint d'envoyer à la fonte son orfèvrerie, soit vingt-cinq mille kilogrammes d'argent, afin de subvenir aux dépenses : acte généreux pour l'État, exemplaire pour ses sujets qui firent de même, mais regrettable pour nous qui ne pouvons nous faire qu'une idée limitée de l'orfèvrerie louis-quatorzienne. Outre par les très rares pièces qui ont échappé au temps, nous la connaissons par des témoignages graphiques : descriptions (journal du Garde-Meubles, comptes des Bâtiments du roi, inventaire du Mobilier de la couronne) et reproductions dessinées ou gravées (planches de modèles de Jean Berain, Lafosse, Charles Le Brun, Jean Lepautre, Alexis Loir ; ouvrages de Jean Lemoyne et de Gédéon Légaré), peintes (François Desportes par exemple) ou tissées aux Gobelins (séries des *Maisons royales* dont Le Brun, directeur de la manufacture, fournit les cartons et de *L'Histoire du roi*). L'orfèvrerie royale est prestigieuse, éblouissante voire emphatique : majesté des formes qui privilégient les lignes architecturales, magnificence du décor pour lequel la ciselure prend de l'importance, caractère ostentatoire. Les ouvrages exécutés pour le château de Versailles et spécialement pour la galerie des Glaces en sont les exemples les plus remarquables : influencé par le goût de sa mère, le roi exigea spécialement pour Versailles, un mobilier en métal précieux, de 1661 à 1685, il se fit fournir en argent massif des tables et des guéridons (de plus de 250 kg), des luminaires (flambeaux et torchères), des vases, des bassins et des cuvettes accompagnés de plateaux assortis et même des pots à orangers pesant chacun soixante-huit kilogrammes pour une hauteur de quatre-vingt-douze centimètres. Les récipients étaient eux aussi de taille imposante (1,59 m pour une buire de 165 kg) et devaient être transportés sur un brancard en argent soulevé par deux hommes. Claude Ier Ballin, le grand orfèvre du règne, maître depuis 1637, installé aux galeries du Louvre, fut l'auteur le plus célèbre de cet ensemble. Comme Jacques de Tel, Alexis Ier Loir et Claude de Villers qui travaillaient aux Gobelins, comme René Cousinet, Nicolas Delaunay, Jean de Veaucourt, Thomas Merlin et Verbeckt, il exécuta ses ouvrages d'après les modèles de Le Brun, non seulement premier peintre du roi, mais aussi décorateur et ornemaniste des maisons royales.

L'orfèvrerie est à l'image du souverain comme l'environnement dans lequel elle prend place. La somptuosité et la monumentalité des ouvrages illustrent la puissance et la grandeur du monarque ; leur vocabulaire décoratif rappelle sa personnalité : les allusions aux cycles cosmiques (les mois, les saisons), les références historiques (Alexandre le Grand par exemple, quand ce n'est pas Louis XIV en personne) et mythologiques (Apollon et ses attributs, Hercule, Jupiter), les allégories morales (les Vertus) et culturelles (les Arts libéraux), sous forme de femmes et d'enfants, symbolisent la

Le Grand Siècle

1

Coupe à motif baroque de têtes de chérubins. Argent. Paris, 1650-1651. (Victoria and Albert Museum, Londres).

2

Gobelet dit d'Anne d'Autriche. Or forgé. Vers 1645. (Musée du Louvre, Paris).

3

Tapisserie de la série « Histoire du Roi » : Visite de Louis XIV à la Manufacture des Gobelins, le 15 octobre 1667. Pièce de l'atelier de Leblond tissée vers 1730 d'après un carton de Charles Lebrun. Les artisans présentent au roi de très grandes pièces d'orfèvrerie en or et en argent, destinées à l'ornementation du château de Versailles et dont il ne subsiste aucun exemple. (Musée de Versailles).

souveraineté du Roi-Soleil sur les hommes et sur le monde, ainsi que l'éclat de son règne (corne d'abondance). Ces figures en ronde-bosse ou en relief sont accompagnées d'ornements empruntés eux aussi à l'antiquité : oves, postes, godrons, palmettes, feuilles d'acanthe, guirlandes, mascarons animaliers ou masques humains (ces derniers le plus souvent appliqués en relief au niveau des anses et du bec des récipients ; c'est le cas des aiguières et plus spécialement du modèle dit « aiguière-casque » courant à la fin du XVIIe siècle). Également gravés ou ciselés avec virtuosité, coquilles, lambrequins, fleurons, croisillons, rosaces complètent ce répertoire décoratif.

Le luxe, quoique privilège royal, influence le goût de la cour et du haut clergé pendant les années glorieuses du règne. L'orfèvrerie destinée aux tables aristocratiques et aux autels s'inspire de celle de Louis XIV ; il arrive même qu'elle soit fournie par des orfèvres qui travaillent pour Sa Majesté. Mais après la fonte de 1689, un changement s'accomplit dans les mœurs, dans la mentalité et dans le goût : la faïence concurrence l'orfèvrerie dont les productions sont moins fastueuses, perdent parfois de leur majesté, recherchent la simplicité dans les formes et les décors, allègent les silhouettes, première étape vers la libération du style au cours du XVIIIe siècle. Sébastien Leblond, maître en 1674, exécute en 1690-1692 une écuelle unie pour Monseigneur, fils de Louis XIV : si ce n'est les armes gravées sur la panse et le dauphin ciselé sur les anses, rien dans l'aspect ne laisse supposer que cet ouvrage est destiné à la cour ; l'écuelle s'inspire de la tradition de l'orfèvrerie civile, elle est très proche de celle réalisée pour un inconnu par François Jacob un quart de siècle auparavant, celle-ci étant même plus originale dans le motif de la poignée, qui inspirera Thomas Germain au siècle suivant. Ce renouveau s'amorce dans les arts décoratifs à la fin du règne de Louis XIV, mais n'implique pas pour autant le rejet du faste, ainsi Nicolas Delaunay continue de fournir au roi sa vaisselle d'or et de vermeil.

L'orfèvrerie civile, avant tout utilitaire et non ostentatoire, souffrit de la vingtaine d'édits prohibitifs promulgués par le roi et présente donc un minimum de luxe. Cela répond d'ailleurs au mode de vie et à l'état d'esprit de la clientèle, au sens architectural cher aux orfèvres que l'on retrouve dans les formes majestueusement composées et dans l'originalité du décor. Si par cette caractéristique, l'orfèvrerie civile se rapproche de celle de la cour, elle s'en différencie par son parti-pris de sobriété : formes simples aux lignes architecturales fermes et pures, surfaces presques nues. L'aiguière exécutée à Paris en 1674, par Antoine Turpin, celle d'Étienne Lebret, fournisseur du roi, datée de trois ans plus tard, rappellent un type de récipient et un style de l'époque de Louis XIII et se rapprochent de la vaisselle fabriquée en étain. Les pièces qui ornent la table peinte par Desportes et dont les modèles se prolongent jusqu'au début du règne de Louis XV, spécialement en province, sont inspirées par cette même tendance qui recherche l'élégance et la pureté des formes mises en valeur par la discrétion du décor.

En cette fin de siècle, les orfèvres regroupent généralement les motifs décoratifs en relief, spécialement les feuilles d'applique et les godrons, dans le tiers inférieur des récipients (règle qui se généralisera au tout début du XVIIIe siècle) ; ils apprécient le travail du ciselé et du repercé qu'ils marient parfois avec fantaisie. Certains commencent à assouplir les modèles.

Le Grand Siècle

---- 1 ----

Tableau de Hallé (partie droite) représentant la Réparation faite à Louis XIV par le Doge de Gênes en 1684. *Le trône était en argent sur âme de bois ; torchères et vases monumentaux en métal précieux.*
(Musée de Versailles).

---- 2 ----

Pot à eau dépourvu de motifs décoratifs, à l'exception de liserés sur le pied, dans la tradition médiévale. Argent martelé. Étienne Lebret, Paris, 1677-1678.
(Musée du Louvre, Paris).

---- 3 ----

Aiguière en argent, aux armes de Talleyrand. Sébastien Leblond, Paris, 1698.
(Coll. part.).

---- 4 ----

Écuelle du grand dauphin, fils de Louis XIV, gravée à ses armes. Argent doré. Sébastien Leblond, 1690-1692. De ligne simple mais remarquablement ciselé, ce modèle présente un couvercle à anneaux mobiles qui fera place, vingt ans plus tard, à une forme conique terminée par une graine. (Musée du Louvre, Paris).

L'ORFÈVRERIE A TRAVERS LES AGES 51

2

3

4

52

L'ORFÈVRERIE A TRAVERS LES AGES 53

Le Grand Siècle

--- 1 ---

Modèle d'aiguière casque. Argent. Fin du XVIIe siècle. (Musée du Louvre, Paris).

--- 2 ---

Aiguière aux armes du cardinal de Montmorency Laval ; anse fondue formée par un léopard dressé. Argent doré. Nicolas Delaunay, Paris, 1696-1697. (Trésor de la cathédrale, Poitiers).

--- 3 ---

Moutardier. Argent. Joseph Ier Hamon, Saint-Malo, vers 1715. (Coll. part.).

--- 4 ---

Cassette aux armes de Max-Emmanuel de Bavière ; pièce commandée par l'électeur lors de son exil en France. Argent. Claude II Ballin, 1712-1713. (Residenz-Museum, Munich).

--- 5 ---

Pot à oille. Aux mêmes armes que celles de la cassette dont il est contemporain. Attribué également à Claude Ballin quoique dépourvu de poinçon. Le décor marque une évolution vers un style plus souple. Argent doré. (Residenz-Museum, Munich).

Le Siècle des lumières

Les deux règnes qui achèvent l'Ancien Régime sont, dans le domaine des mœurs, caractérisés par le raffinement. Pendant cette période heureuse pour les arts décoratifs, l'orfèvrerie, héritière du savoir-faire d'une longue tradition, est en vogue et atteint pour ainsi dire son apogée, au moins dans la production civile, aussi bien dans le domaine de l'art que dans celui de la technique.

Orfèvres et ornemanistes, à l'imagination fertile et aux grandes qualités techniques, touchent une clientèle de plus en plus nombreuse et variée : l'orfèvrerie rayonne dans les cours européennes, spécialement celles du Portugal et de Russie. Les commandes des cours, de la noblesse et de la grande bourgeoisie, celles du haut clergé sont passées à Paris ; les notables provinciaux et les amateurs plus modestes se fournissent localement ou s'adressent à des centres spécialisés dans certaines formes (à Strasbourg pour l'écuelle à bouillon et son assiette, accompagnée de deux couverts, le tout en vermeil rangé dans un écrin de cuir ; à Bordeaux pour les tasses à vin unies à bord relevé verticalement et à fond renflé...). La renommée de l'orfèvrerie française à l'étranger ne se fait pas seulement par l'exportation (commandes, cadeaux diplomatiques) mais aussi par l'installation d'orfèvres hors de France, au Canada et en Russie par exemple.

Les témoignages de cette époque sont nombreux, et ce, malgré trois facteurs qui entravèrent la production et nuisirent à sa conservation. Par trois fois, les besoins monétaires firent puiser dans les réserves gelées de métal précieux et envoyèrent la vaisselle d'or et d'argent à la Monnaie : fonte de 1709, suite aux revers de la guerre de Succession d'Espagne ; fonte ordonnée à cause de la guerre de Sept Ans, et qui dura de fin octobre 1759 à août 1760 ; nouvelle fonte entre le 22 septembre 1789 et le 31 juillet 1790, des objets réussissent cependant à échapper à la destruction, quittant le pays pour être cachés ou vendus à l'étranger.

La céramique, technique à la mode qui bénéficie en outre des fontes, concurrence l'orfèvrerie en lui empruntant des formes et en fournissant des objets domestiques à meilleur marché. Princes, nobles, bourgeois possèdent de la vaisselle de faïence et de porcelaine ; dès le début du siècle « tout ce qu'il y a de grand et de considérable » se met à la faïence (Saint-Simon) alors que les services de vermeil ne sont plus à la mode.

L'imitation de l'or et de l'argent par deux procédés, auxquels s'opposera en vain la corporation des maîtres de Paris, fit apparaître, à la même époque, sur le marché de nouveaux produits concurrençant ceux en matières précieuses : le « similor », alliage de cuivre et de zinc, inventé à Lille en 1729, qui a l'apparence de l'or ; le « plaqué » ou « fourré » qui consiste à recouvrir de métal précieux des plaques de métal amincies : importée d'Angleterre dès la fin du XVIIIe siècle, cette technique était alors surtout utilisée pour fabriquer la monnaie. Jean-Vincent Huguet, reçu maître-orfèvre en 1745, se spécialisa dans cette fabrication qui prit en 1768 le nom de « doublé ». Son atelier de la rue Beaubourg devint, en 1781, manufacture royale ; ce même privilège fut accordé en 1785 pour la fabrique de Marie-Antoine Tugot, associé à son gendre Jacques Dauny. Le « pomponne » est le plaqué produit dans leur atelier situé rue de la Verrerie à l'hôtel de Pomponne. Reconnus par Louis XVI, les orfèvres faussetiers devinrent à leur tour puissants. « Grâce à ces habiles orfèvres, bien des bourgeois, à Paris et en province, purent placer sur leur table le luxe menteur d'une orfèvrerie en cuivre », écrit alors un chroniqueur. Outre le similor et le plaqué, de nouveaux alliages assurèrent la floraison d'une fausse orfèvrerie : le métal Leblanc, réputé pour l'imitation de flambeaux et de pommeaux de canne en or ; l'or de Mannheim ; le métal Lafosse « aussi blanc que l'argent » ; le métal à la Reine utilisé surtout pour les théières et les cafetières.

Il est d'usage d'établir cinq étapes dans l'évolution des styles de l'orfèvrerie au long du XVIIIe siècle, après la mort de Louis XIV en 1715 : une *période* dite *de transition*, le *style Régence*, sous la régence du duc d'Orléans (1715-1723) et pendant les premières années du règne de Louis XV (1723-1730), période qui reste marquée par la production du temps du Roi-Soleil, tout en prolongeant l'ébauche d'évolution dans les arts décoratifs commencée à la fin de son règne ; le *style rocaille* ou *style Louis XV* de 1730 à 1760, aboutissement des recherches antérieures ; une *réaction* à cette mode pendant les années 1760-1770, annonçant l'évolution vers le classicisme caractéristique du *style Louis XVI* (1770-1780). Quelques années avant la Révolution, se prépare déjà le style Empire et la production de cette nouvelle *période de transition* (1780-1800) appartient au siècle suivant. A noter qu'il n'y a jamais eu de rupture d'une phase à l'autre.

Il faut toutefois apporter des nuances dans cette classification générale : celle-ci se réfère aux grandes tendances à la mode dans la capitale du royaume ; or l'évolution stylistique ne se produit pas au même moment dans tout le pays, elle n'est pas aussi systématique à l'intérieur de chaque région. Certes, on note jusqu'à vingt ans de décalage entre Paris et la province, mais il ne faut pas ignorer que ce décalage peut se produire dans la capitale, même chez un orfèvre capable de créations diverses, non seulement au cours de sa carrière

───── 1 ─────

Pot à crème. Argent. Décor de côtes torses. Charles Viardot, Paris, 1745. (Coll. Part.).

───── 2 ─────

Bassin de toilette. Vermeil. Pièce provenant d'un ensemble ayant appartenu à la duchesse d'Orléans, épouse du régent. Attribué à Nicolas Besnier, Paris, 1717-1722, (Musée du Louvre, Paris).

Nicolas Besnier
(1685-1754)

Pensionnaire de l'Académie royale de France à Rome de 1709 à 1712, Nicolas Besnier reçoit le premier grand prix d'architecture en 1711. De retour en France, influencé par son oncle et parrain, Nicolas Delaunay, il s'oriente vers l'orfèvrerie et est reçu maître en 1714. L'année suivante, il s'installe aux galeries du Louvre. En 1723, il est nommé orfèvre du roi sur la proposition de Delaunay, avec Thomas Germain et Claude Ballin, son cousin.

Outre ce métier, d'importantes charges occupent Nicolas Besnier : au sein de la corporation, il est élu deux fois garde des orfèvres, est nommé administrateur de la chapelle Saint-Éloi et des biens de la communauté des orfèvres ; au niveau municipal, il est conseiller de la ville de Paris de 1726 à 1736, échevin en 1729 (il est donc anobli) ; en 1734, il est choisi comme administrateur de la manufacture royale des tapisseries de Beauvais, tâche qu'il partage avec Jean-Baptiste Oudry et qu'il exercera pendant vingt ans. La manufacture étant en faillite, Nicolas Besnier, pour s'y consacrer, se retire des affaires en 1737, laissant sa charge d'orfèvre à son gendre Jacques Roettiers qui le seconde depuis 1734.

Le *Journal du Garde-Meuble* nous renseigne sur ses livraisons au roi entre 1716 et 1741 destinées à la cuisine, à la table, à la chambre, aux chapelles. Pour les fiançailles prévues en 1722 entre l'infante Marie-Anne Victoire et Louis XV, il exécute une chapelle d'argent et une toilette en vermeil (excepté le miroir, œuvre de Nicolas Delaunay) ; celle-ci pesait environ cinquante et un kilogrammes. En 1737, cent trente kilogrammes de vermeil et cent-soixante d'argent blanc constituent le service de table du roi à Versailles ; celui livré pour le château de Choisy en 1740, avec Thomas Germain et Jacques Roettiers, pesait deux cent cinquante-six kilogrammes. Seule une quinzaine de pièces de Nicolas Besnier est connue de nos jours.

— qui couvre en général au moins deux périodes —, mais encore au même moment. L'artiste, en effet, est tributaire de sa formation, du goût comme des habitudes et des possibilités financières de chacun de ses clients. En outre, si la production provinciale marque souvent un retard dans l'adaptation de la mode parisienne — phénomène avons-nous déjà souligné, qui n'est pas étranger à la production d'orfèvres parisiens, tels les plus illustres (Nicolas Besnier ou Jacques-Nicolas Roettiers par exemple) — la raison en est plus un état d'esprit d'indépendance et de créativité qu'un manque de talent. Les pièces produites par les familles Samson et Vinsac à Toulouse, celles de Jean-Henry Oertel (maître-orfèvre en 1763) et de Jacques-Henri Alberti (1764) à Strasbourg, en sont de remarquables exemples.

Il était important de noter la complexité de l'évolution du style au XVIIIe siècle, d'en nuancer les lignes générales avant d'en aborder les tendances, en évitant de donner aux dates une valeur trop stricte.

Le Siècle des lumières

―――― 1 ――――

Portrait de l'orfèvre Delaunay, entouré de sa famille, présentant un surtout exécuté pour le dauphin vers 1705. On peut remarquer au-dessus du meuble présentoir des modèles d'aiguières. Toile de Robert Tournières. (Musée des Beaux-Arts, Caen).

―――― 2 ――――

Écuelle couverte. Argent. A. Gautié, Bordeaux, 1722-1723. (Musée des Arts décoratifs, Paris).

Le style Régence

La paix revenue, le souvenir des fontes effacé, malgré une mesure prohibitive en 1720, la cour, la noblesse, la bourgeoisie affichent une nouvelle opulence et commandent de la vaisselle d'argent pour leurs usages ; l'exemple en est donné par le régent, le duc d'Orléans, qui dépense pour satisfaire son goût du luxe et enrichir ses collections. L'orfèvrerie pénètre dans de nouvelles classes sociales, changeant de caractère : elle devient avant tout objet utilitaire et non plus d'apparat. Parallèlement à cette évolution, il faut noter la libéralisation progressive, pendant une quinzaine d'années, des formes et des ornements par rapport à ceux de la production antérieure, libéralisation due à une volonté d'adoucir l'effet produit.

Ce cheminement, qui a débuté vers les années 1700-1710, est lent et les orfèvres hésitent : ceux qui reçoivent le plus de commandes — Nicolas Delaunay (1646-1727), Claude II Ballin (1661-1754), Nicolas Besnier (1685-1754) — n'ont-ils pas été formés sous le règne de Louis XIV ? Quant aux Grands, ils se réfèrent au goût et aux mœurs de ce roi, contraignant les artistes plutôt à une imitation conservatrice qu'à un renouveau créateur : par exemple, dès 1724, le nouveau roi, suivant l'exemple de son bisaïeul, commence à se faire livrer une vaisselle d'or ; pour ce service exécuté en trois ans (47 kg de métal précieux), il fait appel à l'orfèvre qui avait contribué à la magnificence de l'orfèvrerie de Louis XIV, Nicolas Delaunay. Âgé de quatre-vingts ans, celui-ci reste traditionnel, persiste dans l'effet monumental des galbes massifs aux lignes et aux décors strictement dessinés.

S'il est difficile d'abandonner les formes majestueuses, certains s'efforcent de les rendre moins sévères et moins lourdes : le tracé des lignes perd de sa droiture ; les formes s'assouplissent timidement grâce à l'usage de courbes sages. Si la marque de l'architecture persiste dans l'équilibre de celles-ci, si le goût demeure pour les silhouettes en balustre, l'allure monumentale des objets a tendance à s'estomper. Vers 1720, l'aile des assiettes et des plats, de même que la base des candélabres adoptent un contour chantourné (les pans coupés et leurs effets décoratifs, d'une rigueur toute géométrique, resteront néanmoins en vigueur — voir les plats de Nicolas Besnier — et ce jusqu'à la Révolution). Même tendance à nuancer de fantaisie le vocabulaire ornemental du règne précédent, à savoir : les oves, les postes, les entrelacs, les lambrequins, les médaillons, les masques, les coquilles. L'agencement de ces motifs est raffiné, même si la présentation en reste ordonnée assez rigoureusement et ménage des surfaces unies. Les coquilles, par exemple, se déforment. Les récipients (timbales et encriers particulièrement) sont souvent ornés, dans leur moitié ou leur tiers inférieur, de feuilles d'applique, parfois lancéolées, et de lambrequins ; ces motifs ciselés se détachent sur un fond amati. La bordure des couvercles et le pied sont soulignés par des couronnes de godrons. Les contours des plats et des assiettes, ceux des bassins et des couvercles d'écuelles sont bordés d'oves et d'entrelacs.

Ces diverses caractéristiques du style Régence, prolongé encore quelques années après le départ du duc d'Orléans, sont remarquablement illustrées dans les œuvres de Nicolas Besnier, et celles de Claude-Gabriel Dardet (maître-orfèvre en 1715) conservées au musée du Louvre.

Le Siècle des lumières

1

Aiguière. Argent repoussé, ciselé et fondu. Transformée en chocolatière comme le prouve la découpe sur le couvercle destinée au passage du moussoir. Le mascaron reste cependant typique du pot à eau ; bec verseur zoomorphe à dents d'animal. Georges Rey, Chambéry, entre 1726 et 1759. (Musée savoisien, Chambéry).

2

Flambeau. Argent. Trebon, Paris, 1726. (Coll. part.).

Le style Louis XV, le triomphe du rocaille

Douze ans après la mort du Roi-Soleil, l'orfèvrerie entre dans une phase nouvelle, annoncée par les recherches de la Régence ; la production en est dominée par la perfection technique et l'audace imaginative : la mode est alors aux contours mouvementés, aux lignes asymétriques, à la décoration exubérante et fantaisiste. Orfèvres et ornemanistes — souvent architectes — font preuve d'une imagination débordante qui atteint parfois l'extravagance et le bizarre, portant ainsi atteinte à l'aspect fonctionnel des ouvrages. Le qualificatif de rocaille donné à ce style provient d'un terme désignant une des catégories d'ornements qui le caractérise : ce sont les éléments empruntés aux grottes terrestres et aquatiques, construites dans les jardins à partir du XVIe siècle (rochers, galets, cailloux, coquillages, plantes aquatiques...). Quant à cette mode rocaille, elle se définit à l'époque par son « pittoresque », c'est-à-dire par des lignes qui s'épanouissent en tourbillons, torsions, enroulements ; à ce jeu mouvementé des lignes répondent les caprices des feuillages et des plantes, l'ondulation des vagues, la poursuite des animaux, la grâce des femmes, le jeu des enfants... tout concourt à exprimer la vie.

Exubérance et audace caractérisent l'inspiration de Juste-Aurèle Meissonnier (1695-1750) ; dessinateur ordinaire de la chambre du roi depuis 1726, son *Recueil de modèles d'orfèvreries* et les dessins des pièces exécutées sous son inspiration offre d'extraordinaires créations dues à une imagination débridée. Nommé maître-orfèvre en 1724, Meissonnier exerça peu son métier, préférant créer des modèles, qui inspirèrent nombre de ses confrères. Considéré comme l'initiateur du style rocaille, il manie avec aisance les courbes et les contre-courbes, exagérant leurs mouvements sinueux, affectionnant la dissymétrie ; dans le même esprit, il privilégie sur les surfaces les canaux tors, parfois rayonnants, emprunte ses motifs décoratifs aux mondes végétal, minéral et animal, dont les éléments se modulent, et présente les figures en mouvement. A côté de cette nouvelle et jeune personnalité qu'est Meissonnier, Claude II Ballin se présente aussi comme un éminent précurseur du style pittoresque, alors que Nicolas Besnier n'évolue pas ; lui, à soixante-six ans, refuse la ligne droite et marque une préférence très nette pour les galbes ondulés et les mouvements naturalistes divers, exécutés avec virtuosité et réalisme. Tel est le cas pour le surtout exécuté en 1727-1728 à l'intention de la cour de Russie. Jusqu'à sa mort en 1754, le neveu du grand Ballin produit de magnifiques ouvrages à la mode pour une riche clientèle française et étrangère.

Si Claude Duvivier, reçu maître en 1720, se laisse influencer par cette fantaisie excessive et se plaît à exécuter les modèles de Meissonnier, d'autres orfèvres sont plus

Le Siècle des lumières

1

Projet de surtout conçu par Juste-Aurèle Meissonnier vers 1730. Ce type de pièce destinée à l'origine aux tables royales et princières avait avant tout un rôle ornemental dont l'origine remonte au Moyen Age. Au début du XVIIIe siècle, il prend un aspect fonctionnel en réunissant tous les éléments d'un service de table : bras de lumières, pot à oille, sceau à rafraîchir, salières, huiles, boîtes à épices. Les courbes et contre-courbes sont caractéristiques du style tourmenté dit rocaille.

2

Autre projet de surtout composé par Jacques Roettiers dans le style « pittoresque ». On ne conserve que de très rares exemplaires de ces pièces destinées souvent à des cours étrangères.

Thomas Germain
(1673-1748)

Appartenant à une lignée d'orfèvres qui remonte au XVIe siècle, Thomas Germain, fils du célèbre orfèvre de Louis XIV Pierre Germain, passa quinze ans en Italie : élève de l'Académie de France à Rome (1688), il étudie le dessin, la peinture, la sculpture et l'architecture ; puis il travaille comme orfèvre avant de rentrer en France en 1706. Ses premiers travaux sont à destination religieuse.

Reçu maître en 1720, il est logé au Louvre et devient orfèvre et sculpteur du régent puis du roi. Durant la première moitié du règne de Louis XV, il devient l'un de ses orfèvres attitrés : il commencera par exécuter l'ostensoir en or offert par le roi à la cathédrale de Reims pour son sacre en 1722 ; puis il lui livre sa vaisselle dont le fameux service en or massif fourni en 1748 ; les girandoles en furent très remarquées.

Pour le mariage de Marie Leszczyńska avec le roi, Thomas Germain reçoit la commande d'une toilette de trente-cinq pièces en or, fournie en 1726. Cet ensemble fit la réputation de Thomas Germain auprès des cours étrangères. Sa « main divine » s'exerce dès lors, pour la cour du Portugal, pour celle de Russie et pour les royaumes où règnent les Bourbons (Naples, Madrid, Parme). Il livre des toilettes à la princesse du Brésil et à la reine d'Espagne. Élu plusieurs fois garde de la communauté, il devient échevin en 1738 et est anobli.

L'orfèvre le plus réputé de la première moitié du XVIIIe siècle, voire du siècle, est enseveli en 1748 dans l'église, aujourd'hui disparue, de Saint-Louis du Louvre dont il avait dressé les plans. Pour sa mort le roi du Portugal, Jean V, ordonna un service solennel à la cathédrale de Lisbonne. De son activité prolixe il ne reste que peu d'œuvres authentiques.

Élégance, simplicité, équilibre caractérisent une production qui garde son originalité lorsque triomphe le rocaille ; il sait néanmoins utiliser avec originalité les ressources de l'asymétrie dans le dessin et virtuosité dans la ciselure.

Le Siècle des lumières

1

Rafraîchissoir ou seau à bouteille. Au pied, rampe un escargot parmi des grappes de raisins et des ceps de vigne. Les armes des Orléans semblent un additif du XIXe siècle. Argent. Thomas Germain, Paris, 1727-1728. (Musée du Louvre, Paris).

2

Saucière en forme de nef. Contraste entre le pied à découpe irrégulière formée d'un amoncellement de végétaux, coquillages, escargots et lézards et le récipient aux lignes plus sobres : phase finale du style rocaille. Argent. François Joubert, Paris, 1754-1755. (Musée des Arts décoratifs, Paris).

L'ORFÈVRERIE A TRAVERS LES AGES 61

nuancés dans leur interprétation de ce nouvel état d'esprit et de cette veine décorative capricieuse. Ainsi, Henry-Nicolas Cousinet, maître à Paris en 1724, s'attache-t-il surtout à la qualité technique de son travail, lorsqu'il exécute cinq ans plus tard les vingt-trois pièces en argent doré du nécessaire offert par le roi à Marie Leszczyńska pour la naissance du dauphin : encadrements, cartouches, motifs décoratifs, rocaille sont traités avec une délicate retenue, le chantournement des formes avec une élégante discrétion. Le courant à la mode s'impose progressivement : Alexis III Loir, maître en 1733, en subit l'influence après quelques années, comme le prouve l'évolution de deux flambeaux exécutés à quatre années d'intervalle.

De plus, le style rocaille n'a pas connu une intensité constante durant la période qui lui est traditionnellement attribuée, à savoir celle qui va de 1730 à 1760 (alors que les exemples donnés ici pour la seule production parisienne couvrent celle de 1727 à 1765) : la production de Thomas Germain (1673-1748), orfèvre le plus renommé de la première moitié du XVIIIe siècle, d'un tempérament plus pondéré que celui de Meissonnier, le prouve. La forme cylindrique des deux rafraîchissoirs à bouteilles exécutés en 1727-1728 disparaît sous l'exubérance du décor naturaliste et devient asymétrique ; le profil contourné de ces récipients, l'ondulation des bords supérieurs et des anses, la déformation des socles transformés en pieds de vigne trapus et chargés, ornés de grappes de coquillages et d'escargots, présentent un caractère rocaille bien affirmé. Même fantaisie exubérante dans les éléments naturalistes observés avec réalisme et ciselés avec minutie

— 3 —
Écuelle couverte avec cabochon en forme d'artichaut et son plateau. Vermeil. Les armoiries sont celles du cardinal portugais João da Motta e Silva. Thomas Germain, Paris, 1733-1734. (Musée du Louvre, Paris).

Jacques Roettiers
(1707-1784)

Fils du graveur général des Monnaies de Louis XIV, Jacques Roettiers fut apprenti chez Thomas Germain, compagnon chez Nicolas Besnier dont il épousa la fille en 1734. Admis à la maîtrise en 1733, il demeure alors aux galeries du Louvre d'où il déménagera ultérieurement tout en y conservant son atelier. Il collabore avec son beau-père, dont il devient le successeur en 1737, année où il est nommé orfèvre du roi. Il occupe les fonctions de garde (1754), de grand-garde (1758-1761) de la corporation des orfèvres. En 1752, il prend comme apprenti son fils Jacques-Nicolas qui lui est associé comme orfèvre ordinaire du roi en 1765, année de sa réception à la maîtrise. En 1772, Jacques Roettiers se retire des affaires. Anobli la même année, il est nommé membre de l'Académie royale de peinture et de sculpture en 1773. Ayant consacré sa retraite à l'art de la gravure, il s'éteint en 1784.

Dès le début de sa carrière il fournit la haute aristocratie, dont le prince de Condé qui lui commande en 1736 un surtout de table d'inspiration cynégétique, thème fréquent à l'époque. En 1745, l'orfèvre exécute la vaisselle pour le mariage de la dauphine Marie-Thérèse Antoinette ; en 1749, il réalise le nécessaire en or offert par Louis XV à Madame infante et la vaisselle d'or du roi. Il lui en fournira d'autres pièces réalisées en collaboration avec son fils. Fournisseur attitré de Mme du Barry depuis 1769, il est l'auteur de ses services d'argent, puis d'or ; il garnit d'or son service de toilette en cristal de roche, alors que la commande d'un même service tout en or fut suspendue, la dépense étant jugée extravagante.

La production de Jacques Roettiers, où l'inspiration naturaliste est importante, suit les fluctuations du goût : elle évolue du dynamisme à la mesure entre le style rocaille et le retour à l'antique, dont elle fut l'un des premiers exemples dans les sucriers d'or exécutés pour Louis XV en 1764.

Le Siècle des lumières

1

Chocolatière et réchaud, pot à lait, sucrier Argent et porcelaine. Font partie du nécessaire offert par Louis XV à Marie Leszczyńska, lors de la naissance du dauphin. Henry-Nicolas Cousinet, Paris, 1729-1730. (Musée du Louvre, Paris).

2

Surtout du duc de Bourbon, prince de Condé. Argent. Les quatre bras de lumière ont disparu. Thème cynégétique à la mode dans le style rocaille. Jacques Roettiers, Paris, 1736. (Musée du Louvre, Paris).

d'une paire de salières datées de 1734-1736. S'il arrive au grand orfèvre de laisser aller son imagination et son talent à offrir une ornementation abondante, jamais il ne privilégie l'effet décoratif à la structure et donne toujours des compositions équilibrées.

A côté d'une production dans le pur style rocaille, « la main divine » de Thomas Germain crée des ouvrages plus mesurés, où l'effet décoratif est dû moins à l'abondance et au traitement de l'ornementation qu'à la simplicité élégante et à la forme même des ouvrages : ainsi, de 1733-1734, une écuelle couverte en argent doré au décor de canaux très rayonnants, posée sur un plateau à bord chantourné ; une dizaine d'années plus tard, une terrine en argent et de 1746, pour un cardinal portugais, un écritoire en argent doré. L'effet de rigueur produit par la composition et la disposition de ces trois pièces est discrètement mais suffisamment atténué par leurs contours, agrémentés de volutes et de torsades décoratives : une légère tentation rocaille tempère heureusement la sagesse raisonnable de l'artiste, évolution par rapport à l'écuelle aux serpents exécutée treize ans auparavant.

Simplicité et tradition l'emportaient alors : la sobriété de la forme et du décor ne rappelle-t-elle pas à environ soixante-dix ans d'écart, des pièces exécutées sous le règne précédent (comparer avec l'écuelle de François Jacob en 1666) : même pureté de la forme, même économie du décor. Si la production de Thomas Germain passe aisément de l'ancien au moderne, avec la même maîtrise, le même raffinement, le même goût, sa réputation auprès de ses concitoyens est due à une élégante fantaisie rocaille qu'apprécièrent la cour et la noblesse de France et du Portugal, et qui inspire au peintre François Desportes (1661-1743) de splendides natures mortes ; d'ailleurs, les girandoles d'or que l'orfèvre livra en 1748 à Louis XV furent considérées comme le chef-d'œuvre de l'orfèvrerie rocaille ; il ne nous en reste, hélas, que le dessin préparatoire, modifié en cours d'exécution.

Comme son père, François-Thomas Germain (1726-1791) réalisa aussi bien des œuvres aux formes exubérantes et à la décoration fantaisiste que des pièces plus dépouillées et moins originales. L'artiste et l'homme ont souvent été contestés pour une tendance à un rocaille parfois outré, pour une

Le Siècle des lumières

1

Flambeaux. Alexis III Loir. Paris. Celui de gauche est daté 1739-1740, celui de droite 1743-1744. (Musée des Arts décoratifs, Paris).

2

Flambeau. Éloi Guérin, Paris, 1744-1750. (Musée Rolin, Autun).

3

Saupoudroir. Argent. Pierre Nau, Angers, 1740-1742. Ce sucrier, exceptionnel par sa taille (95 cm) témoigne de la persistance de la forme balustre et du décor de style Régence en province au moment où le style rocaille est en vogue à Paris.
(Musée des Beaux-Arts, Angers).

4

Cafetière à fond plat dite marabout. Argent. La décoration à côtes torses est à la mode entre 1730 et 1760 dans l'orfèvrerie parisienne (1780 pour la province). Jean Fauché, Paris, 1748. (Coll. part.).

4

ambition imprudente qui lui firent gâcher l'héritage paternel, pour sa légèreté à signer occasionnellement de son nom des œuvres de Thomas Germain, enfin pour l'extravagance de son caractère. Excessif ou tempéré, le rocaille de François-Thomas Germain témoigne d'un grand sens de l'observation, d'une liberté poétique charmante, d'une grande virtuosité technique : l'orfèvre exécute des œuvres personnelles originales et somptueuses pour les cours de France, de Russie et surtout pour celle du Portugal. Après le tremblement de terre qui bouleversa Lisbonne en 1755, Joseph Ier chargea l'orfèvre de lui reconstituer un service de table : les mille deux cent soixante-quatorze pièces en furent réalisées en neuf ans. Plusieurs éléments de cette vaisselle — dont un remarquable ensemble est conservé au musée d'Art ancien de Lisbonne — comptent parmi les chefs-d'œuvre du rocaille : la souplesse des lignes et l'amplitude des modèles, qui créent des silhouettes élégantes, le réalisme et le dynamisme de l'ornementation, disposée et traduite par un grand sens de l'effet décoratif, la maîtrise de l'exécution caractérisent le talent de l'orfèvre. Lorsqu'il s'assagit, la simplicité de sa production n'en est pas moins séduisante.

Sans lien de parenté avec les précédents, Pierre Germain (1716-1783), dit le Romain, élève de Nicolas Besnier, fut nommé maître-orfèvre en 1744 ; il est surtout connu pour l'ouvrage publié en 1748 *Éléments d'orfèvrerie*, répertoire de

François-Thomas Germain (1726-1791)

Petit-fils de Pierre, fils de Thomas, François-Thomas hérita de la notoriété du nom qu'il portait, de la clientèle de son père et de commandes inachevées ; il ne sut pas hélas profiter de cette situation favorable. Reçu maître-orfèvre l'année de la mort de son père sans avoir suivi la formation pendant le temps réglementaire, il est nommé à vingt-deux ans orfèvre et sculpteur du roi, est logé aux galeries du Louvre, reprend l'atelier paternel. La cour et la noblesse françaises, les cours étrangères, dont celles de l'impératrice Élisabeth de Russie et de Joseph Ier roi du Portugal, lui passent des commandes ; ce dernier devient un fidèle client à partir de 1756, l'orfèvrerie livrée à son prédécesseur Jean V, par Thomas Germain, ayant été détruite lors d'un tremblement de terre à Lisbonne.

Ambitieux, très sollicité, François-Thomas Germain développe son atelier, augmente le nombre des ouvriers jusqu'à quatre-vingts : la boutique et l'atelier d'artisan se transforment en entreprise et la production prend un côté industriel ; l'orfèvre fait travailler des personnes salariées dont il signe les ouvrages.

L'audace de François-Thomas Germain le conduit à la faillite en 1765, malgré la qualité de sa production ; il quitte le Louvre, est en procès pendant quatre ans. Après avoir tenté de se relancer dans les affaires en reprenant son atelier de la rue des Orties, il fait un séjour en Angleterre. Les dernières années de sa vie à Paris et en province sont mal connues.

Fidèle au rocaille au début de sa production, l'orfèvre s'oriente vers le retour à l'antique lorsque le goût change à Paris ; dès 1760 il évolue, est influencé par les modèles de l'Antiquité mis à la mode par Delafosse et produit les premiers ouvrages néo-classiques en argent pendant l'époque, dite de transition, qui prépare le style Louis XVI.

Outre son ambition, il est reproché à François-Thomas Germain d'avoir copié les modèles dessinés par son père et restés dans des cartons après sa mort, et même d'avoir repris à son compte des œuvres en faisant disparaître ou en complétant la marque paternelle. S'il n'eut pas le génie inventif de son père, François-Thomas Germain contribua néanmoins à perpétuer la réputation de l'orfèvrerie familiale et française au-delà de nos frontières.

Le Siècle des lumières

―――― 1 ――――

Théière. Argent et ébène. François Joubert, 1765-1766.
(Musée des Arts décoratifs, Paris).

―――― 2 ――――

Surtout de Joseph Ier du Portugal. Objet décoratif ayant perdu tout rôle fonctionnel ; le motif cynégétique est bien de style rocaille mais la base à cannelures rayonnantes annonce déjà le néo-classicisme. François-Thomas Germain, 1757-1758.
(Musée du Louvre, Paris).

planches gravées de modèles audacieux caractéristiques de l'exubérance du style Louis XV. L'orfèvre restera fidèle au rocaille jusqu'à sa mort en 1783, malgré le changement de goût dans les années à venir.

Comportement différent, nous le verrons, de la part de Jacques Roettiers (1707-1784), orfèvre préféré de Louis XV, avec Thomas Germain dont il était de trente-quatre ans le cadet ; après avoir signé six planches du recueil de Pierre Germain, *Quelques morceaux d'orfèvrerie exécutés actuellement pour Monseigneur le Dauphin,* il persiste pour un moment dans le goût pittoresque, avant d'adopter le style classique. François Joubert, maître depuis 1749, fournisseur de Mme de Pompadour, tempère l'asymétrie rocaille et le goût pour l'amoncellement de végétaux, de coquillages et de légumes par l'élégance des formes et le rendu délicat de la nature.

Alors qu'un changement de style se laisse deviner vers le milieu du siècle (il est et restera pendant vingt ans l'apanage des artistes novateurs et d'une clientèle cultivée), l'éclat de l'orfèvrerie rocaille continue de briller dans sa phase dite finale. Cette période s'échelonne traditionnellement de 1750 à 1765, pour la production parisienne. Méfions-nous des datations trop strictes : certaines pièces réalisées à la période postérieure par des orfèvres adeptes du nouveau style prolon-

68

L'ORFÈVRERIE A TRAVERS LES AGES 69

Le Siècle des lumières

1
Salière d'une série de sept dont une salière-poivrière à deux sujets ; enfants déguisés en indiens du Nouveau Monde (le Brésil, colonie portugaise). Argent. François-Thomas Germain, Paris, 1757-1758. (Musée d'Art ancien, Lisbonne).

2
Théière. Argent. Bec verseur à col de cygne et corps à décor de plantes aquatiques sur fond amati. Edme-François Godin, Paris, 1749-1750. (Musée des Arts décoratifs, Paris).

3
Aiguière couverte avec anse formée du corps d'une sirène émergeant des roseaux. Argent. Charles Spire, Paris, 1758-1759. (Coll. part.).

4
Bouilloire en forme de boudha ventru serrant un dragon ailé qui forme le bec. Sujet inspiré des « magots » de porcelaine. Le réchaud, traité à l'antique, annonce le style Louis XVI. Exécutés pour la cour du Portugal. Argent. François-Thomas Germain, Paris, 1756-1757. (Musée d'Art ancien, Lisbonne).

5
Terrine et son plateau aux armes de Russie. Sur le couvercle, un enfant tient une colombe avec un canard à ses pieds, les anses sont formées d'enfants agitant des banderoles. Partie d'un service pour le roi du Portugal. Vermeil. François-Thomas Germain, Paris, 1758-1759. (Fondation Ricardo do Espirito Santo Silva, Lisbonne).

6
Bassin d'une aiguière avec paysage aquatique. Argent. François-Thomas Germain, Paris, 1756-1757. (Musée des Arts décoratifs, Paris).

7
Terrine et son plateau. Couvercle surmonté d'une grenade éclatée. Persistance du style rocaille. Argent. Antoine-Jean de Villeclair, Paris, 1761-1769. (Musée du Louvre, Paris).

gent jusqu'à la fin de l'Ancien Régime la tendance rocaille. En 1784-1785, Robert-Joseph Auguste ne lui emprunte-t-il pas pour un pot à oille un modèle connu trente-cinq ans auparavant : bouton de couvercle naturaliste, galbe renflé, allure trapue, pied à enroulement de feuillage ?

En province le style rocaille tempéré persistera plus fréquemment sous le règne de Louis XVI, plus ou moins sensible à l'influence parisienne, avec une personnalité originale dans les centres du Languedoc (avec les Samson et les Vinsac), et d'Alsace (avec les Imlin, les Kirstein et Jean-Henri Œrtel). Parmi les orfèvres talentueux de la capitale, citons les frères Balzac — Edme-Pierre (reçu maître en 1739) et Jean-François (1749) —, Ambroise-Nicolas Cousinet (1745), François Joubert (1749), Antoine-Jan de Villeclair (1759). Leurs ouvrages aux formes chantournées assagies, où la souplesse des lignes répond élégamment au mouvement gracieux des éléments décoratifs, sont harmonieux et parfaitement exécutés. Ces artistes vivent avec leur temps : l'amabilité, la fantaisie, la joie de vivre, la curiosité, le raffinement qui caractérisent les mœurs, le renouvellement des habitudes culinaires stimulent leur créativité. Nombre d'entre eux, comme leurs illustres prédécesseurs, font preuve d'un sentiment poétique de la nature très poussé. Par des décors « au naturel », ils traduisent avec délicatesse et justesse la fertilité de la terre et le goût pour certains mets (artichauts, choux-fleurs, crustacés couronnant dans des natures mortes fantaisistes le couvercle des récipients). Ils illustrent l'abondance du gibier et les joies de la chasse : cette décoration qui évoque les plaisirs de la table et les distractions des privilégiés rappelle les tableaux de François Desportes et de Jean-Baptiste Oudry. Les orfèvres ne restent pas insensibles aux charmes féminins et aux grâces enfantines chères au XVIIIe siècle, et dont François Boucher se fit le chantre, exerçant une grande influence sur l'art décoratif. Même engouement pour l'exotisme, autre caractéristique de l'époque de Louis XV ; des artistes cèdent alors à la mode des figures chinoises et turques imitées dans les bals costumés, reproduites couramment entre 1745 et 1760 en peinture et en céramique ; dans ce dernier cas, les personnages en ronde-bosse servent plus de simples ornements ou de garnitures d'objets (chandeliers, porte-bouquets, boîte à épices,...) que d'objets, alors qu'en orfèvrerie ces motifs sont utilisés des deux façons. Il suffit parfois aux orfèvres de jouer avec la souplesse ondoyante des lignes (côtes torses, bandeaux ondulants, rebords chantournés) pour produire des récipients élégants dans un style rocaille gracieux et raffiné.

L'ORFÈVRERIE A TRAVERS LES AGES 71

*Le Siècle
des lumières*

――― 1 ―――

*Aiguière et son bassin. Argent. Louis II
Samson, Toulouse, 1759-1762.*

――― 2 ―――

*Terrine et son plateau. Argent. François
Joubert, Paris, 1761-1762.*

――― 3 ―――

*Écuelle couverte et plateau. Graine en forme
d'artichaut sur une terrasse de feuilles.
Argent doré. Jean-Henry Oertel,
Strasbourg, 1765.*

(Musée des Arts décoratifs, Paris)

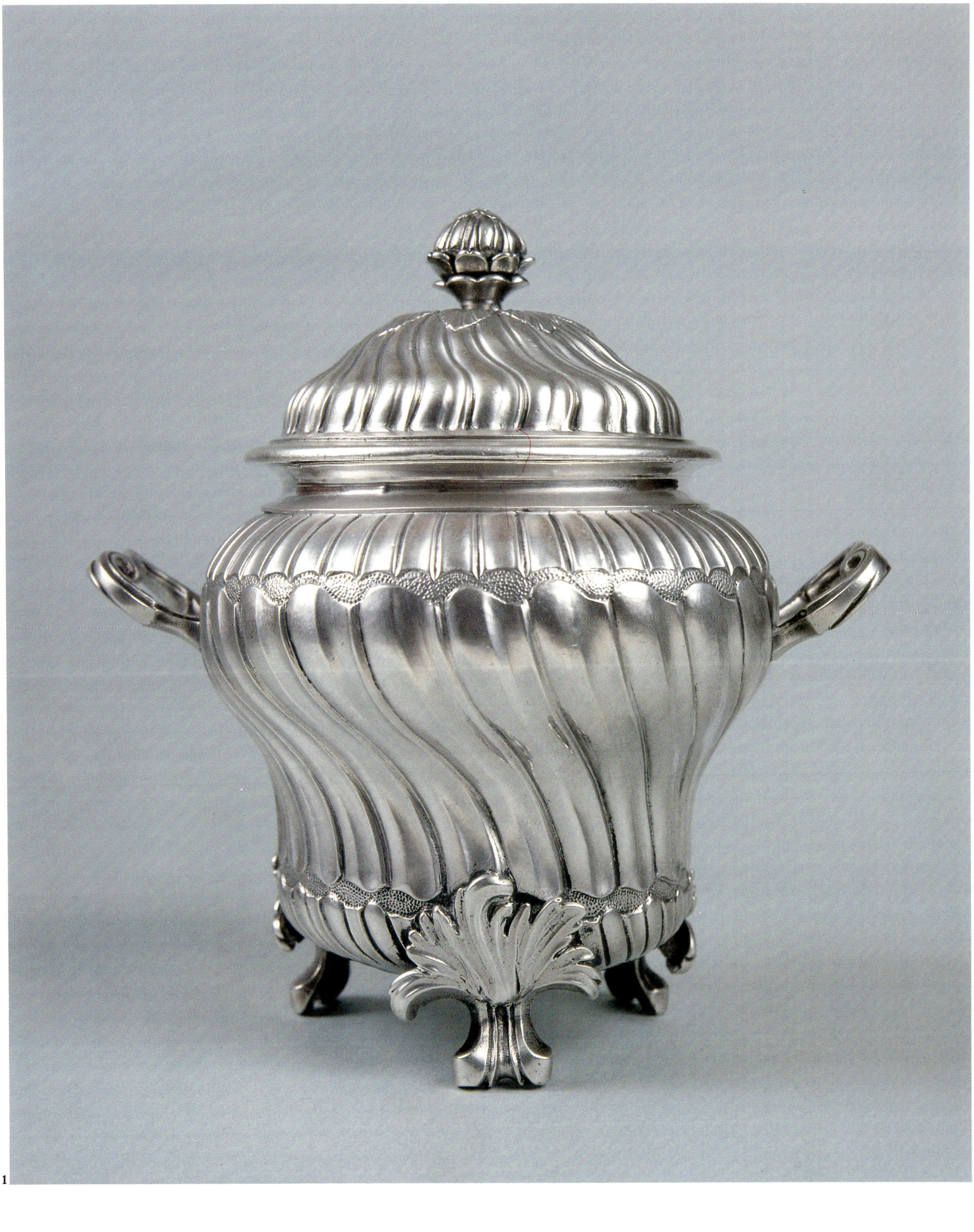

1

Le style Louis XVI, le retour à l'antique

Les protestations portées dès 1740 contre les bizarreries du style rocaille sont reprises avec véhémence et ironie par Charles-Nicolas Cochin le fils, maître à dessiner de Mme de Pompadour : en 1754, il publie dans le *Mercure* sa fameuse *Supplication aux orfèvres, ciseleurs et sculpteurs sur bois*, synthèse de critiques, de railleries et de conseils. La désaffection progressive pour le rocaille, jugé de mauvais goût et gênant pour l'utilisation des ouvrages dont il change la destination, coïncide avec un nouvel état d'esprit qui recherche l'ordre et la vraisemblance ; il détermine des mœurs nouvelles, sensibles à la simplicité et au confort, à l'intimité et à la discrétion ; Jean-Jacques Rousseau ne prône-t-il pas le sentiment de la nature et le retour à la vie simple, facteurs de beauté, de pureté, de vertu ? Les arts décoratifs évoluent dans ce sens : aussi remarque-t-on, par exemple, un détachement pour l'argenterie de table encombrante par sa quantité (un service d'orfèvrerie comprenait deux cent trente pièces !) et imposante par sa forme.

Cette transformation du goût et des mœurs est aussi influencée par la découverte de Pompéi en 1748, qui suscite plus de réactions que celle d'Herculanum en 1719. Les mœurs et le décor de la vie quotidienne dans l'Antiquité frappent par leur simplicité ; un répertoire nouveau de formes et de motifs décoratifs s'offre aux artistes : en 1752-1755, Anne Claude de Caylus publie nombre de ces modèles dans son *Recueil d'antiquités*, tandis que Claude-Nicolas Cochin rédige ses observations sur les *Peintures* (1751) et les *Antiquités d'Herculanum* (1754). Des collectionneurs d'antiquités, tel M. de la Live de Jully qui ouvre au public son cabinet, stimulent la curiosité pour les styles gréco-romains et étrusques. Ce nouveau goût pour l'antique est favorisé enfin par Mme de Pompadour qui encourage une mutation artistique vers la mesure, l'équilibre, l'élégance. La contagion est rapide et en 1763 Grimm et Diderot notent que « tout se fait aujourd'hui à la grecque ».

Ainsi, après la conversion en monnaie des objets en métal précieux entre octobre 1759 et août 1760, les orfèvres, qui reçoivent de nombreuses commandes d'une clientèle aisée (les classes moyennes préfèrent la céramique et l'étain dont la concurrence augmente), s'adaptent-ils au nouveau goût, renouvellent leurs modèles et changent leur vocabulaire ornemental. Jacques Roettiers avait déjà donné l'exemple en commençant à exécuter en 1757 une paire de sucriers d'or pour Louis XV, première manifestation du style Louis XVI : connus seulement par la description qui en est faite dans le *Journal du Garde-Meuble*, ils étaient ornés de bas-reliefs figurant « les travaux de la sucrerie par de petits nègres ». Formé par deux maîtres qui lors de leur séjour romain avaient été marqués par la pondération de l'art antique, Roettiers évolua et, après avoir brillamment illustré le style rocaille, devint le précurseur du style antique sous le règne de Louis XV (le roi meurt en 1774). François-Thomas Germain évolua de même : le trépied, qui supporte une bouilloire rocaille, s'inspire des modèles antiques avec ses pieds en pilastre, les têtes de bélier et les guirlandes de laurier qui l'ornent (1762-1763).

Le Siècle des lumières

1

Sucrier à décor de côtes torses interrompues en haut et en bas par des bandes amaties ondulantes ; il repose sur quatre pieds en forme de feuillage. Argent. Mathieu Brémond, Marseille, 1769. (Coll. part.).

2

Pot à oille d'une paire faisant partie du service de 842 pièces commandé par Catherine II de Russie pour son favori le prince Orloff. Par son style monumental, ce service est généralement considéré comme un des premiers grands ensembles néo-classiques. Argent. Jacques-Nicolas Roettiers, Paris, 1770-1771. (Musée Nissim de Camondo, Paris).

La période qui couvre les années 1760-1770 est dite de *transition* comme toutes les périodes qui marquent un début de rupture avec le courant à la mode et où s'élaborent les prémices d'un nouveau style. Les lignes se redressent progressivement, le décor se dépouille. Ornemanistes et orfèvres ont à leur disposition les albums de modèles de Jean-François de Neufforgey et surtout la *Nouvelle Iconologie historique* de l'architecte Delafosse. Les silhouettes géométriques bien structurées ont un caractère architectural très marqué ; à l'équilibre des formes répond l'organisation stricte du décor dont nombre d'éléments sont empruntés à l'architecture ou à ses ornements : colonnes et pilastres, cannelures et canaux, piastres et rosaces, bas-reliefs et médaillons, grecques et postes, godrons et palmettes. Dans le vocabulaire animalier, la préférence est au lion et au sphinx ; dans le domaine végétal, les guirlandes antiques de chêne et de laurier côtoient celles de roses accompagnées souvent de nœuds de rubans. Le motif des guirlandes soutenues par des têtes de béliers devient courant, appliqué sur les terrines ou adapté sur la forme trépied des coquetiers, des salières et des poivrières. Les planches de modèles de Jean-François Forty et le répertoire d'ornements de Salembier inspirèrent aussi les orfèvres.

Cette iconographie est abondamment exploitée dans ce qui est appelé le *premier style Louis XVI* ou *style à la grecque*, style puissant caractérisé par son formalisme et son décor néo-classique. « Les formes sont belles, agréables, au lieu qu'elles étaient tout arbitraires, bizarres et absurdes il y a dix ou douze ans », remarque Grimm. Jacques Roettiers forme son fils Jacques-Nicolas, dit Roettiers de La Tour (1736 - après 1784) à ces nouvelles formules ; les cours étrangères apprécient à leur tour son style antique : tout en livrant de la vaisselle à Louis XV, à ses filles et à Mme du Barry, Jacques-Nicolas Roettiers, maître depuis 1765, travaille pour Catherine II de Russie : il exécute huit cent quarante-deux pièces pour le service en argent qu'elle lui commande en 1770 ; l'ensemble, offert par la tsarine à son favori Grégoire Orloff, coûta un million deux cent mille livres ; le style monumental de ce somptueux service, sa majesté architecturale et l'abondance du décor emprunté à l'antiquité (certains motifs d'une part inspirèrent déjà les grands orfèvres de Louis XIV, d'autre part étaient proches des modèles de Delafosse) créent une sensation de lourdeur.

A l'inverse, Robert-Joseph Auguste (1725-1795), orfèvre ordinaire du roi en 1778, sut allier somptuosité du décor, fermeté et équilibre rigoureux des formes architecturales avec élégance légère et souplesse des silhouettes. Il en est ainsi dans le service qu'il exécuta en 1775-1776 et qui fut offert à Gustave III par le comte de Greutz, ambassadeur de Suède à Paris ; les deux terrines et le pot à oille, en argent comme les autres pièces, sont ornés de bas-reliefs en or commémorant la prise du pouvoir par le roi (ils auraient été dessinés par Augustin Pajou). Robert-Joseph Auguste adopte la même élégance pour les services fournis à la cour du Portugal et à celle d'Angleterre.

A Paris, citons comme adeptes des styles classiques inspirés de l'Antiquité, Jean-Baptiste Cheret, reçu maître en 1759, et Antoine Bouillier, maître en 1775. A la même époque, le néo-classicisme s'impose en province : les orfèvres adaptent brillamment leur production à cette nouvelle tendance de la pureté des formes précieuses et de la finesse des ciselures (tel Raymond Vinsac, 1742-1781, à Toulouse).

Plus on approche de la Révolution, plus les formes se simplifient et plus le décor se raréfie, laissant des surfaces unies ; les lignes, très architecturales, rendent parfois les formes trop rigides, ce qui augmente l'impression d'austérité créée par le dépouillement du décor dont les motifs naturalistes ont tendance à se styliser. La pureté de cette *deuxième phase du style Louis XVI*, parfois appelée *style étrusque* et qui annonce le style Directoire, a su éviter la sécheresse malgré l'épure : entre 1785 et 1790, Henry Auguste, fils de Robert-Joseph, produit pour une clientèle française et étrangère des ouvrages d'une grande qualité, d'une noble beauté, adoptant déjà les caractéristiques du style Empire dans lequel il se distinguera. L'élégante beauté de ce courant charme la reine Marie-Antoinette, au point qu'elle fait envoyer son nécessaire de toilette à Bruxelles avant de prendre la fuite et après avoir pris le temps d'en commander un second exemplaire identique au même orfèvre, Jean-Pierre Charpenat, reçu maître en 1782 : le premier, conservé au musée du Louvre, contient de la vaisselle, des objets de toilette, des accessoires de bureau et de couture en argent marqués au chiffre de la reine ; le second vient d'être retrouvé (musée de Grasse).

C'est dans le dernier tiers du siècle que le verre bleu soufflé et le cristal taillé s'allient aux métaux précieux dans la confection des petits objets de table à récipient (salière, poivrière, huilier, vinaigrier, moutardier, sucrier) : la monture en argent ou en vermeil est finement découpée et ressort délicatement sur le fond coloré ; le décor est généralement constitué de rinceaux et de guirlandes, accompagnés parfois de médaillons et de tête d'animaux (comme dans les pièces

Le Siècle des lumières

―――――― 1 ――――――

Aiguière et son bassin. Argent. Louis-Joseph Bouty, Paris, 1788.
(Coll. part.).

―――――― 2 ――――――

Seau à rafraîchir ayant fait partie du Service Orloff qui en comptait seize. Le modèle qui n'a cependant que 26 cm de haut semble très inspiré des grands vases à l'antique commandés par Louis XIV. Argent. Jacques-Nicolas Roettiers, 1770-1771).
(Musée Nissim de Camondo, Paris).

Le Siècle des lumières

---- 1 ----

Pièces provenant du service de Georges III d'Angleterre. Remarquable exemple du style néo-classique et de culture raffinée. Argent. Robert-Joseph Auguste, Paris, 1776-1785 (Musée du Louvre, Paris).

---- 2 ----

Huilier-vinaigrier sur son plateau aux anses en forme de têtes de bélier. Argent et cristal. Robert-Joseph Auguste, Paris, 1775-1776. (Musée du Louvre, Paris).

L'ORFÈVRERIE A TRAVERS LES AGES 77

1

de Marc-Étienne Janety, maître en 1777, et d'Antoine Boullier). Après 1784, la décoration reproduit les façades des magasins et des cafés par une frise d'arcades entrecoupées de pilastres. Vincent Bréant, maître en 1754, se spécialisa dans la fabrication de salières-poivrières composées d'un trépied et d'une monture en argent complétée par de petites coupes de cristal bleu.

Septembre 1789 : l'orfèvrerie commence à prendre le chemin de la Monnaie, le roi et la reine montrant l'exemple ; pendant près d'un an, dans un élan de patriotisme, la cour, les aristocrates, mais aussi les catégories sociales plus modestes et les congrégations religieuses envoient à la fonte leurs biens : cent quatre-vingt-sept kilogrammes d'or et cinquante-quatre mille huit cent cinquante-sept d'argent sont ainsi récupérés. La disparition d'objets précieux continue pendant la tourmente révolutionnaire ; elle est alors due à des mesures contraignantes, des vols, des ventes, des mises en sécurité à l'étranger.

En mars 1791, la suppression des corporations est votée ; elles sont partiellement rétablies un mois plus tard. L'activité des orfèvres depuis cette année-là est pratiquement stoppée, faute de matières premières, de clientèle et de mécènes, de sécurité. Seul Henry Auguste semble traverser la tourmente sans trop de difficultés : en 1794, il écrit un *Mémoire sur l'art de l'orfèvrerie*, manuel technique ; en 1797, on le retrouve fermier des affinages d'or et d'argent à Paris et à Lyon.

L'Ancien Régime entraîne dans sa chute l'orfèvrerie, cet art prestigieux dont il avait facilité l'épanouissement et la renommée par des mesures administratives de protection, par d'importantes commandes, par l'adhésion à de nouveaux styles — voire leur promotion —, reflets de la civilisation aux époques différentes par le goût, par l'imagination créative et par la richesse, mais toutes sensibles à la qualité du travail, à la nouveauté et à la beauté.

2

Le Siècle des lumières

———— 1 ————

Théière en argent, anse en ébène. Louis Jacquin, Mâcon, 1772. (Coll. part.).

———— 2 ————

Aiguière. Argent. L'anse est faite de deux serpents entrelacés. Corps de forme balustre élégante décoré de scènes champêtres et de guirlandes florales : adaptation rapide du style Louis XV en province. Raymond Vinsac, Toulouse, 1775. (Musée des Arts décoratifs, Paris).

Le Siècle des lumières

1

Paire de candélabres ayant appartenu au futur Charles X. Argent. Réminiscences rocailles dans une œuvre néo-classique. Pierre Germain, Paris, 1782. (Musée du Louvre, Paris).

2

Paire de chandeliers. Argent. Charles-Louis-Auguste Spriman, Paris, 1783. (Coll. part.).

3

Écuelle à bouillon avec couvercle surmonté d'une urne antique. Argent doré. François-Daniel Imlin, Strasbourg, 1784. (Musée des Arts décoratifs, Strasbourg).

4

Écuelle à bouillon avec couvercle. Argent. Décor de feuillage et de guirlandes de fleurs. Anses formées de tiges de céleri entrelacées et liées par des rubans. J.-J. Kirstein, Strasbourg, 1789. (Musée des Arts décoratifs, Strasbourg).

5

Nécessaire de voyage, destiné à Marie-Antoinette. Argent et porcelaine de Paris. Coffret en acajou. Les pièces d'orfèvrerie sont pour la plupart de Jean-Pierre Charpenat. Paris, 1787-1789. (Musée international de la Parfumerie, Grasse).

6

Saucière en forme de lampe à huile antique. Argent. Jean-Nicolas Boulanger, Paris, 1787-1788. (Musée des Arts décoratifs, Paris).

L'ORFÈVRERIE A TRAVERS LES AGES 79

5

6

Le néo-classicisme

Le style Louis XVI fut brusquement interrompu par la Révolution et l'ambiance qui régna en France pendant quelques années ne favorisa en rien la production d'objets d'art. La tourmente passée, les orfèvres désormais autonomes depuis la suppression du système corporatif et de l'obligation du poinçon sont très vite sollicités. Les dix années qui bouleversèrent la France ne sont qu'une parenthèse dans l'histoire de l'orfèvrerie. Cette situation explique qu'il n'y ait pas eu de rupture entre la production d'orfèvrerie de la fin de l'Ancien Régime et celle du Directoire (1795-1799), mais continuité sans tâtonnement.

L'ère napoléonienne

Cette suite logique se concrétise sous divers aspects. Bien que n'étant plus astreints à la vie communautaire, les orfèvres ne déménagent pas de suite des alentours du Pont-au-Change. Ceux auxquels s'adresse la nouvelle clientèle ont été pour la plupart formés traditionnellement sous l'Ancien Régime et reçus maîtres avant 1789 : c'est le cas pour deux des trois grands orfèvres dont les noms vont dominer l'époque napoléonienne (1800-1815) : Henry Auguste et Jean-Baptiste Claude Odiot accédèrent à la maîtrise en 1785 ; la tradition du savoir-faire et de la qualité se maintient et est transmise par les aînés à leurs émules. La loi de 1797 exige l'insculpation du poinçon de titre pour remédier à la baisse de qualité des alliages. L'industrie de luxe est florissante et la renommée de l'orfèvrerie dépasse à nouveau les frontières du pays pour parvenir dans les territoires conquis et même dans ceux qui refusent toute alliance, telle la Russie. Comme sous l'Ancien Régime, le pouvoir politique joue un rôle important dans l'essor de l'orfèvrerie : pendant la campagne d'Italie, Bonaparte, qui avait en 1786 passé commande à Biennais d'objets pour son domicile conjugal, déploie une vaisselle luxueuse ; pendant son consulat (1799-1804), il se présente déjà comme un grand mécène, stimulant la production d'orfèvrerie non seulement pour relancer l'économie nationale (dans ce but il fait organiser une exposition annuelle de l'Industrie) mais aussi pour rivaliser avec l'opulence des rois de France et soutenir sa politique personnelle de prestige : comme la peinture, qui depuis 1801 entretient le mythe napoléonien sous l'influence de l'ancien révolutionnaire Louis David, l'orfèvrerie officielle contribue à la propagande politique (rôle qu'elle joua pour Louis XIV).

Ainsi le dépouillement de l'art antique avait plu aux républicains dont l'idéalisme révolutionnaire avait pris exemple sur la vertu romaine ; Bonaparte, puis Napoléon, pour renforcer son autorité et instaurer la grandeur de son règne, se réfère donc aux mêmes modèles politiques, aux mêmes valeurs morales et à la même esthétique. C'est pourquoi, l'orfèvrerie napoléonienne est non seulement l'héritière d'une longue tradition technique et historique, comme nous venons de le souligner, mais aussi artistique : elle connaît une suite logique avec le retour à l'antique, commencé sous la Renaissance, repris partiellement sous Louis XIV, retrouvé à la fin du règne de Louis XV et développé sous celui de Louis XVI. Mais cette suite est évolutive et l'art antique imprègne encore plus cette nouvelle orfèvrerie : c'est cette « anticomanie » excessive, adaptée à un nouveau climat politique, qui crée la différence entre le style Louis XVI et le style napoléonien.

A l'origine de cette exploitation de l'art antique se trouvent des personnalités artistiques, qui firent un séjour à Rome avant la Révolution, et un événement militaire. Dès la fin du Directoire, Pierre Fontaine (1762-1853) et Charles Percier (1764-1838), architectes-décorateurs passionnés par l'Antiquité, sont choisis par Bonaparte, sur les conseils de David, pour restaurer la Malmaison ; dès lors, ils vont s'imposer dans la décoration et l'ameublement des lieux officiels ; nombre d'ouvrages d'orfèvrerie s'inspirent de modèles créés par ceux qui furent surnommés « les Étrusques » et réunis en 1812 dans le *Recueil de décorations intérieures*. Portraitiste de Joséphine, Pierre-Paul Prud'hon (1758-1823) dessine le mobilier d'orfèvrerie du règne de la seconde impératrice, Marie-Louise. De l'expédition militaire menée en Égypte de mai 1798 à août 1799, Vivant Denon rapporte des croquis ; cette documentation contribue à enrichir le vocabulaire ornemental déjà orientalisant utilisé dans le style étrusque à la fin du XVIIIe siècle.

La grammaire décorative antiquisante est ainsi plus complète et moins fantaisiste que celle du style Louis XVI. Les orfèvres privilégient certains motifs : végétation stylisée (palmettes, arabesques) ; animaux fantastiques (lions ailés, griffons, sphinx et leurs femelles, elles aussi ailées) ; figures allégoriques (Victoires et Renommées, aigles et cygnes. A noter que l'abeille, emblème impérial, est très rarement représentée en orfèvrerie) ; objets symboliques (foudre, caducée) ; jeunes femmes gracieuses vêtues de tuniques à la grecque flottantes lorsqu'elles dansent ou avec plis harmonieux lorsqu'elles sont au repos. L'influence de l'architecture classique est nette dans le choix des formes et des motifs décoratifs.

Une nouvelle technique est employée pour la réalisation du décor : le repoussé et la ciselure sont remplacés par des ornements fondus en bas-relief ou en ronde-bosse et rapportés, la fixation se faisant par vis et par écrous comme pour celle des appliques de bronze doré sur les meubles, et non plus par soudure. Les bas-reliefs ont la forme d'une métope, d'un rectangle allongé, d'une frise. Inspirés du décor des vases hellénistiques, de celui des fresques et des bas-reliefs de l'époque augustéenne, ils se détachent sur un fond mat ; ils contrastent ainsi avec le fond uni de la pièce qu'ils décorent. Ce contraste, voulu pour faire jouer la lumière, est accentué quand la sculpture est en vermeil. Les formes se renouvellent aussi par l'allongement des modèles anciens (ainsi les verseuses perdent leur silhouette balustre pour devenir ovoïdes). Des formes apparaissent, empruntées à l'Antiquité (amphore, canthare rejoignent la cassolette timidement imitée depuis l'époque Louis XVI) ou à l'étranger (fontaine à thé venue d'Angleterre). Ces formes épurées, géométriquement dessinées et justement proportionnées sont solennelles ; l'impression de froide rigidité qu'elles pourraient produire est atténuée d'une part par leur décoration, d'autre part par leurs accessoires : anses en col de cygne, en serpent enroulé, en jeune femme cambrée ou dansant ou statique ; socles figurés et qui souvent

--- 1 ---

Théière. Argent. Sixte-Simon Rion, Paris, 1794-1797. (Musée des Arts décoratifs, Paris).

--- 2 ---

Soupière. Argent. Caillez, Paris, 1798-1809 (Coll. part.).

--- 3 ---

Cafetière avec bec verseur à tête d'aigle et pieds tripodes surmontés de palmettes. Argent, anse en bois précieux. J.-B. Piat, Paris, 1788-1809. (Coll. part.).

Le néo-classicisme

1

Bouilloire de table. Argent doré. Panse ovoïde portée par trois sphinges ailées. Robinet à tête de lionne. J.-B. C. Odiot, Paris, 1789-1809. (Victoria and Albert Museum, Londres).

2

Pot à oille en vermeil faisant partie du service offert par Paris à l'empereur Napoléon à l'occasion de son sacre en 1804 et composé de 425 pièces sans compter les 644 couverts et couteaux. Le pot fut exécuté en 1789-1790 par Henri Auguste qui y ajouta les armes impériales en 1804. (Musée du château de Malmaison, Rueil).

prennent de l'importance : pattes de lions ailés (spécialement chez Odiot), pieds de sphinx, pattes d'équidés (chez Auguste), figures de femmes ou d'animaux fantastiques regroupés parfois pour faire trépied.

Henry Auguste (1759-1816) reste très marqué par le second style Louis XVI et s'inspire des modèles et des ornements mis à la mode par Percier d'après les découvertes faites à Herculanum. Récompensé sous le Consulat (médaille d'or à l'exposition de l'Industrie en 1802), il est le principal exécutant des ouvrages d'orfèvrerie qui agrémentèrent le faste du sacre et des cérémonies qui l'accompagnèrent. L'harmonie des formes architecturales est parfois atténuée par un décor en relief trop abondant, qui puise très souvent dans le répertoire antique allégorique. Les nefs exécutées en 1804 à la demande de la ville de Paris sont des chefs-d'œuvre d'élégance, de pureté ; elles illustrent la virtuosité, l'imagination et la culture antique de l'orfèvre.

Martin-Guillaume Biennais (1764-1843), orfèvre personnel de l'empereur, s'inspire souvent des modèles de Charles Percier ; il exécute des types d'ouvrages très divers et son ingéniosité prévaut dans les nécessaires de toilette, de voyage. Avec un savoir-faire traditionnel et un goût raffiné, il préfère les formes équilibrées aux proportions élancées : caractéristiques de sa production sont les verseuses ovoïdes sur base tripode et les théières ovales. Exécutée avec finesse, la décoration utilise un répertoire classique dont le rôle symbolique est moins marqué que chez Auguste et Odiot, et où une tendance aux motifs végétaux (rosaces, feuilles d'eau, palmettes, guirlandes chargées....) prolonge le style Louis XVI.

Jean-Baptiste Claude Odiot (1763-1850) doit sa réputation aux commandes extraordinaires qu'il reçut de Napoléon, et qui renouaient exceptionnellement avec la tradition louis-quatorzienne du mobilier d'argent, ainsi qu'aux livraisons somptueuses faites au tsar Alexandre Ier, à Maximilien Ier de Bavière. Il sut s'entourer de remarquables inspirateurs et d'habiles collaborateurs (pour les modèles dessinés : Percier, Fontaine, Prud'hon ; pour ceux gravés : Moreau, Garneray, Cavelier ; pour les ciselures : Thomire ; pour les modelages : Chaudet, Dumont, Roguier). Après la banqueroute de son concurrent Auguste, il achète ses modèles, ses dessins et même ses outils. Enfin il sait s'adapter aux nouvelles techniques (vis non apparentes pour les fixations, machines-outils), transformant l'atelier familial en manufacture sans porter atteinte à la qualité d'exécution. Sensible aux formes antiques, il crée des pièces amples et ramassées (comme ses théières sphériques et aplaties) ; très architecturées, elles offrent un style monumental solennel. Pour la décoration, Odiot privilégie les surfaces brunies (ou polies) et intègre très souvent de gracieuses figures féminines en relief (parfois ciselées dans la masse et non appliquées) et en ronde-bosse (supports fréquents) qui atténuent harmonieusement l'aspect parfois trop massif des ouvrages.

Ces trois noms ne doivent pas éclipser ceux d'autres orfèvres dont la production illustre aussi noblement le style Empire, participe à la relance de l'orfèvrerie et à son expansion internationale. Parmi les collaborateurs de Biennais, l'attention se porte plus particulièrement sur Abel-Étienne Giroux aux ouvrages élégants d'un galbe pur et à la décoration sobre et sur Jean-Charles Cahier (1772-1849) plutôt spécialisé dans l'orfèvrerie religieuse d'où son surnom d'« églisier ». Vers 1805, il livre une chapelle en vermeil à la Malmaison et l'année suivante le reliquaire de la couronne d'épines à Notre-Dame de Paris. Sa production d'orfèvre civil est surtout connue par le service de vermeil de plus de mille pièces exécuté en collaboration avec Biennais pour le frère du tsar de Russie, entre 1808 et 1815, ainsi que pour la vaisselle d'argent qu'il livre en 1819 à l'hôtel des Invalides, Marie-Louise s'étant indignée devant l'Empereur de ce que les vétérans militaires mangent dans de la vaisselle d'étain. Ses émules en orfèvrerie religieuse ont autant de talent : Pierre Parraud, auteur de la coupe baptismale de la chapelle des Tuileries vers 1810 ; Jean Loque, « orfèvre du clergé », qui fournit des vases sacrés pour le sacre de Napoléon et renouvelle le trésor de Notre-Dame de Paris.

Outre les noms illustres, une cinquantaine d'orfèvres étaient installés rue Saint-Honoré parmi lesquels Marc Jacouart, Pierre-Noël Blaquière. Marc-Augustin Lebrun, spécialisé dans la vaisselle, commence à être connu pour son savoir-faire : la perfection technique de ses œuvres est remarquable. En 1806, Louis-Jean-Baptiste Chéret, reçu

Henry Auguste
(1759-1816)

Marié à une descendante du sculpteur Guillaume Coustou, Henry Auguste succède en 1785 à son père, Robert-Joseph orfèvre ordinaire de Louis XVI. La même année, il est reçu à la maîtrise. La Révolution n'interrompt pas complètement ses activités : il exécute des ouvrages dans un style antique prononcé, destinés à une riche clientèle française et internationale jusqu'à la fin de la Constituante (1791). La responsabilité de fermier des affinages des monnaies de Paris et de Lyon, qui lui avait été conférée en 1787, lui est renouvelée en 1791 et 1797. En novembre 1784, il rédige un manuel technique : *Mémoire sur l'art de l'orfèvrerie*, conservé aux Archives nationales de Paris ; l'auteur y explique un procédé de son invention, la reteinte.

Henry Auguste se fait à nouveau remarquer sous le Consulat en recevant une médaille d'or à l'exposition de l'Industrie de 1802 où il rencontre Bonaparte. Deux ans plus tard, il obtient la consécration en exécutant la couronne d'or du sacre (le joaillier Aubert y enchâsse le Régent et le Sacy), la chapelle de vermeil et d'or destinée à la basilique de Saint-Denis (elle sera achevée par Biennais pour le mariage de Napoléon avec Marie-Louise), la tiare d'or et d'argent, ornée de pierres précieuses par le bijoutier Nitot et offerte par l'empereur au pape Pie VII ; pour cette même occasion, la Ville de Paris commande à Henri Auguste un service de vermeil de quatre cent vingt-cinq pièces qu'elle offre à Napoléon au lendemain du sacre.

Pendant quelque temps encore, l'orfèvre obtient des récompenses aux expositions et reçoit de nombreuses commandes. Pourtant, suite à une mauvaise gestion de son magasin et de ses ateliers de la place du Carrousel, il s'endette. Il prend alors la fuite, revient à Paris où il obtient un compromis de la part de ses créanciers.

En 1809, il s'enfuit à nouveau cherchant à faire passer en Angleterre son stock d'ouvrages d'orfèvrerie et de pierres précieuses. En 1810, la banqueroute est prononcée, les biens de l'orfèvre confisqués et vendus ; Henry Auguste perd ses droits de citoyen français. D'Angleterre, il part pour Saint-Domingue où il meurt à Port-au-Prince.

Le talent d'Henry Auguste nous est conservé non seulement dans les magnifiques ouvrages napoléoniens dont la virtuosité et la somptuosité sont complétées par leur intérêt historique, mais aussi dans un recueil de dessins d'œuvres, inspirées pour certaines des exemples de Percier et que Odiot et Biennais empruntèrent.

Le néo-classicisme

1

Nef formant surtout. Argent doré. Offerte à Joséphine par la Ville de Paris, à l'occasion du sacre en 1804. Henri Auguste, Paris, 1804.
(Musée du château de Malmaison, Rueil).

2

Fontaine à thé. Argent doré. Sur le corps, figure de Ganymède. Dessin de Percier. Pièce provenant du cabaret de Joséphine. M.-G. Biennais et M.-J.-G. Genu, Paris, 1797-1809 (Coll. part.).

3

Saucière en casque. Argent, 1809-1819 (Coll. part.).

4

Salière double d'une paire. Argent et vermeil. J.-B. C. Odiot, Paris, 1798-1809.
(Musée Bouilhet-Christofle, Saint-Denis).

5

Porte-huilier. Argent. Le motif du sphinx s'ajoute au répertoire néo-classique après la conquête d'Égypte.
(Musée Bouilhet-Christofle, Saint-Denis).

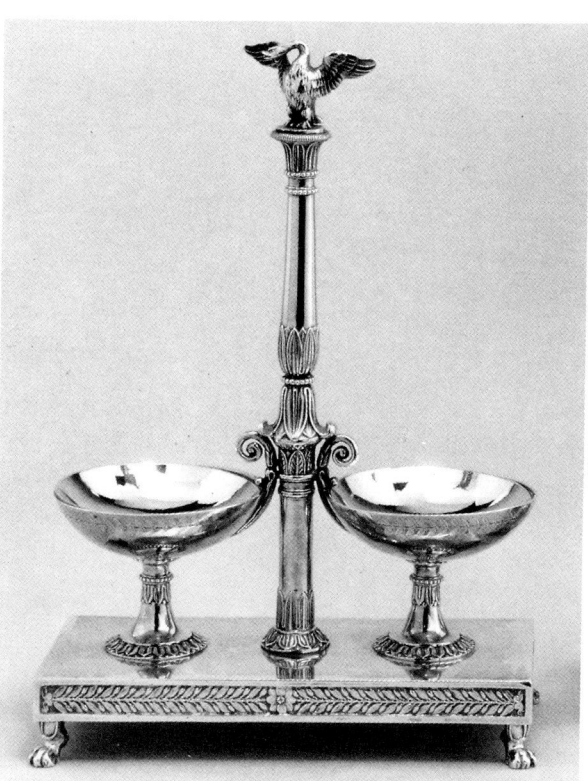

maître en 1788, est l'auteur d'une statue colossale de la paix (1,80 m) en argent commandée par le Sénat pour commémorer la paix d'Amiens ; le sculpteur Denis-Antoine Chaudet en fit le modèle d'après une statue antique conservée par Vivant Denon, maître d'œuvre de l'ouvrage ; le fondeur Damerat, qui avait fondu des statuettes en argent de Napoléon et de Marie-Louise en Auguste et Livie, apporte sa collaboration.

C'est à Paris que la vitalité de l'orfèvrerie napoléonienne est sensible. L'activité des provinces nous est encore mal connue : néanmoins, il semble que les ateliers les plus prospères aient été, d'une part dans les centres déjà florissants au XVIIIe siècle, Strasbourg, par exemple, où exercent Jacques-Frédéric Kirstein (1765-1838), auteur de deux clefs en vermeil remises à Napoléon lors de son entrée dans la ville en 1806, et François-Daniel Imlin (1757-1827) et d'autre part dans les villes qui organisent des manifestations régionales pour stimuler la création dans le domaine des arts appliqués (ainsi à Caen où se tient en 1807, l'exposition des Produits des arts du département du Calvados).

Le néo-classicisme

1

Service à thé de Napoléon Ier : fontaine à thé d'inspiration étrusque, cafetière, deux théières avec passoire, pot à crème, paire de beurriers, flacon en cristal, œuf à thé, boîte à thé. Dessin de Percier. Vermeil. M.-G. Biennais et A.-É. Giroux, Paris, 1809-1810.
(Musée du Louvre, Paris).

2

Nécessaire de voyage dans un coffre en acajou : service à thé et à café, chocolatière, nécessaire de toilette avec bassin et aiguière, flacons de cristal. Argent, vermeil, porcelaine, ivoire. M.-G Biennais et M.-J.-G. Genu, Paris, 1798-1809. (Musée des Arts Décoratifs, Paris).

3

Pot à oille. Vermeil. Œuvre particulièrement représentative de l'art d'Odiot et de l'esthétique impériale. J.-B. C. Odiot, Paris, vers 1810.
(Coll. part.)

Martin-Guillaume Biennais
(1764-1843)

Né près d'Argentan, Martin-Guillaume Biennais vient à Paris comme ouvrier-tabletier ; profitant de l'abolition des corporations en 1797, il s'installe comme orfèvre. Située sous le Consulat au 511, rue Saint-Honoré, sa maison *Au singe violet* attire rapidement une vaste clientèle séduite par la variété et la qualité des produits.

La tradition rapporte qu'il fournit à crédit, en 1796, un nécessaire de voyage au général Bonaparte qui partait en campagne d'Égypte. La même année, la jeune épouse de ce dernier, Joséphine, lui commande un service à thé. A partir de 1804, il exécute toute l'orfèvrerie de la Maison de l'Empereur et signe ses ouvrages « Orfèvre de sa Majesté l'Empereur et Roi ». Pour le sacre, il exécute pour la somme de 15.700 francs les insignes impériaux en or (couronne à feuilles de laurier, sceptre, main de justice, globe) ; il restaure à cette occasion les anciens ornements des sacres royaux conservés au Louvre. Par la suite, il fournit à Napoléon plusieurs nécessaires (destinés à son usage personnel ou comme cadeaux à ses proches ou à des hommes politiques français et étrangers), de la vaisselle pour ses diverses résidences (en particulier pour celle des Tuileries), des objets de bureau (flambeaux, écritoires), des cadeaux pour Joséphine (boîtes à bijoux, ...).

A l'occasion de son second mariage en 1810, avec Marie-Louise d'Autriche, l'Empereur charge Biennais de compléter la chapelle d'Auguste, de lui fournir un service à thé en vermeil de style étrusque, d'offrir divers ouvrages à son épouse dont un nécessaire que Marie-Louise emportera avec elle à Parme. Biennais répond aussi aux commandes des Napoléonides qui suivent l'exemple fastueux de l'Empereur (la reine Hortense de Beauharnais, épouse de Louis Bonaparte roi de Hollande, fut ainsi une fidèle cliente entre 1805 et 1810) et à celles des cours étrangères (l'empereur Alexandre Ier et son frère, le grand-duc Michel, apprécient le génie français comme l'avait fait la mère du tsar en commandant à Biennais un service de table en vermeil à son chiffre, de plus d'un millier de pièces). Biennais est alors le plus illustre orfèvre de l'Empereur, le plus grand fournisseur de la cour impériale et des souverains européens.

Face à toutes ces commandes, Biennais reproduit souvent les mêmes modèles inspirés pour beaucoup de ceux de Percier et, à partir de 1810, d'Henry Auguste. Il emploie des collaborateurs : Marie-Joseph Gabriel Genu, Jean-Charles Cahier, Abel-Étienne Giroux, Charles-Jean Dallemagne, François-Dominique Naudin, Bernard Lorillon, qui signent de leur propre poinçon leur travail. Biennais doit agrandir ses ateliers (nouvelle adresse : 283, rue Saint-Honoré) et parvient à employer jusqu'à six cents ouvriers travaillant selon le savoir-faire traditionnel. En 1806 et 1819, Biennais reçoit la médaille d'or à l'exposition des Produits de l'industrie française. Cette année, il se retire des affaires, laissant son fonds à Jean-Charles Cahier (1772-1849) plutôt spécialisé dans l'orfèvrerie religieuse.

Auparavant, en 1811, pour la naissance du roi de Rome, il livra par neuf fois de la vaisselle d'argent et de vermeil pour la table impériale (d'une valeur totale de 720 199,96 francs) et des ouvrages pour le fils de Napoléon. Non seulement, Biennais fournissait l'empereur en orfèvrerie mais il restaurait son fonds ou le remplaçait (c'est le cas pour l'argenterie perdue en 1812 pendant la campagne de Russie). Il fournit enfin en 1813-1814 pour une somme de 58 322,49 francs de l'argenterie à Joséphine : à la mort de celle-ci, Biennais faisait partie de ses créanciers.

La Restauration

L'état d'esprit qui règne à la cour de Louis XVIII (1814-1815, 1815-1824) puis à celle de Charles X (1824-1830) est bien différent de celui qui animait l'empereur et son entourage : indifférence des rois aux arts somptuaires, désintérêt pour la tradition de luxe de leurs ancêtres, volonté d'austérité et d'économie. Ainsi, dès 1814, alors que Napoléon est exilé à l'île d'Elbe, Louis XVIII s'approprie son orfèvrerie et continue de le faire après 1815 (l'Empereur avait laissé à la couronne cinq millions d'argenterie payés sur sa liste civile) ; les armoiries et les emblèmes impériaux sont grattés et remplacés par les armes royales. Charles X reprend ce procédé à son compte quand il n'ordonne pas de mettre au dépôt ou de vendre les pièces qui ne lui plaisent pas ou dont les ornements sont trop difficiles à modifier.

Au début de la Restauration, Louis XVIII et Monsieur, futur Charles X, ainsi que le duc d'Orléans, futur Louis-Philippe, qui ne donnera pas plus d'impulsion à l'orfèvrerie, s'attachent Claude Odiot qui prolonge le style Empire. Heureusement, leur entourage joue le rôle de mécènes : ainsi Marie-Caroline, duchesse de Berry et Madame Adélaïde, sœur de Louis XVIII, protègent-elles Jacques Henri Fauconnier (1776-1839), soutenu par cette dernière lorsqu'il crée en 1830 une école gratuite de haute orfèvrerie ; le duc d'Angoulême et le duc de Luynes sont aussi des amateurs éclairés.

Le goût et la sensibilité évoluent. Les orfèvres qui inaugurent cette nouvelle période, bien que marqués par le style Empire dont ils étaient les plus illustres représentants, en adoptent avec talent les nouvelles manifestations : Biennais jusqu'en 1819, année pendant laquelle il reçoit une médaille d'or à l'exposition des Produits de l'industrie française, et Jean-Baptiste Claude Odiot jusqu'en 1827, orfèvre du roi. Ils sont remplacés l'un par son collaborateur Jean-Charles

Le néo-classicisme

1

Service à thé et à café d'après des dessins de Percier et Fontaine. Motif central : Bacchus porté par un lion ; motif des anses : serpents entrelacés. Argent. J.-B. C. Odiot, Paris, 1826-1838. (Coll. Odiot).

2

Grand vase couvert de style Empire à décor antiquisant. Le corps est orné en son centre d'une frise représentant le triomphe d'Alexandre le Grand d'après Thorwaldsen, célèbre sculpteur danois. Argent et vermeil. Jacques-Frédéric Kirstein, Strasbourg, 1825. (Musée des Arts décoratifs, Strasbourg).

3

Théière. Argent. Premier Empire. (Musée municipal, Orange).

4

Théière et pot à lait. Argent et ébène. Durand, Paris, époque Restauration. (Musée Bouilhet-Christofle, Saint-Denis).

Cahier, « orfèvre du roi, de Monsieur, du Garde-Meuble et de l'Intendance des fêtes », l'autre par son fils, Charles Odiot. Apparaissent dans la production un appauvrissement esthétique et une perte d'élégance dus à des formes plus lourdes, plus chargées de motifs décoratifs traités parfois sans finesse ; même remarque pour le manque d'harmonie entre les proportions des formes et celles des ornements. Les modèles ont tendance à se répéter — comme sous l'Empire déjà — tandis que les rosaces se multiplient en accompagnement des rinceaux et des palmettes épaissies.

Louis XVIII ne passe que des commandes indispensables et, en général, destinées à autrui comme cadeaux plutôt qu'à son usage personnel. Les grandes commandes ont, en majorité, un caractère religieux et sont faites aux artistes spécialisés dans l'orfèvrerie religieuse comme Pierre Parraud, « orfèvre des chapelles royales », auteur des ornements sacrés de la chapelle expiatoire élevée par ordre du roi à ses parents martyrs et comme Jean-Charles Cahier, l'églisier, spécialiste renommé. D'après les modèles de Lafitte, dessinateur du Cabinet du roi, ce dernier exécute les coffrets en vermeil renfermant les reliques royales transférées à Saint-Denis ; Charles X le charge quelques années plus tard d'exécuter les pièces d'apparat pour son sacre en 1824. Afin de renouer avec les rites de l'Ancien Régime, le roi veut être sacré à Reims. Il doit faire reconstituer le trésor de la cathédrale disparu presque complètement pendant la Révolution : une châsse pour abriter le reste du baume de la Sainte-Ampoule brisée en 1793 et des objets liturgiques (un calice, un encensoir, deux burettes et une aiguière avec leurs plateaux, un vase et un plateau d'offrandes) ; les formes et les ornements de ceux-ci sont de pur style néo-classique dessinés par Lafitte et Charles Normand ; la châsse, elle, est plus éclectique avec des réminiscences de l'Antiquité, de la Renaissance, du XVIIIe siècle. Cet objet prit place dans une cathédrale gothique décorée pour la circonstance par l'architecte Hittorff dans un style néo-gothique.

Le néo-classicisme

1

Fontaine à thé donnée par le roi Charles X en 1827. Argent doré. Exemple assez typique d'une décoration de style Empire abâtardie par une surcharge d'ornements. (Musée Bouilhet-Christofle, Saint-Denis).

2

Boîte à thé. Argent doré. Forme rectangulaire évoquant une cippe, monument funéraire antique. J.-B. C. Odiot, Paris, 1819-1838. (Victoria and Albert Museum, Londres).

3

Sucrier. Argent et cristal. Coupe ovoïde à décor ajouré et ciselé en deux registres. Anses en volutes terminées par une grappe de raisin. Couvercle plat à prise en anneau fleuri sur une terrasse feuillue. Maître non identifié. (C.P.), Paris, 1809-1819.
(Musée des Arts décoratifs, Bordeaux).

Jean-Baptiste Claude Odiot
(1763-1850)

Descendant d'une famille d'orfèvres connue depuis le XVIIᵉ siècle, Jean-Baptiste Claude Odiot succède à son père en 1785, année de son accession à la maîtrise. Pendant la Terreur, il s'engage dans l'armée et se fait remarquer à Jemmapes où il est nommé lieutenant de grenadiers. Sa femme s'occupe alors du magasin *A la Minerve* et de l'atelier de la rue Saint-Honoré.

Installé depuis 1800 rue Levêque, Odiot gagne sa première réputation officielle à l'Exposition de l'Industrie : en 1802, il se voit décerner la médaille d'honneur en commun avec Henry Auguste dont il achètera huit ans plus tard les modèles, les dessins, les outils. Néanmoins, il était déjà connu : c'est à lui que le citoyen Bonaparte commande un nécessaire d'apparat ; Odiot commence à exécuter les pièces (31 dont 10 de forme) sous le Directoire (les objets portent à la fois les poinçons de 1795-1797 et ceux de 1798-1809). Cet ouvrage qui dévoile déjà toutes les qualités de son auteur plut sans doute spécialement à Odiot qui, en 1822, se fit portraiturer par Robert Lefebvre à côté de la monumentale fontaine à thé qui en provient. A cette époque, il s'inspire des dessins des architectes Percier et Fontaine qui seront complétés plus tard par ceux du peintre Prud'hon et de l'orfèvre Auguste ; pour la décoration, il collabore avec Thomire, Rolland, Chaudet.

Sous l'Empire, il participe aux événements qui marquent la vie publique et la vie privée de Napoléon et des Napoléonides : il devient ainsi le concurrent d'Auguste et de Biennais. Ses plus somptueuses commandes inspirées du faste de Louis XIV sont des pièces de mobilier en argent dont Prud'hon fournit les modèles (modifiés à l'exécution) et dont Thomire cisèle le décor allégorique : en 1810, la Ville de Paris offre une toilette à la nouvelle impératrice Marie-Louise (une psyché de 2,91 m de haut, une table, un fauteuil, un tabouret, un lavabo, des flambeaux, des coffrets à bijoux) ; l'année suivante, c'est le berceau d'apparat du roi de Rome (plus de 180 kg) ; en 1812, Joséphine lui commande pour la Malmaison une magnifique toilette de vingt-neuf pièces (l'impératrice répudiée se ruine en achats d'orfèvrerie). Les fournitures d'Odiot à l'étranger ne sont pas moins prestigieuses, spécialement celles destinées à Alexandre Iᵉʳ de Russie et à Maximilien Iᵉʳ de Bavière ainsi qu'à leur entourage.

Si la prédilection d'Odiot pour le néoclassicisme est manifeste dans sa production de l'époque napoléonienne, il évolue avec le changement de style qui caractérise l'époque suivante en s'adaptant aux nouveaux goûts, le naturalisme et le romantisme. Sa maison de la rue Saint-Honoré renommée pour ses innovations techniques (spécialement la fixation des éléments décoratifs sur un fond poli avec des vis non apparentes) continue à être florissante après 1815.

Sous la Restauration, Odiot devient orfèvre de Louis XVIII et de ses futurs successeurs, Monsieur (Charles X à partir de 1824) et le duc d'Orléans, qu'il fournit sous la Monarchie de Juillet, lorsqu'il est devenu Louis-Philippe.

ODIOT.
A PARIS.

Le romantisme

Ce goût médiéval, entretenu par les découvertes et les publications archéologiques ainsi que par le romantisme littéraire, était déjà apparu en peinture dans le style troubadour avant 1815. Sous la Restauration, Jean-Charles Cahier, influencé par son frère archéologue, le père Cahier, est l'un des premiers initiateurs du style néo-gothique dans l'orfèvrerie religieuse. En effet, la production de son concurrent qu'il supplante vers 1823, Edme Gelex, fournisseur attitré de la duchesse de Berry, en matière d'orfèvrerie religieuse, et de nombreux prélats, évoque à la fois le XVIIe siècle et le style Restauration par un goût prononcé pour l'importance des reliefs historiés et la richesse ornementale ainsi que par des formes un peu trapues. Le témoignage le plus prestigieux par son histoire et remarquable par sa qualité d'exécution est la chapelle de vermeil que Gelex fournit entre 1821 et 1824 à la duchesse de Berry pour la chapelle de l'hospice Saint-Charles-de-Rosny qui abritait le cœur de son mari assassiné.

Autre style, autre originalité dans l'interprétation du passé dont témoigne Jacques-Henri Fauconnier : il rompt lui aussi avec le style Empire dont l'esthétique commence à être jugée trop rigoureuse ; il en adoucit les formes rigides et les anime d'un décor pittoresque emprunté à la flore et à la faune. Signalé à l'Exposition industrielle de 1823, par une magnifique aiguière destinée au baptême du duc de Bordeaux, Fauconnier privilégie la fantaisie et le mouvement dont il puise l'inspiration chez son collaborateur l'ornemaniste Aimé Chenevard, directeur artistique de la manufacture de Sèvres. Comme les Odiot, son originalité est d'utiliser des formes et des décors pseudo-rocailles qui vont triompher sous Louis-Philippe, mais avant tout, il se montre le brillant promoteur du retour au style de la Renaissance.

Progressivement, pendant la Monarchie de Juillet, l'orfèvrerie est aussi marquée par un intérêt grandissant pour le passé artistique national et étranger. Aux différentes sources d'inspiration déjà citées tant pour leurs répertoires formels que décoratifs — gothique, Renaissance, rocaille, romantisme, naturalisme ou réalisme — s'ajoutent l'orientalisme et l'anglomanie dont Charles Odiot, après un séjour dans les ateliers londoniens, impose le goût pour les formes pansues (cette tendance se manifeste surtout dans le plaqué). Les orfèvres suivent les modèles des ornemanistes, des architectes, des sculpteurs qui ont déjà, dans d'autres domaines, imposé ces styles passés dans un art qui se veut sentimental et pittoresque. L'habitude est acquise sous la Monarchie de Juillet de faire appel à leur fantaisie créative et à leur savoir-faire : c'est ainsi que l'estampage (argenterie repoussée) est remis à l'honneur dans la production de François-Désiré Froment-Meurice (1802-1855) secondé pour cela par le ciseleur Antoine Vetche et par Valentin Morel, orfèvre depuis 1842, remarquable dans l'art du repoussé.

De la même façon, les figures en ronde-bosse prennent à nouveau de la place dans la décoration : elles sont dessinées et modelées par Jean-Jacques Feuchères, spécialisé dans les scènes de la Renaissance, par Jules Klagmann et par Barye. Charles Wagner, habile ciseleur, introduit dans ses ouvrages les pierres précieuses colorées et les nielles dont il a remis la fabrication en honneur ; les orfèvres apprécient la polychromie obtenue par l'emploi de ces deux techniques décoratives auxquelles s'ajoute celle des émaux peints ou translucides. L'exposition des Produits de l'industrie française de 1839 abonde en œuvres inspirées de la Renaissance qui confirment ou révèlent de nombreux talents d'artistes, à la fois orfèvres, bijoutiers, joailliers, à la fois créateurs et fabricants.

Parmi les nouveaux orfèvres, Benoît Marrel et Charles Christofle obtiennent une médaille d'or et François-Désiré Froment-Meurice une d'argent, tous trois dans la section bijouterie. Louis-Philippe qualifie le premier de « Benvenuto Cellini du XIXe siècle » et lui achète la pièce qui lui valut la récompense : une coupe en argent rehaussée de pierres de couleur, s'inspirant d'une coupe augsbourgeoise du XVIIe siècle, achetée par le musée du Louvre en 1832 à l'orfèvre Charles Wagner (gratifié d'un rappel de médaille d'or à l'Exposition). Benoît Marrel (vers 1804-1882) est spécialisé avec son frère Jean-Pierre dans l'orfèvrerie Renaissance, les vases de forme florentine ou vénitienne ; son admiration pour les beaux-arts et les arts décoratifs de la Renaissance transparaît dans le décor d'une coupe exécutée en 1839 (arabesques, guirlandes de fruits, bustes et médaillons d'artistes célèbres de cette époque). Huit ans plus tard, les Marrel se réfèrent au XVIIe siècle pour créer une coupe en argent doré et oxydé pour le duc d'Aumale : style louis-quatorzien et décor sculpté en bas-relief inspiré de *La Bataille des Amazones* de Rubens.

Froment-Meurice est, lui aussi, surnommé le « Benvenuto Cellini » moderne parce que, comme cet illustre orfèvre du XVIe siècle, il est « poète et ouvrier magicien » (Victor Hugo) et parce qu'il privilégie d'abord la Renaissance au gothique. Il conçoit des œuvres originales en puisant dans les répertoires de l'Islam, du Moyen Age, de la Renaissance, du baroque. Sa production religieuse et profane est aussi caractérisée par une grande diversité dans l'emploi de matériaux complémentaires luxueux et de techniques de décoration. Pour cela il fait appel à des artistes prestigieux entre lesquels il répartit le travail. La toilette de la duchesse de Parme, petite-fille de Charles X, est l'un des premiers exemples de l'éclectisme qui triomphera dans la seconde moitié du XIXe siècle. Mélange d'influences et de techniques diverses, cette commande, passée en 1845 par les dames légitimistes de France à l'occasion du mariage de Louise-Marie-Thérèse de Bourbon, fut achevée six ans plus tard ; le coffret à bijoux fut exécuté avec l'aide de l'architecte Duban, des sculpteurs Feuchères et Dechaume et de l'ornemaniste Liénard. Emprunter n'est pas copier : s'ils reprend à la Renaissance le principe de la coupe en pierre dure montée en orfèvrerie, Froment-Meurice invente une iconographie originale pour agrémenter l'anse et le pied d'un objet destiné vers 1847 à son protecteur le duc de Montpensier, le plus jeune fils de Louis-Philippe ; le décor de cette fameuse coupe dite des vendanges, ciselée par Vechte, symbolise l'ivresse.

Le goût du beau et du travail bien fait n'a donc pas complètement disparu avec l'industrialisation de l'orfèvrerie ; si les orfèvres sont devenus des chefs d'entreprise, des maîtres d'œuvre, ils sont encore capables d'exécuter des ouvrages qui, sans éducation professionnelle, sans imagination, sans sensibilité, n'auraient pas vu le jour. En cette première moitié du XIXe siècle, des personnalités intéressantes marquent de leur tempérament et de leur talent un style original qui reste à découvrir.

1

Drageoir avec son présentoir. Argent. Sur le corps de l'objet, sont ciselées en léger relief deux scènes à personnages dont l'une figure la mort d'Esope empoisonné. Anses formées de deux serpents entrelacés. François-Désiré Froment-Meurice, Paris, 1819-1838. (Coll. part.).

2

Aiguière et bassin. Argent doré. A servi pour le sacre de Charles X à la cathédrale de Reims. Jean-Charles Cahier, Paris, 1825. (Palais du Tau, Reims).

Le romantisme

---------- 1 ----------

Coupe dite des Vendanges : vasque en agate ; support et anse en argent massif doré ou émaillé. Modèle inspiré à Froment-Meurice de ceux de la Renaissance et exécuté par son contremaître Wiese puis ciselé par A. Vechte. Iconographie sur le thème de l'ivresse. F.-D. Froment-Meurice, Paris, vers 1844. (Musée du Louvre, Paris).

---------- 2 ----------

Coupe. Argent fondu, repoussé, ciselé et gravé, orné de pierres précieuses. Un des objets les plus remarqués à l'exposition de Produits de l'industrie de 1839. Benoît Marrel. (Musée du Louvre, Paris).

---------- 3 ----------

*Fontaine à thé. Argent fondu et ciselé. C'est à la fois une réminiscence du style rocaille et une annonce de la veine naturaliste de l'Art Nouveau. Charles-Nicolas Odiot, vers 1840.
(Musée du Louvre, Paris).*

---------- 4 ----------

Miroir de toilette. Argent partiellement doré, émail peint, grenats. F.-D. Froment-Meurice, Paris, 1847. (Musée d'Orsay, Paris).

L'ORFÈVRERIE A TRAVERS LES AGES 95

4

Le romantisme

1

Aiguière et bassin. Argent. La figure féminine, sirène et papillon, est un type fréquent sous la Restauration. Le décor de palmettes est une réminiscence d'un modèle néo-classique. Louis Manant pour le bassin, Xavier-Nicolas Goulain pour l'aiguière, Paris, vers 1830. (Musée du Louvre, Paris).

2
---

*Couverts. Argent et nacre. Charles Christofle, époque Restauration.
(Musée Bouilhet-Christofle, Saint-Denis).*

L'éclectisme

Si les expressions, art du Second Empire et style Napoléon III, sont utilisées en histoire de l'art, il est difficile de définir le courant artistique du règne de Napoléon III, président de la République puis empereur, comme un style original et de le limiter aux années 1849-1870. Une fois encore, l'évolution de l'orfèvrerie ne suit pas le cadre chronologique événementiel. C'est pourquoi, nous préférons définir cette nouvelle phase de son histoire par sa caractéristique : l'éclectisme ou l'illusion et la confusion des styles anciens par goût du pastiche. Le romantisme avait déjà renoué avec les arts du Moyen Age, de la Renaissance, des époques classiques de l'Orient. L'éclectisme se situe donc dans la suite logique de l'évolution de l'orfèvrerie depuis la fin de la Restauration et débute en fait sous Louis-Philippe ; il se prolongera jusqu'à la fin du XIXe siècle et ne disparaîtra qu'à la fin de la première guerre mondiale, persistant parallèlement à un nouveau courant.

L'origine des emprunts aux styles passés évolue : si l'inspiration du Moyen Age domine l'orfèvrerie religieuse, l'influence de la Renaissance diminue à partir de 1862 tandis que le prince Napoléon, cousin de l'empereur, lance la mode du style néo-grec, complété à partir de 1867 par le style pseudo-égyptien. Admiratrice de la reine Marie-Antoinette, l'impératrice Eugénie fait triompher le style Louis XVI. Les orfèvres ne copient pas aveuglément : ils empruntent des éléments, les combinant parfois dans un même objet, juxtaposant des techniques décoratives empruntées à des époques différentes ; ils reprennent des formes en les surchargeant d'ornements. Le passé est recomposé au goût du jour.

L'originalité de l'orfèvrerie sous le Second Empire est dans la conception que l'empereur se fait de l'art. Napoléon III, peu sensible aux arts, les favorise pour des raisons socio-économiques : la production artistique fournit du travail aux ouvriers, incite aux innovations techniques qui rendent l'art accessible à tous. L'électricité et la vapeur participent à l'extension de l'industrie de l'orfèvrerie argentée et dorée promue par Charles Christofle depuis 1844. La cour et la Ville de Paris contribuent au renom de l'illustre maison codirigée par Christofle remplacé après sa mort en 1863 par son fils Paul (1838-1907), et son neveu, Henri Bouilhet (1830-1910). Elles leur commandent des candélabres, des services de table, des surtouts dont le plus célèbre est l'ensemble monumental que l'empereur demande en 1853 pour le palais des Tuileries : quinze pièces principales et mille deux cents pièces de service en métal argenté exécutées en trois ans. La mode est aux objets ayant l'aspect de l'orfèvrerie. « Au lieu d'argent, de l'étain ; au lieu de l'or, ce qu'on trouvera, qu'importe !... C'est le dehors qui brille et non le dedans ». Cette remarque faite en 1862 par un critique d'art résume l'état d'esprit de l'époque, le goût du faux-semblant, de l'artifice qui orientent la production artistique.

La concurrence avec l'orfèvrerie en métal précieux plein est forte par la similitude de l'aspect et par la différence de coût. Néanmoins, la fabrication de pièces décoratives et d'objets d'usage précieux reste abondante. Aucoc est spécialiste de nécessaires. Napoléon III commande à Christofle pour son usage personnel un service de table en vermeil dont le métal est obtenu en fondant des pièces de Biennais. A Émile Froment-Meurice (1837-1913), l'empereur commande un surtout en cristal de roche et en argent ciselé et un service de table en argent massif. Charles Odiot (1789-1868), Duponchel, Bachelet, Léonard Morel connu sous le nom de Moreil-Ladeuil, élève de Vechte, fournissent aussi de la vaisselle de table.

La vogue est aux objets imposants et luxueux souvent surchargés d'ornements sculptés. Citons le bouclier en argent repoussé commandé par le duc de Luynes aux frères Fannière qui y travaillèrent plus de vingt ans ; le berceau en argent offert en 1856 par la Ville de Paris à Napoléon III à l'occasion de la naissance du prince impérial, travail confié à Froment-Meurice ; la trirème en argent ciselé remise à Ferdinand de Lesseps par l'impératrice pour l'ouverture du canal de Suez en 1869, œuvre d'Auguste Fannière (1818-1900) et de son frère Joseph (1820-1897) ; enfin les coupes, les vases, les groupes sculptés remis comme prix de concours hippiques et agricoles.

Légumier d'un service commandé par Napoléon III. Argent. Charles Christofle, 1855. (Musée des Arts décoratifs, Paris).

1

L'orfèvrerie est devenue un art industriel qui a un stand aux expositions des Produits de l'industrie, aux niveaux national et mondial. Le pastiche ou la contrefaçon d'objets anciens ne nuisent en rien à la qualité des pièces. Tel est le souci de la Société pour l'encouragement et le développement de l'art industriel en France créée en 1855. Elle change plusieurs fois de nom : Société du progrès de l'art industriel (1858), Union centrale des beaux-arts appliqués à l'industrie (1863). La devise est « le beau dans l'utile ». Les pratiques du repoussé et de la ciselure sont parfaitement maîtrisées par Muleret, Dalbergue, Poux, les Fannière. Les matériaux sont habilement juxtaposés tant dans la fabrication (pierres dures spécialement) que dans la décoration (où règne l'émail). Parallèlement à la remise à l'honneur des émaux du Moyen Age (Charles Lepec est maître du procédé de l'émail limousin), l'émail cloisonné à la manière des Chinois est employé pour la première fois par Christofle à l'Exposition universelle de 1867. Les cloisons sont rapportées et soudées sur les formes à décorer. La maison Marrel est spécialiste de l'argent orné d'émail bleu. Christofle invente le procédé de guillochage électro-magnétique et Henri Dufresne remet à l'honneur la damasquinure. Ces diverses techniques décoratives auxquelles il faut ajouter la sculpture chryséléphantine (utilisation d'ivoire) colorent les objets précieux.

Peu d'orfèvres travaillent seuls, créant et exécutant leurs propres modèles ; les Fannière sont une exception. Les grandes maisons possèdent une équipe composée de sculpteurs (Geoffroy Dechaume, Klagmann, François Gilbert, Simart, Jacquemart, Maillet, Thomas, Diebolt, Feuchères), de ciseleurs et d'ornemanistes (Auguste Madroux, Désiré Attarge) voire même d'émailleurs et de joailliers. Des architectes, comme Baltard, Charles Rossigneux (1816-1907), Viollet-le-Duc, fournissent des modèles dessinés. Ce dernier, passionné par l'archéologie du Moyen Age et par l'étude de la flore, se spécialise dans l'orfèvrerie religieuse à qui il donne un nouvel élan. A Paris, Placide Poussielgue-Rusand (1824-1889) utilise ses dessins néo-gothiques pour créer des objets d'église et restaurer les trésors des cathédrales de Paris et d'Amiens. A Lyon, Thomas-Joseph Armand-Caillat (1829-1901) renouvelle lui aussi l'art sacré avec un penchant pour l'art roman.

La défaite de 1870 et la situation intérieure troublée ne diminuent en rien l'activité des orfèvres. Pendant la Commune, leur production est brillamment représentée à l'Exposition universelle de Londres par Poussielgue-Rusand, Froment-Meurice, Falize frère et fils, Duron, Christofle. L'inspiration passéiste de la période antérieure persiste fortement pendant les vingt premières années de la IIIe République. Le Moyen Age continue à marquer de son empreinte l'orfèvrerie religieuse. L'orfèvrerie civile préfère la Renaissance comme c'est le cas dans les pendules, pour la plupart rehaussées de lapis-lazuli, exposées en 1878 par les Fannière, par Lucien Falize (1839-1897) et par le célèbre bronzier Barbédienne et dans la vaisselle de Froment-Meurice. Le style Louis XV est aussi apprécié pour les objets usuels exécutés par André Aucoc, Taburet et Georges Boin son gendre, Gustave Odiot (1823-1912) et Falize. L'ornementation sculptée, toujours abondante est confiée aux artistes à la mode (Mercié, Chapu, Falguière, Mathurin-Moreau, Carrier-Belleuse, Émile Carlier). La collaboration de ciseleurs (Constant Sévin, Denis Attarge, Diomède, Jules Brateau) est aussi active.

C'est dans les prix de concours que la sculpture est la plus employée. Si les personnages mythologiques perdurent dans les prix des courses hippiques, la figure humaine est préférée pour les cadeaux offerts aux lauréats des concours agricoles. Le ministère de l'Agriculture institua, à partir de 1870, une épreuve entre les orfèvres, renouvelée tous les cinq ans pour créer des objets d'art donnés en récompense. Les artistes s'inspirèrent des paysans peints par Troyon, Millet, Bastien-Lepage.

L'éclectisme

───────── 1 ─────────

Nef donnée par l'impératrice Eugénie à Ferdinand de Lesseps lors de l'inauguration du canal de Suez le 17 novembre 1869. Argent fondu et ciselé. Fannière frères, Paris, 1869.
(Musée des Arts décoratifs, Paris).

───────── 2 ─────────

Berceau du prince impérial. Argent. Modèle de l'architecte Baltard, figures sculptées par Simart, décor fondu et ciselé par les Fannière. Original au musée Carnavalet. Émile Froment-Meurice, Paris, 1856.

L'éclectisme

1

Prime d'honneur remise par l'empereur Napoléon III à un propriétaire terrien au concours régional agricole d'Auxerre en 1866. La statuette de Cérès, les scènes agricoles en bas-relief dans la coupe, les animaux évoquent la vie rurale. Charles Christofle, Paris, 1866.
(Musée d'Art et d'Histoire, Auxerre).

2

Candélabre du surtout « Flore et Zéphir ». Argent. Gustave Odiot.

3

Fontaine à thé. Argent. Gustave Odiot. (Coll. part.).

4

Grand vase Médicis. Alternance de motifs décoratifs classiques et naturalistes. Argent. Taburet, fin XIXe siècle. (Coll. part.).

L'éclectisme

1

Service à thé avec son plateau. Argent.
(Coll. part.).

2

Service à thé et à café à côtes torses. Argent.
Ernest Cardeilhac, Paris, vers 1880.
(Coll. part.).

Le naturalisme

A l'Exposition universelle de Vienne en 1873, les orfèvres français découvrent l'orfèvrerie japonaise avec ses décors inspirés par un profond sentiment de la nature et aux qualités techniques remarquables. Le Japon a en effet un stand tandis que Christofle et Bouilhet, déjà sensibilisés à cette production, présentent des pièces dont la décoration (motifs et techniques) est influencée par l'orfèvrerie nippone. On y voit des grappes de glycine et des fleurs d'acacia, des iris en émaux roses et mauves, des personnages et des animaux dans un paysage aquatique, certains motifs sont damasquinés à l'imitation des incrustations d'or et d'argent du Japon. Christofle avait bénéficié de la collaboration du décorateur Émile Reiber, directeur des ateliers de dessin de sa maison, et de celle de l'architecte-décorateur Charles Rossigneux. En cette fin du XIXe siècle, le besoin et le souhait d'innover se font sentir. Il faut créer un art moderne, un style nouveau. Il faut s'affranchir des références au passé. L'Union centrale des arts décoratifs créée en 1880 favorise ce mouvement. La nouvelle source d'inspiration est l'étude de la flore et de la faune. Les catalogues mentionnent des soupières en forme de choux, des théières en forme de courge ou de melon, des services « aux chrysanthèmes » ou « à feuilles d'artichaut »… Christofle décore des pièces d'argent d'empreintes naturelles de feuillages.

1900 : l'histoire s'ouvre sur l'avenir d'un nouveau siècle mais le Modern'Style entre dans le passé. A la suite des recherches décoratives faites à partir de l'étude de la nature dans le dernier quart du XIXe siècle, les formes végétales, traitées tantôt de façon réaliste tantôt stylisée, envahissent les arts décoratifs allant souvent jusqu'à étouffer les surfaces et à dénaturer les objets. L'imagination poétique des artistes étire les plantes choisies pour leur longue tige (iris, lys), leur tendance à l'enroulement (liseron, lierre). A leurs courbes sinueuses répondent les silhouettes ondulantes de nymphes et de femmes de la Belle Époque, à la longue chevelure mouvante. Vases, aiguières décoratives, éléments de surtouts, plus rarement des verseuses et des plats exécutés dans ce style obtiennent un vif succès aux Salons annuels de la Société des artistes décorateurs mais ne trouvent guère d'acquéreurs. La bourgeoisie préfère les pièces d'orfèvrerie de styles Louis XV et Louis XVI mieux adaptées à son ameublement. Lucien Falize, les maisons Boucheron, Cardeilhac, Christofle (pour laquelle travaillent Arnoux et Bourgouin) créent des modèles fantaisistes à la mode, où l'effet décoratif l'emporte sur le souci utilitaire. A la différence de ce qui se passe dans la verrerie avec Gallé et dans la bijouterie avec Lalique, l'orfèvrerie ne fait preuve d'aucune originalité dans les formes, d'aucune invention dans les techniques.

L'ORFÈVRERIE A TRAVERS LES AGES 103

―――― 1 ――――

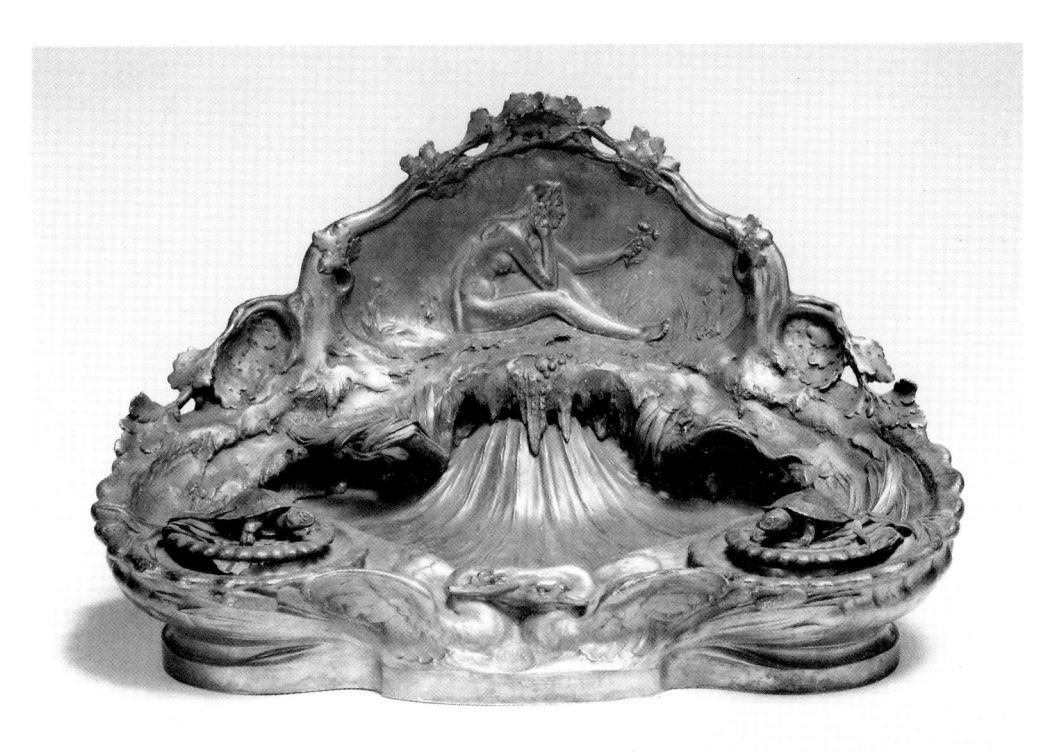

Théière. Argent rehaussé de dorures. Bapst et Falize, Paris, vers 1900.
(Musée des Arts décoratifs, Paris).

―――― 2 ――――

Encrier de bureau dit « La Source ». Argent doré. Modèle de Joindry, sculpture de M. Charbonnier.
(Musée des Arts décoratifs, Paris).

―――― 3 ――――

Coupe présentoir. Vermeil. Puiforcat, Paris, 1900. (Coll. Puiforcat).

104

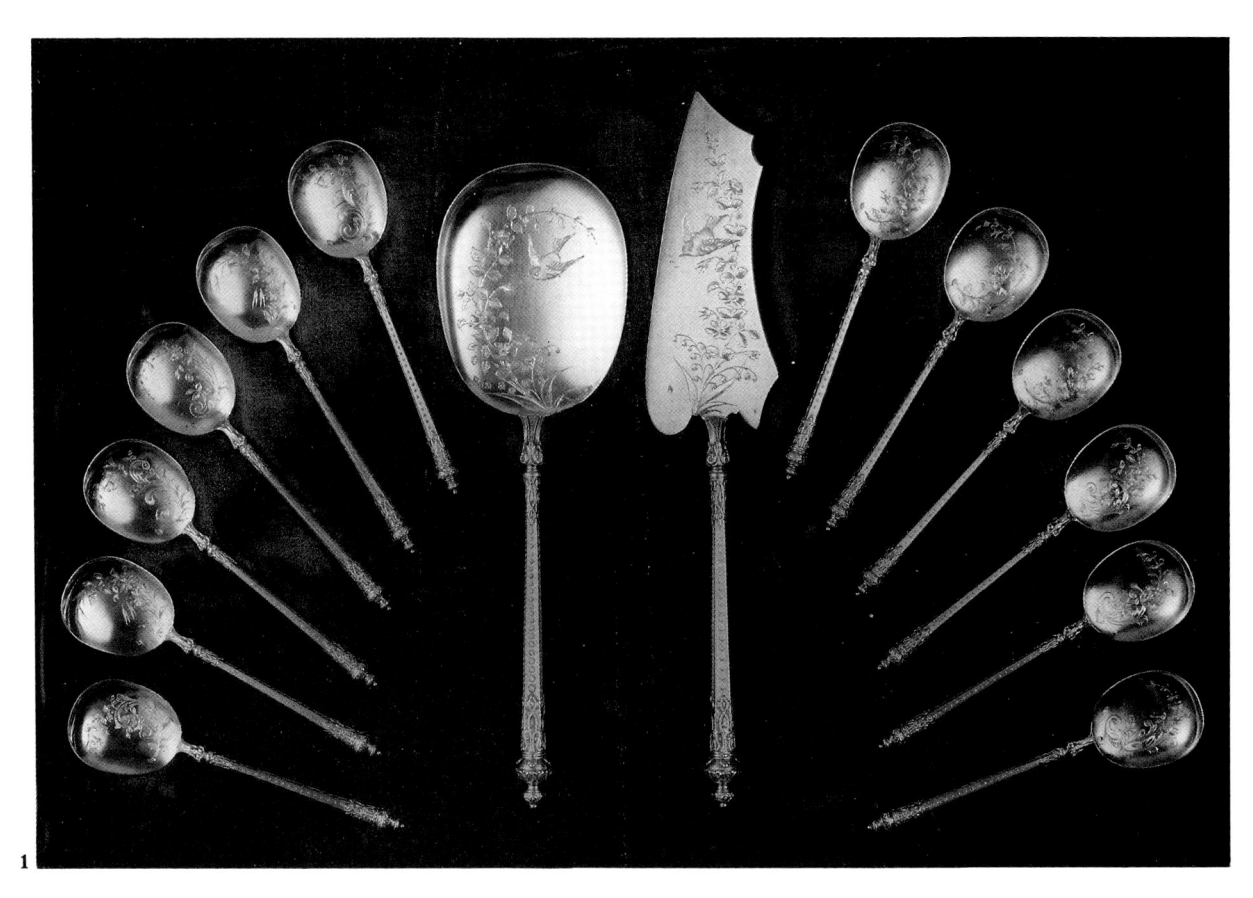

Le naturalisme

1

Service à glace. Argent et vermeil. Vers 1900.
(Musée des Arts décoratifs, Paris).

2

Cafetière et sucrier. Argent, Henri Vever, Paris, 1889.
(Musée des Arts décoratifs, Paris).

3

Pot à eau orné de pavots sur fond amati. Argent. Présenté à l'Exposition universelle de 1889. Christofle. (Musée des Arts décoratifs, Paris).

4

Aiguière et son bassin. Argent. Tétard, Paris, vers 1900. (Coll. part.).

5

Cafetière. Argent. Modèle et sculpture de Carrier-Belleuse, orfèvrerie due à quatre orfèvres et ciseleurs. A obtenu le Grand Prix du métal en 1891.
(Musée Bouilhet-Christofle, Saint-Denis).

106

Le naturalisme

— 1 —

Plateau. Argent. Décoré en relief d'une branche dorée et de trois feuilles en émail. René Lalique, Salon des Champs-Élysées de 1896.
(Musée des Arts décoratifs, Paris).

— 2 —

Plateau. Argent. Arnoux, atelier Christofle, Paris, 1899. (Musée des Arts décoratifs, Paris).

— 3 —

Lampe de forme tulipe à pied repercé. Argent et opaline rose soufflée à même la monture. Exposition universelle de Paris, 1900. Christofle.
(Musée Bouilhet-Christofle, Paris).

— 4 —

Chocolatière. Argent et ivoire. Décor d'ancolies. Cardeilhac, 1900. (Musée Bouilhet-Christofle, Paris).

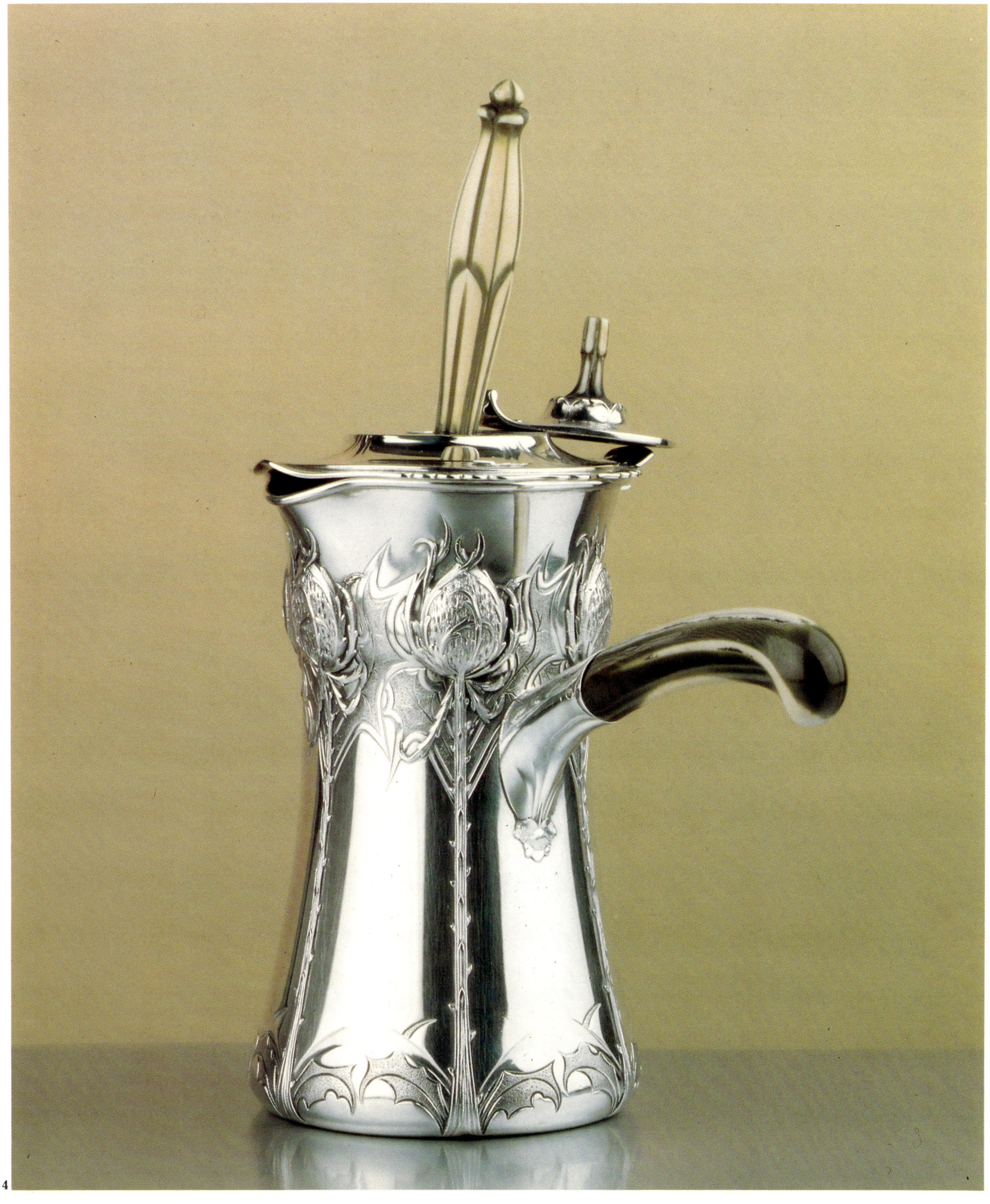

4

L'Art Déco

Une nouvelle étape de l'histoire de l'orfèvrerie débute après l'échec des décorateurs obsédés par la courbe dans leurs œuvres présentées à l'Exposition de 1900 : l'Art Déco. Il s'agit d'une réaction au style sinueux et chargé de la période antérieure, phénomène de flux et de reflux déjà constaté après chaque phase d'excès. Rigueur géométrique et sobriété de l'ornementation marquent cette évolution si contrastée avec le passé immédiat. Deux liens existent néanmoins entre les deux styles opposés : leur haute qualité technique et leur appartenance à un art de luxe, caractéristiques intrinsèques de l'orfèvrerie française.

La nouvelle esthétique est née des recherches menées en peinture et aboutissant en 1907 au cubisme et à sa vision géométrique de la nature. Les modèles exposés par les artistes décorateurs allemands de Munich au Salon d'automne de 1910 séduisent par leurs lignes simples. Dernier facteur de ce dépouillement de l'art : la réflexion menée sur le rapport entre l'ornement d'un objet et sa destination, celle-ci ne devant pas disparaître sous l'effet du premier. Les arts décoratifs sont ainsi influencés à leur tour par ces données. Conception mathématique des objets aux proportions équilibrées, simplicité des lignes et du décor, fonctionnalité, tels sont les principes qui régissent les créations de Jean Puiforcat (1897-1945) considéré comme l'initiateur du renouveau de l'orfèvrerie. Il expose pour la première fois en 1921. Ses œuvres frappent aussitôt par leur grande science mathématique (conception à partir du nombre d'or) et leur qualité. A la suite de Puiforcat, des orfèvres, qui avaient produit auparavant des œuvres Art Nouveau, épurent leur style, simplifient leurs formules décoratives ; tel est le cas d'Aucoc, de Cardeilhac, de Boin-Taburet. De nouveaux orfèvres (Gérard Sandoz, Jean Serrière, Jean Tétard, Saglier, la maison Ravinet d'Enfert) inventent à leur tour des formes nouvelles pures. La nudité des surfaces planes met en valeur le poli du métal animé par la lumière.

Ces innovations stylistiques triomphent à l'Exposition internationale des Arts décoratifs et industriels modernes. Symbolisant les tendances du moment, elle définit dès lors le nouveau style de l'orfèvrerie entre 1909 et 1930 : le style 1925. L'orfèvrerie est rattachée à la classe X, « Art et industrie du métal » ; les métaux précieux côtoient donc l'aluminium, le fer, l'étain... Les objets luxueux brillent par leur équilibre, leur sobriété. « La tendance générale de l'orfèvrerie moderne a pour traits essentiels le choix des formes simples, l'absence de toute ornementation, la recherche de solutions nouvelles... En épurant leur style, en l'émondant de toutes les formules décoratives tombées dans la banalité par l'abus, les orfèvres modernes... affirment leur retour aux grandes traditions de style » lit-on dans le rapport général.

Les artistes créateurs de modèles pour les orfèvres s'engagent dans cette voie : Paul Follot, André Groult, Louis Süe, André Mare, Luc Lanel qui travaillent pour Christofle, qui s'est aussi attaché les services du danois Christian Fjerdingstad ; André Rivaud, les maisons Cardeilhac, Lappara. Leurs dessins offrent des formes nettes et logiques, équilibrées, fonctionnelles, sans décor superflu.

Vers 1930, Jean Tétard tempère la rigueur à la mode, assouplissant les lignes, créant même des formes arrondies unies. Ce retour à la courbure des lignes et à l'assouplissement des galbes discrètement ébauchés est évident à l'exposition de 1937. Dans le groupe IX, groupe des Métiers d'art, exposent pour l'orfèvrerie les maisons Boulenger, Cardeilhac,

L'Art Déco

1

Service à thé et à café. Argent. Vers 1925. (Coll. part.).

2

Pièces d'une ménagère. Argent. Cardeilhac, 1930. (Coll. part.).

3

Service à thé avec bouilloire. Argent et palissandre. Jean Puiforcat, 1925. (Coll. Puiforcat).

4

Service à thé. Argent. Caron, vers 1930. (Coll. part.).

110

1

L'ORFÈVRERIE A TRAVERS LES AGES 111

Christofle, Fouquet-Lapar, Henin, Henry Frères, Lappara, Puiforcat, Ravinet d'Enfert, Saglier, Tétard... « Le groupe IX était plus que tout autre qualifié pour démontrer comment en France cette ambition d'unir l'esprit de finesse à l'esprit de géométrie, qui constitue l'un des plus précieux apanages de la civilisation, a su s'adapter aux caractères économiques et sociaux de notre époque, dominer les élans parfois aveuglément enthousiastes des débuts de cette recherche et parvenir à la maîtrise en utilisant les traditions d'équilibre et de charme qui ont fondé la réputation de notre art national. »

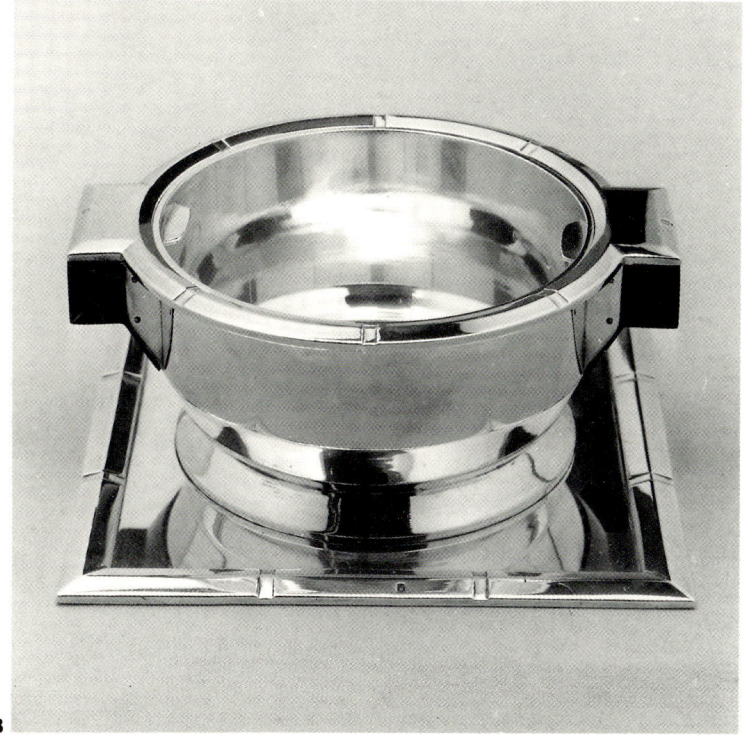

L'Art Déco

1

Théière. Argent cerclé de vermeil. Graine et anses en cristal, cerclés de joncs en vermeil. Modèle unique créé par Jean Puiforcat en 1937.

2

Lampe de chevet. Argent et albâtre. Jean Puiforcat, Paris, 1925.

3

Saucière. Argent et palissandre. Jean Puiforcat, Paris, 1925.

4

Soupière en argent avec poignées en aventurine. Jean Puiforcat, Paris, 1925.

(Coll. Puiforcat).

Ci-dessus. *Coupe en argent. Jean Puiforcat, Paris, 1925.*
(Coll. Puiforcat).

Ci-dessous. *Plat à fruits en argent avec liseré et anses en vermeil ; chandelier en argent. Plat présenté au pavillon Puiforcat de l'Exposition de 1937.* (Coll. Puiforcat).

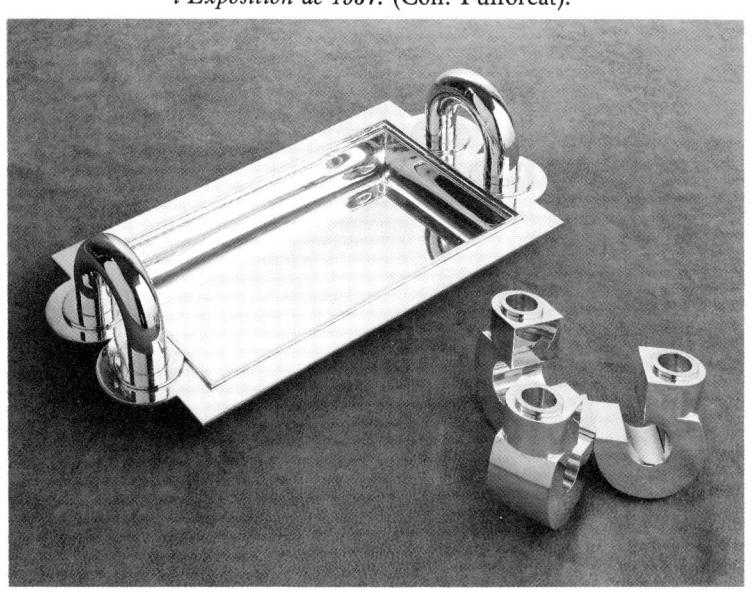

L'orfèvrerie au quotidien

Les objets domestiques utilitaires en métal précieux ont toujours été réservés aux personnes fortunées, privilégiées par leur origine ou par leur rang social, tant dans le monde laïque que religieux. La vaisselle de table, les objets de toilette, ceux d'éclairage, les accessoires de bureau constituent une partie importante de l'inventaire des biens mobiliers d'un Français aisé. Lorsqu'ils n'étaient pas en service, les objets étaient présentés pour le plaisir des yeux, par fierté et par envie d'éblouir ; utiliser et se montrer utilisant de la vaisselle de qualité était une habitude et un besoin si profond chez les Grands que lors d'une chasse, d'un voyage ou d'une campagne militaire, ils ne pouvaient se passer de ce luxe. Ils emportaient donc avec eux des nécessaires où étaient ingénieusement agencés les objets indispensables pour un repas ou une collation, souvent accompagnés des accessoires utilisés pour la toilette et la correspondance. Si l'alimentation nécessite depuis le Moyen Age l'utilisation d'objets nombreux et variés, les autres catégories sont moins nombreuses surtout à partir du XVIIIe siècle.

Les mets

L'ALIMENTATION de l'homme est assurée par la consommation de produits salés et de leurs accompagnements (condiments, sauce, beurre), de nourritures sucrées (desserts, confiseries). Parmi l'ensemble des pièces domestiques destinées à cet usage, nous distinguons trois catégories : les ustensiles réservés aux activités culinaires, c'est-à-dire à la préparation des composantes de l'alimentation ; les objets (récipients, instruments, accessoires) pour le service de la table et ceux pour la consommation (le terme de vaisselle regroupant depuis la fin du XVIIIe siècle des objets de ces deux catégories).

En dehors des heures de repas, la vaisselle précieuse était rangée dans un dressoir ou crédence, ancêtre du buffet ou du vaisselier, placé dans diverses pièces de la maison et, à partir du XVIIIe siècle, lorsqu'une salle spéciale fut réservée aux repas, dans la salle à manger. Ce meuble avait non seulement une destination utilitaire, mais aussi décorative et surtout ostentatoire. Pour cette raison, les portes en étaient rarement fermées et, au XVIIIe siècle, les buffets constitués par un ensemble de gradins recouverts de tissu rare furent prisés. Ce dispositif d'apparat était déjà courant au Moyen Age. Le nombre d'étages situait en quelque sorte le rang social du propriétaire.

On note depuis la deuxième moitié du XVIIIe siècle une démocratisation de l'orfèvrerie. A cette époque et aux

1

Buffet d'orfèvrerie, François Desportes, 1726. Les pièces d'apparat sont caractéristiques de la production officielle des styles Louis XIV et Régence. (The Metropolitan Museum of Arts, New York).

2

Réchaud à braises. Argent et ébène. Type très répandu dans le Nord de la France, plus rare à Paris et surtout dans les autres régions. Charles-Louis-Joseph Kindt, Saint-Omer, vers 1773. (Coll. part.).

suivantes, les objets précieux n'apparaissaient pas journellement sur les tables ordinaires : l'argenterie n'est sortie que pour les grandes occasions (fêtes familiales, fêtes religieuses, réceptions protocolaires). Elle compose rarement un service complet, en constituant plutôt les accessoires comme la salière, le sucrier, la corbeille à pain, la pince à sucre, ou des récipients particuliers, la jatte à crème par exemple. De nos jours, il est à la mode, dans certains milieux, de poser à la place de chaque convive une assiette en argent massif ou en vermeil, support de l'assiette en faïence ou en porcelaine dans laquelle les mets sont dégustés.

Depuis le XIXe siècle, les valeurs financière, sentimentale et esthétique des objets l'emportent progressivement sur leur utilité et leur symbole de richesse. Rare sur les tables, la vaisselle d'orfèvrerie, en types limités, est présente dans les intérieurs bourgeois, voire même populaires, comme bibelots disposés de nos jours en général dans la pièce de réception et la salle à manger, l'usage des dressoirs ayant disparu au siècle précédent. Cette constatation sociologique de l'utilisation restreinte d'objets domestiques de valeur est basée sur divers phénomènes évolutifs : coûts des matières premières, nouvelles valeurs de placement financier, simplification des mœurs culinaires, évolution des mentalités, fabrication en série d'objets en métal argenté moins onéreux, souci de pragmatisme, utilisation de produits détersifs en lave-vaisselle.

La préparation

Le réchaud de table. Servant à maintenir les plats à température convenable sur la table de repas, il est non seulement un objet utilitaire, mais aussi ornemental. Sa conception technique et son raffinement décoratif témoignent de l'intelligence sensible des orfèvres. Le fond du *réchaud à*

116

Les mets

---- 1 ----

Réchaud à alcool. Argent. Jean-Pierre Charpenat, Paris, 1782.
(Musée de la Parfumerie, Grasse).

---- 2 ----

Chocolatière et son réchaud amovible. Or. Début du XVIII⁰ siècle. (Coll. part.)

---- 3 ----

Poêlon couvert. Argent et ébène. Roch-Louis Dany, Paris, 1789.
(Musée des Arts décoratifs, Paris).

braises et le corps du récipient sont ajourés harmonieusement pour ventiler les braises et répartir la chaleur ; la grille mobile enfermant les braises est elle aussi repercée avec un souci esthétique. Les montants en enroulements se terminent par des boules en bois isolatrices et se prolongent par des languettes en consoles qui assurent la bonne assise des plats. *Le réchaud à alcool* ou *veilleuse* est alimenté par une lampe à esprit de vin ; il était de préférence réservé aux verseuses. Il se compose d'un cercle reposant sur trois pieds terminés à leur sommet par une languette à charnière. La lampe prend place à l'intérieur du cercle. Le réchaud de table comporte un manche en bois vissé dans un manchon rapporté sur l'un des montants.

La casserole de table. Appelée aussi poêlon de table, elle est basse, sans pied, avec ou sans couvercle, munie d'un manche latéral en bois indépendant. Dans l'inventaire des Tuileries, sont mentionnées des casseroles à couvercle et des marmites en argent.

Le service et la consommation

Le porte-dîner. De forme tronconique ou cylindrique, cette sorte de marmite à fond plat sert à transporter des aliments liquides, spécialement de la soupe et parfois même à les consommer : d'où la présence d'une anse mobile et d'un couvercle indépendant légèrement bombé qui, retourné, sert d'assiette. Sous l'encolure, un manche en bois se visse dans un manchon. Le bec est pris sur pièce.

Le pot à bouchée. Petite marmite couverte munie d'une anse mobile sur le dessus et portée par trois pieds fondus et appliqués.

La soupière. Consommée bien avant l'introduction du ragoût espagnol dans les mœurs culinaires, la soupe est présentée dans un récipient réservé à cet usage à partir de la fin du règne de Louis XIV seulement, l'appellation de soupière ne lui étant donnée qu'en 1729. Sa forme — sorte de terrine ovale puis coupe — et ses accessoires décoratifs suivent la même évolution stylistique que ceux du pot à oille, modèle avec lequel la soupière est parfois confondue (l'absence de doublure déterminant souvent la nature du récipient). La soupe est servie avec une *louche,* cuiller au long manche et au louchon plus ou moins hémisphérique.

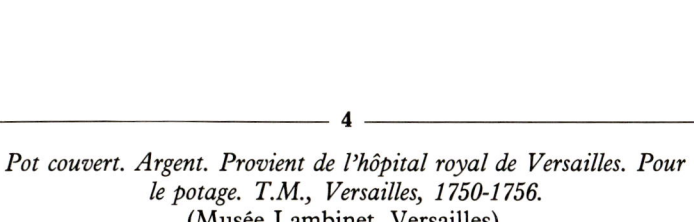

―――――― 4 ――――――
Pot couvert. Argent. Provient de l'hôpital royal de Versailles. Pour le potage. T.M., Versailles, 1750-1756.
(Musée Lambinet, Versailles).

―――――― 5 ――――――
Pot à bouchée. Argent. Jean-François-Nicolas Carron, Paris, 1781-1782. (Musée des Arts décoratifs, Paris).

Soupières et terrines

--- 1 ---

Soupière et son dormant. Vers 1775. (Coll. part.).

--- 2 ---

Soupière ou pot à oille. La prise du couvercle formée d'une pomme de pin sur terrasse de feuilles d'acanthe est un motif classique sous Louis XVI. Argent. Jean-Michel Hubschmann, Bordeaux, 1787-1788. (Musée des Arts décoratifs, Bordeaux).

--- 3 ---

Soupière aux armes de Versailles et du Chevalier de Jouvencel, maire de la ville. Faisait partie d'un service d'argenterie commandé par le conseil municipal de Versailles en 1816. Argent. C.F.C., 1809-1819 (Musée Lambinet, Versailles).

--- 4 ---

Soupière. Argent. Antoine Boullier, Paris, 1782. (Coll. part.)

--- 5 ---

Terrine. Argent. François-Thomas Germain, Paris, 1755. (Musée de Versailles).

Le pot à oille. Marie-Thérèse d'Autriche, devenue reine de France, ne perdit pas ses habitudes alimentaires espagnoles ; elle fit ainsi servir sur la table de Louis XIV une sorte de pot-au-feu, l'*olla*, pour lequel les orfèvres inventèrent vers 1670 un récipient particulier. Proche de la marmite, le pot à oille est de forme circulaire, à panse renflée, reposant sur quatre pieds à enroulements, fondus et rapportés. Sous l'influence du style rocaille, les anses relevées, également fondues et rapportées, s'ornent de branches de céleri ou de laurier, ou d'enroulements feuillus. Le couvercle est généralement tripartite : une doucine et, au-dessus d'un ressaut, une partie bombée surmontée d'un bouton monté à vis. Celui-ci constitué de feuilles et de graines ou d'un fruit (grenade éclatée sous Louis XV, pomme de pin à l'époque de Louis XVI) est généralement disposé sur une terrasse de feuilles d'acanthes ou encore d'une pièce de gibier. A l'intérieur du pot est placée une *doublure*, ou *double fond*, unie, munie de deux prises latérales ; cette cuvette amovible permet d'en changer le contenu au cours du repas ou de servir à nouveau le même mets. Un plateau circulaire, le *dormant*, est généralement assorti au pot. La cuiller à ragoût, à cuilleron ovale, est utilisée pour le service. Le terme de *cuiller à pot* désigne au XVIIIe siècle une cuiller de service à cuilleron circulaire.

Avec le retour à l'antique, à la fin de l'Ancien Régime et sous l'Empire, la forme du pot à oille se transforme en coupe d'apparat ou d'urne antique dont le couvercle est surmonté d'une statuette allégorique proche de la sculpture. Le pot à oille, comme la terrine, est aussi influencé par l'architecture. Il disparaît à la fin du XIXe siècle.

La terrine. Ovale (forme la différenciant du pot à oille), unie, elle repose sur un pied à gorge ou sur quatre pieds terminés par des enroulements. Elle est munie d'un couvercle destiné à maintenir au chaud les viandes et autres mets cuits à l'étouffée servis en entrée. Au XVIIIe siècle, la partie supérieure est munie d'une « graine » amovible illustrant l'imagination fertile des orfèvres qui créent parfois de véritables natures mortes composées des ingrédients contenus dans la terrine (pois, champignons, crustacés, oiseaux, etc.). Au siècle suivant, la prise est un motif antique en ronde bosse. La doublure, bien qu'invisible, est aussi travaillée dans la forme et le décor lorsqu'elle s'adapte aux contours des terrines de style rocaille ; sinon elle est unie.

Le légumier. Le corps de forme ronde, uni, à bord moulurée, à fond plat, porte deux anses relevées fondues et rapportées. A la fin de l'Ancien Régime, plusieurs exemplaires

Pots à oille

1

Pot à oille et son plateau. Argent. Étienne-Jacques Marcq, Paris, 1755-1756. (Musée des Arts décoratifs, Paris).

2

Pot à oille et son plateau. Argent. Paris, 1727-1728. (Coll. part.).

3

Pot à oille faisant partie du service de l'impératrice Maria Federowna, femme du tsar Paul Ier. Argent. Martin-Guillaume Biennais et Jean-Charles Cahier, Paris, 1809-1810. (Coll. part.).

Légumiers

1

Légumier d'une paire. Argent. Maison Aucoc, XIXe siècle. (Coll. part.).

2

Légumier. Argent. Sixte-Simon Rion, Paris, 1824-1834. (Coll. part.).

3

Légumier et son réchaud, décor pseudo-rocaille. Le réchaud sous le légumier est une innovation du début du XIXe siècle. Argent. Charles Odiot, 1819-1838. (Musée des Arts décoratifs, Paris).

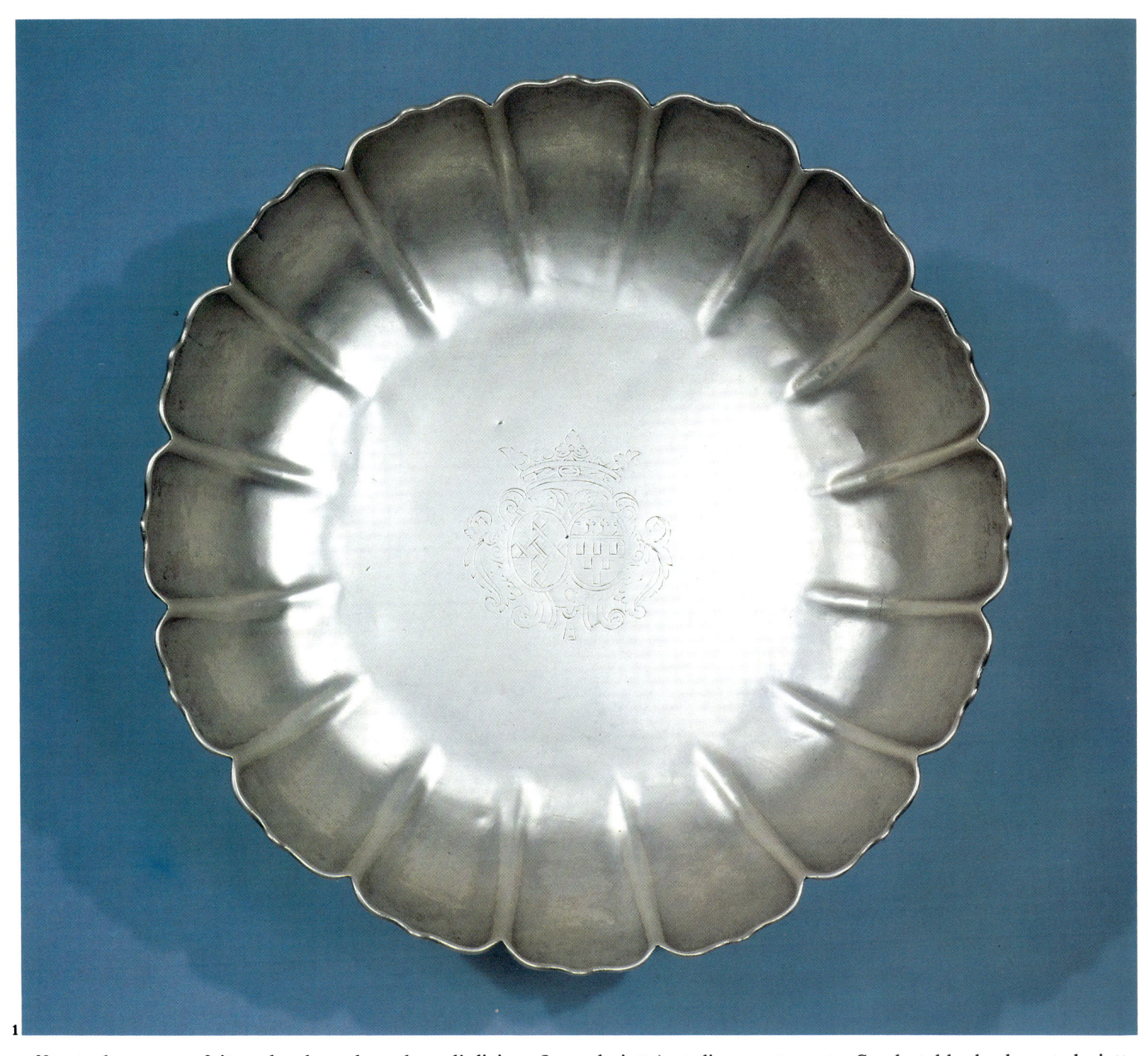

offrent des anses faites de deux branches d'olivier. Le couvercle est surmonté d'une terrasse de feuilles portant en son centre un bouton (pomme de pin, feuilles et graines, légumes) ; l'ensemble fondu est monté à vis. Un plateau circulaire peut servir de présentoir. Ce récipient dont l'usage remonte à la première moitié du XVIIIe siècle, vers 1730 semble-t-il, se confond parfois avec l'écuelle à bouillon. Sous la Monarchie constitutionnelle, il est complété par un réchaud, innovation importée d'Angleterre.

La jatte. Circulaire ou carrée (à partir de la fin du XVIIe siècle), plus rarement rectangulaire (fin XVIIIe), ce récipient sert à présenter des fruits, de la crème, de la compote (le terme de *compotier* est souvent utilisé comme synonyme de jatte) et divers entremets. Sur la table du dessert, la jatte produit un effet décoratif dû à la recherche esthétique menée par les orfèvres sur sa forme et éventuellement sur son accessoire, le couvercle appelé *cloche*. Celle-ci, de forme hémisphérique sur un modèle circulaire, à pans sur un modèle carré ou rectangulaire, porte dans sa partie supérieure unie et bombée une graine en pomme de pin posée sur une terrasse végétale, l'ensemble étant fondu et monté à vis. L'existence du couvercle sur les modèles conservés est facultative, soit qu'il ait été perdu ou fondu soit qu'il n'ait jamais existé. La présence d'une cloche sur ce type de récipient à dessert (XVIIIe-début XIXe) explique qu'il soit confondu avec un légumier bien que celui-ci soit muni d'anses. Les compotiers étaient souvent présentés par paire.

L'ORFÈVRERIE AU QUOTIDIEN 123

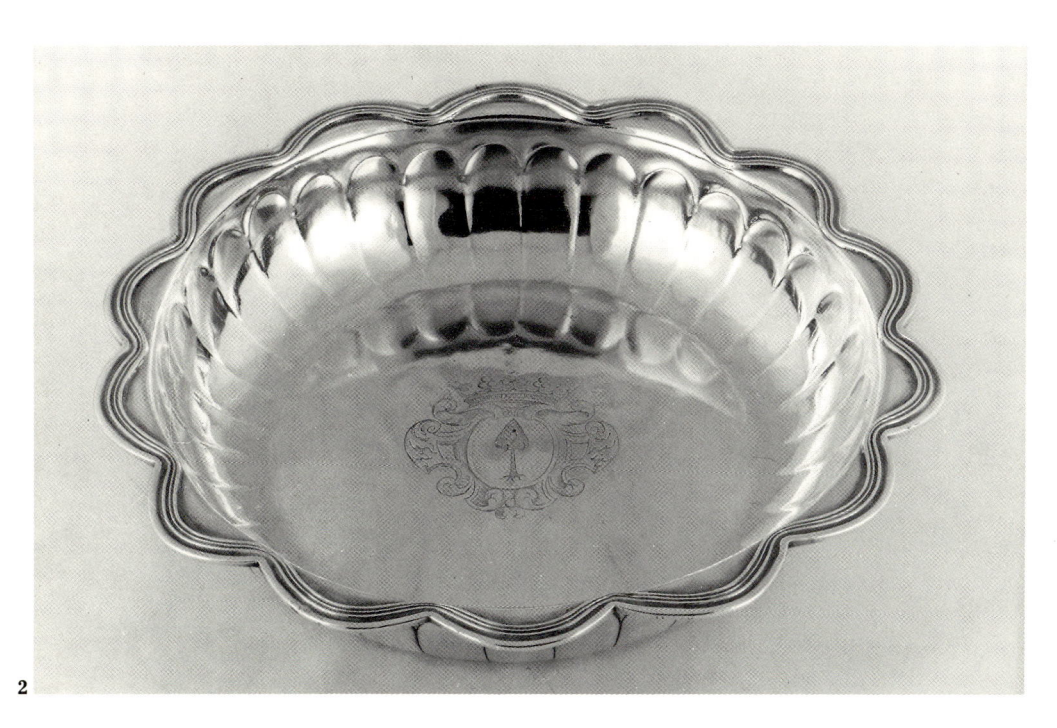

Jattes et compotiers

— 1 —

Jatte à fruits (parfois mentionnée comme « fraisier »). Bord festonné sur seize larges côtes pincées. Modèle présenté sur des toiles de Desportes. Argent. Attribué à Jacques Buchet, Rennes, 1699-1700. (Coll. part.).

— 2 —

Compotier. Bordure moulurée avec quatorze lobes. Argent. Jean-Baptiste Giraudeau, Guérande, 1731. (Musée des Arts décoratifs, Paris).

— 3 —

Paire de compotiers. Bordures à contours et à moulures de filets. Argent. Maurice Meunier, Paris, 1735-1736. (Musée des Arts décoratifs, Paris).

— 4 —

Jatte ou compotier. Argent. Caen, XVIIIe siècle. (Musée Bouilhet-Christofle, Saint-Denis).

Écuelles

1
Écuelle couverte. Argent. Oreilles découpées, ornées en relief de rinceaux et terminées par un bouton. F.B.E. (maître-orfèvre indéterminé), Toulouse, 1724. (Coll. part.).

2
Écuelle couverte et son plateau. Argent. Nicolas II Outrebon, Paris, 1747-1748. (Musée du Louvre, Paris).

3
Écuelle couverte provenant de l'hôpital royal de Versailles. Corps uni flanqué de deux oreilles plates chantournées à décor de palmettes. Argent. Jacques Massé, Versailles, 1775-1780 pour l'écuelle, Marie-Angélique Perron, veuve Thomas Massé, 1768-1775 pour le couvercle.
(Musée Lambinet, Versailles).

4
Écuelle couverte, à anses relevées. Sur le couvercle, branche de cerisier ciselée et branche fleurie de grenadier avec fruit éclaté en relief. Argent, Louis-Julien Chesneau, Angers, 1781-1782.
(Musée des Arts décoratifs, Paris).

5
Écuelle couverte et son plateau. Anses formées par des branches de céleri. Argent. Jacques-Antoine Bonhomme, Paris, 1781-1782. (Musée des Arts décoratifs, Paris).

6
Deux écuelles à bouillon. Argent. Celle de gauche : Jean-François-Nicolas Carron, Paris, 1798-1809. Celle de droite : Marie-Joseph-Gabriel-Genu, Paris, 1789. (Musée Bouilhet-Christofle, Saint-Denis).

L'ORFÈVRERIE AU QUOTIDIEN 125

L'écuelle. Elle est l'ancêtre de l'assiette creuse. Au Moyen Age, elle circulait entre les mains de plusieurs convives. On servait et dégustait dans cette coupe aplatie, alors non couverte, du potage, du bouillon (d'où l'appellation plus tardive d'*écuelle à bouillon*) et même des plats en sauce. Saisie d'abord dans le creux des mains pour être ainsi portée aux lèvres, l'écuelle de forme circulaire, unie, est flanquée, semble-t-il à partir de la fin du XVIᵉ siècle, de deux prises latérales horizontales, les oreilles ou oreillons (*écuelle à oreilles, bouillon à anses*). Fondues et rapportées ces anses se généralisent au siècle suivant : plates et chantournées, unies ou décorées, souvent ajourées et ciselées. Sous Louis XV, le modèle à la mode est à enroulements et à rocailles ; on trouve aussi des oreilles ciselées en forme de palmettes ou de coquilles. A la fin de l'Ancien Régime, les anses se relèvent, unies ou formées de branches de laurier ou de tiges de céleri enlacées.

A partir du milieu du XVIIᵉ siècle, un couvercle légèrement bombé s'emboîte dans le récipient ; muni d'un simple bouton circulaire et tourné reposant sur une terrasse centrale, il offre après la Régence une prise décorative : serpent enroulé (motif déjà utilisé à la fin du règne de Louis XIV, inspirant plus tard les orfèvres anglais, apprécié de ceux de Strasbourg et de Paris, qui reprennent ce motif pour les anses) ; fleur ou fruit (branche de grenadier au fruit éclaté) ; légume seul (artichaut) ou regroupé en natures mortes (choux, navets, carottes...). Avec le retour à l'antique, le bouton de préhension, toujours fondu et monté à vis, ressemble à une toupie ou à une cassolette. Au Siècle des lumières, l'écuelle est présentée posée sur une assiette ou un plateau circulaire assorti ; placée devant chaque convive, elle est complétée d'un couvert, l'ensemble se rangeant dans un gainage de cuir à compartiments. Les modèles les plus raffinés ont été exécutés par les orfèvres de Pau, Bordeaux et Strasbourg, spécialisés dans les modèles en vermeil, soucieux de l'effet à la fois esthétique et luxueux de l'ensemble.

L'écuelle est parfois emportée en voyage ou servie au lit (*écuelle d'accouchée*). Au XIXe siècle, l'écuelle n'est plus une pièce de vaisselle personnelle ; elle est posée au milieu de la table pour servir des plats chauds (viande en sauce, légumes) et se confond avec d'autres récipients autrefois spécifiques au service de ces aliments, spécialement avec les légumiers.

L'assiette plate. Son usage entre dans les mœurs dans la seconde moitié du XVIIe siècle. Introduite un siècle plus tôt d'Italie, François Ier en avait apprécié l'utilisation, l'assiette en argent resta longtemps réservée aux tables de la cour et de la noblesse comme objet de prestige. Le *tranchoir*, planchette en bois ou en étain, ancêtre de l'assiette depuis le Moyen Age, reste le support courant.

De forme circulaire, l'assiette est complétée par un bord uni ou mouluré à quatre ou six contours, comme dans les plats. Leur dessin et leur décor varient suivant les styles. Le bord généralement soudé peut être pris dans la masse à partir du XVIIIe siècle. A cette époque, les modèles en métal précieux subissent la forte concurrence des assiettes en porcelaine et en faïence importées de Chine puis fabriquées dans les manufactures françaises. Biennais complète de *cloches* rondes les assiettes en vermeil du service de table de Napoléon Ier pour les Tuileries.

Écuelle

───────── 1 ─────────

Écuelle couverte. La prise annulaire est formée par un serpent enroulé sur lui-même sur une terrasse de feuilles tournantes disposées en rosace. Argent. Maître bordelais non identifié, 2e moitié du XVIIe siècle.

Assiettes et plats

───────── 2 ─────────

Plat ovale mouluré à six contours. Vermeil. Jean Buchet, Rennes, 1744-1745. (Musée de Bretagne, Rennes).

───────── 3 ─────────

Plat rond ; bord décagonal à moulures de filets. Argent. Noël Léonard, Paris, 1717-1718.

───────── 4 ─────────

Assiette. Argent doré. Robert-Joseph Auguste, Paris, 1768-1769. Plat rond ; bord à cinq contours et moulure de filets. Argent. Antoine Bailly, Paris, 1762-1763.

(1, 3, 4 : Musée des Arts décoratifs, Paris).

1

L'ORFÈVRERIE AU QUOTIDIEN 127

128

L'ORFÈVRERIE AU QUOTIDIEN 129

***Assiettes
et plats***

———————— 1 ————————

*Plat ovale et assiettes à décors divers. Argent
et vermeil. Premier Empire
(Anc. coll. Odiot).*

———————— 2 ————————

*Service de table de Madame Mère. Vermeil.
Jean-Baptiste Claude Odiot, 1806.
(Musée Napoléon 1ᵉʳ, Fontainebleau).*

———————— 3 ————————

*Assiette à marrons chauds ; empreinte
naturelle de serviette damassée. Argent.
Charles-Nicolas Odiot. Milieu du XIXᵉ siècle.
(Coll. Odiot).*

Plats et couvre-plats

―――― 1 ――――

Cloche-couvre-plat. La poignée figure un coq égorgé par un renard. Argent. Edme-Pierre Balzac, vers 1770 (?). (Coll. part.).

―――― 2 ――――

Cloche-couvre-plat. Argent. Jacques-Nicolas Roettiers, Paris 1770-1771. (Musée du Louvre, Paris).

―――― 3 ――――

Plat avec son couvre-plat du service de table de Madame Mère. Vermeil. Jean-Baptiste Claude Odiot, Paris, 1806. (Coll. part.).

―――― 4 ――――

Ensemble de quatre plats couverts. A appartenu à Bernadotte. Argent. Martin-Guillaume Biennais, 1809-1819. (Musée du Louvre, Paris).

―――― 5 ――――

Plat provenant du service Penthièvre-Orléans. Argent. Thomas Germain, Paris, 1733-1734. (Musée du Louvre, Paris).

L'ORFÈVRERIE AU QUOTIDIEN 131

4

5

Plat en forme de coquille Saint-Jacques. Argent. Louis Régnard, Paris, 1753-1754. (The Metropolitan Museum of Arts, New York).

Coquetiers

Coquetiers de forme calice provenant de l'hôpital royal de Versailles. Argent. Léonard Desbois, Paris, 1732-1738. (Musée Lambinet, Versailles).

Le coquetier. Amateur d'œufs à la coque, Louis XV lance la mode d'un objet particulier, miniature d'un calice à tige ou d'un vase de forme balustre, pour servir l'œuf debout (il est alors présenté couché dans une barquette dans les pays allemands). En 1724, Delaunay livre au roi sa nouvelle vaisselle d'or comprenant un seul coquetier, preuve que cet objet est encore très rare. Il le reste d'ailleurs sous le règne suivant. En effet, pour ses déplacements à Trianon, Marie-Antoinette s'est fait composer par Roettiers un nécessaire pour un repas léger dont font partie deux coquetiers de vermeil tandis que les autres pièces sont en argent. Des ornements louis-quatorziens et des feuilles d'applique décorent les premiers modèles puis les thèmes sont empruntés au règne végétal, mêlés à des guirlandes lorsque s'instaure le style Louis XVI.

Les couverts de table. Le sens restreint de ce terme — cuillers, fourchettes, couteaux individuels, pour prendre la nourriture et la porter à la bouche — date du XVIIe siècle. Auparavant il désignait le linge, les récipients et les instruments dressés sur la table pour un repas. Les convives se servaient alors de leurs mains pour manger (les règles de bienséance conseillant trois doigts).

Depuis le Moyen Age, la *cuiller* est utilisée ordinairement. Son histoire est liée à l'évolution de la forme des cuillerons, à celle de l'aspect du manche. Au XIIIe siècle, le cuilleron présente une extrémité pointue qui s'arrondit légèrement au début du siècle suivant, puis il devient circulaire. Au XVIIe siècle, il s'aplatit et s'allonge jusqu'à l'ovale ; forme et profondeur sont restées dès lors les mêmes. Les modèles de cuiller les plus anciens ont un manche ou « branche », composé d'une tige rectiligne et terminée par un gland, remplacé au XVIe par d'autres motifs décoratifs jusqu'à l'apparition de la spatule sous Louis XIII. Le manche s'est aplati et élargi, s'épanouissant vers le bas. L'extrémité de cette base est alors trilobée ou arrondie ; sous Louis XIV, elle prend la forme d'une coquille. Le manche se prolonge sur le cuilleron ovale par une nervure en saillie en fer de lance appelée « queue-de-rat ». Elle disparaît au XVIIIe siècle et laisse place à une simple attache arrondie. Celle-ci, comme la branche et la spatule violonnée, est souvent soulignée par un filet simple ou double.

La *fourchette* est mentionnée dans des inventaires du XIIIe siècle. Longtemps, elle reste un objet personnel très rare à la cour même. Elle présente deux dents pointues, les fourcherons, qui servent à piquer les aliments qui sont pris entre les doigts pour être portés à la bouche. Le nombre des fourcherons passe à trois au XVIIe siècle puis à quatre avec des extrémités arrondies, la fonction de la fourchette devenant celle que nous lui connaissons de nos jours. Les dents sont limitées à deux ou trois et sont alors plus plates dans des modèles à usage particulier au XIXe siècle : fourchettes à poisson, à crustacés, à huîtres, à escargots, à melon, à gâteau.

Le *couteau* est un instrument à lame tranchante pour couper le pain et la viande et à bout pointu pour les piquer et les porter à la bouche. Pour des raisons de sécurité et d'hygiène (le couteau était utilisé comme cure-dents), Richelieu ordonna que son extrémité fut arrondie, décision qui contribua à faire entrer l'usage de la fourchette dans les mœurs. Si la lame du couteau est en métal précieux, le manche peut être soit dans le même matériau, soit dans un autre (ivoire, céramique).

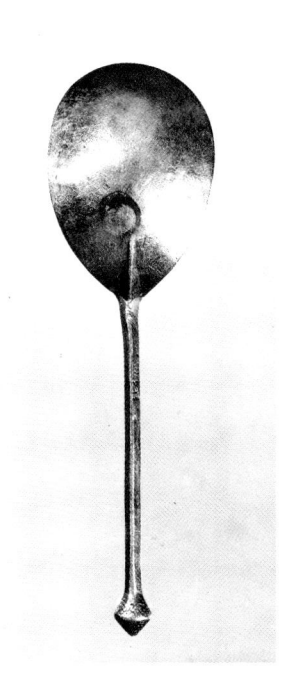

L'ORFÈVRERIE AU QUOTIDIEN 133

Couverts

───── 1 ─────

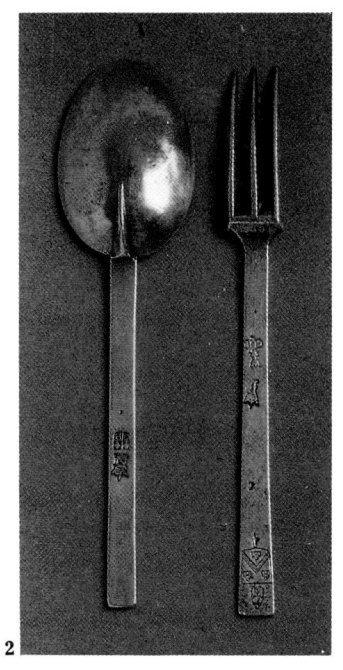

Cuiller. Argent. Cuilleron ovale. Branche terminée par un gland. Fin du XVIe siècle.

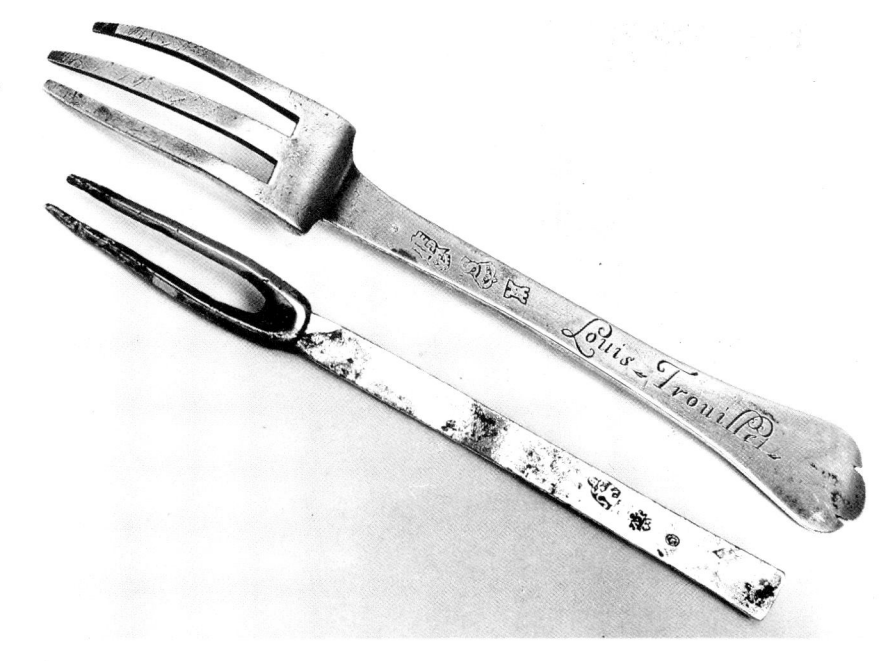

───── 2 ─────

Couvert : cuiller et fourchette à trois dents. Argent. Début XVIIe siècle.
(Anc. coll. Puiforcat).

───── 3 ─────

Couvert : cuiller et fourchette à quatre dents. Argent. Dernier tiers du XVIIe siècle.
(Anc. coll. Puiforcat).

───── 4 ─────

Fourchette à deux dents. Argent. Lyon, 1627. Fourchette à trois dents. Argent. Angers, 1680. (Coll. part.).

───── 5 ─────

Cuiller-fourchette pliante, Argent. Articulation à charnière à la jonction des tiges, blocage par un coulisseau. Bordeaux, vers 1680.
(Musée des Arts décoratifs, Paris).

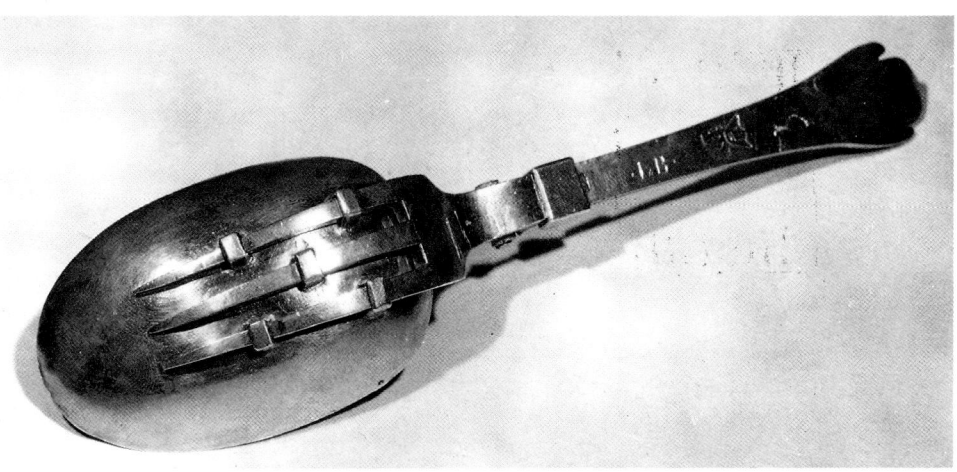

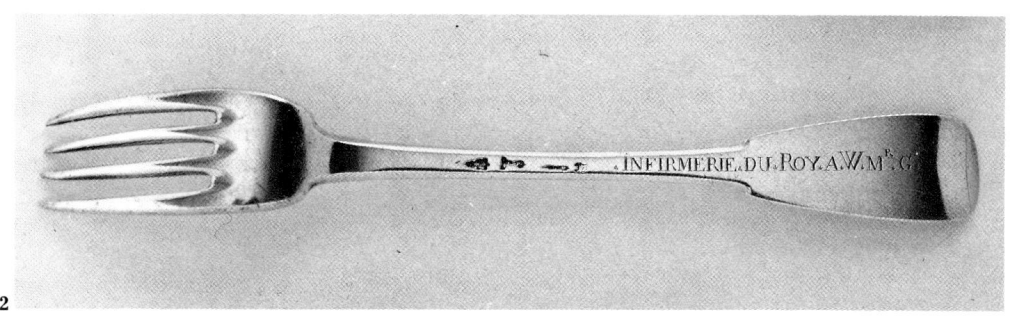

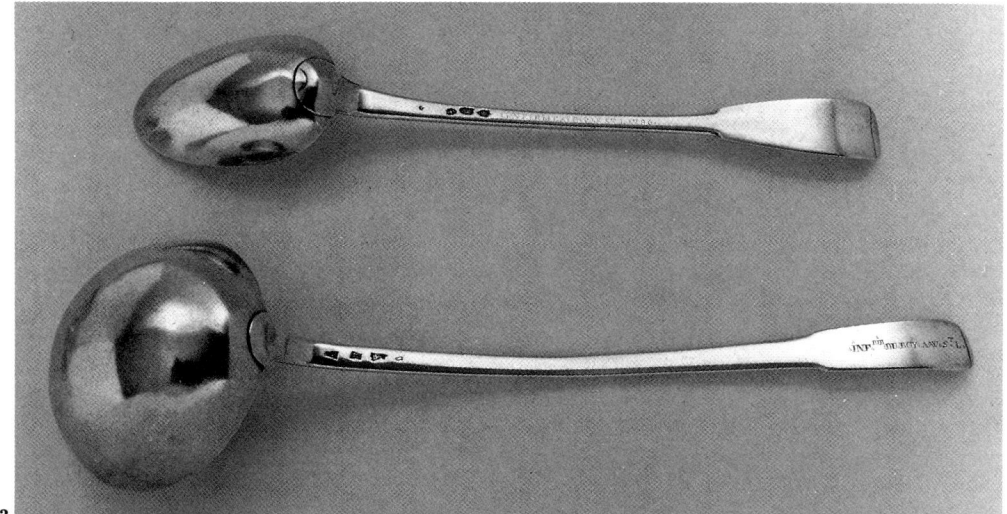

Couverts

1
---

*Couvert orné de la coquille. Argent. 1715.
(Anc. coll. Puiforcat).*

2
---

*Fourchette à ragoût ; modèle uni plat.
Argent. Hôpital royal de Versailles, Jacques Massé, 1775-1780.
(Musée Lambinet, Versailles).*

3
---

*Cuiller à ragoût (en haut) ; modèle uni plat.
Argent. Jacques Chambert, Versailles, 1784-1791. Cuiller à pot (en bas) ; même modèle.
Argent. Hôpital royal de Versailles, Thomas Massé, 1746-1750.
(Musée Lambinet, Versailles).*

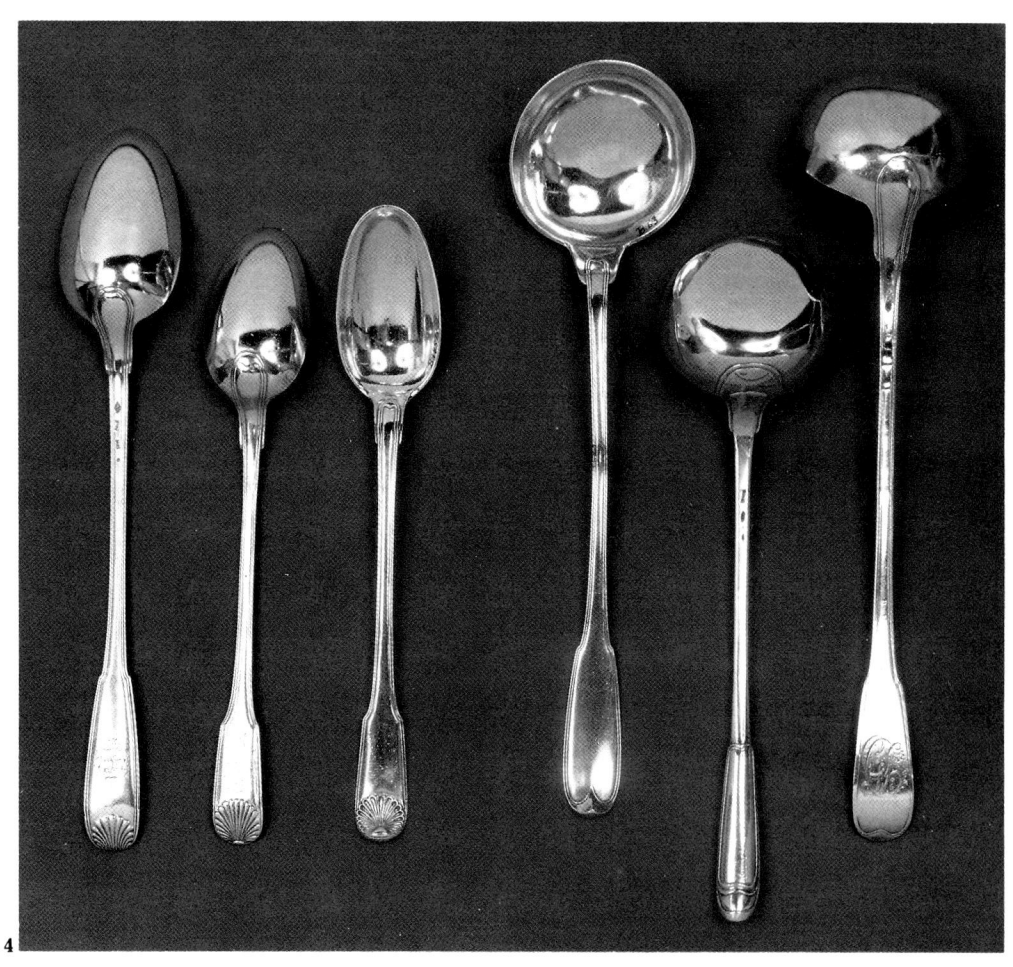

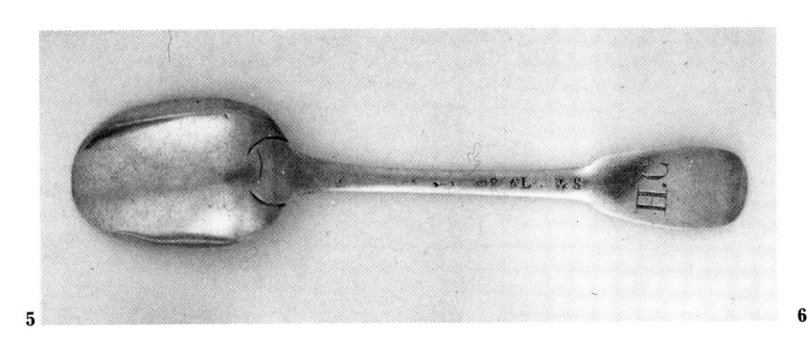

L'ORFÈVRERIE AU QUOTIDIEN 135

4

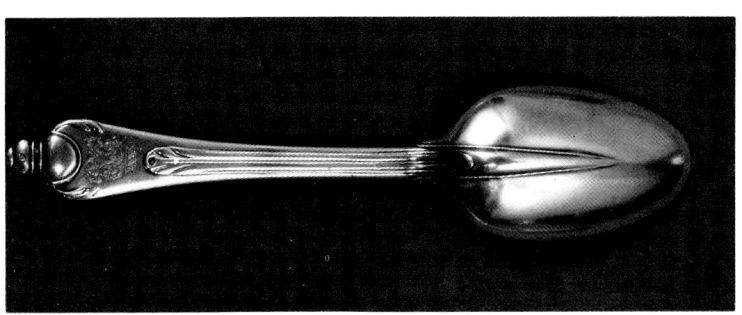

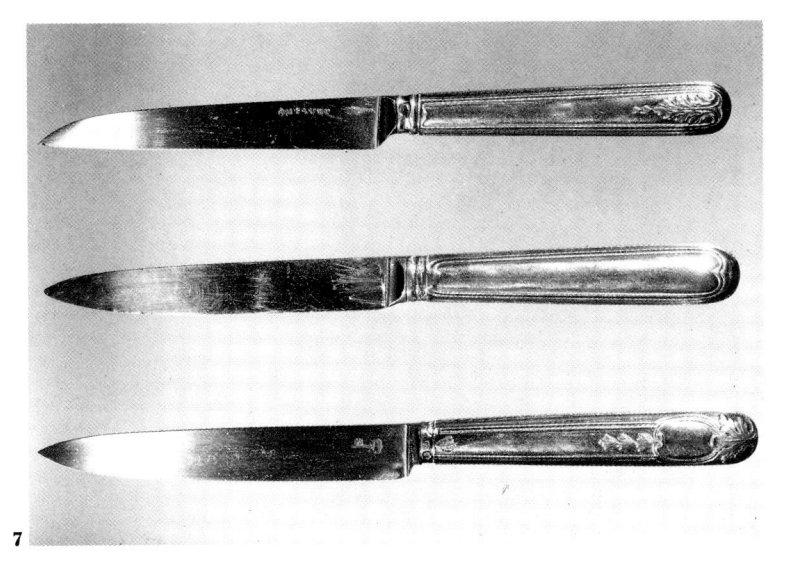

Trois cuillers ; modèle à double filet et double coquille, cuilleron ovale. Argent. De gauche à droite : (1) Nicolas Collier, Paris, 1767. (2,3) C.L.M. Clermont-Ferrand, XVIIIe siècle. Trois cuillers à pot. Cuilleron circulaire. Argent.(4,5) Reims, fin XVIIIe siècle. (6) Paris, 1762-1768. (Musée Bouilhet-Christofle, Saint-Denis).

5

Cuiller à café ; modèle uni plat. Argent. Hôpital royal de Versailles. Maître indéterminé, 1762-1768. (Musée Lambinet, Versailles).

6

Cuiller à café ; modèle « queue-de-rat ». Branche terminée par un bouton. Argent. Début XVIIIe siècle. (Coll. part.).

7

Trois couteaux. Argent. De gauche à droite : (1) Paris, 1787-1788. (2) Paris, 1785-1786. (3) François-Charles Gavet, Paris, 1798-1809. (Musée du Louvre, Paris).

8

Couvert. Vermeil. Paris, 1819-1838. (Musée Bouilhet-Christofle, Saint-Denis).

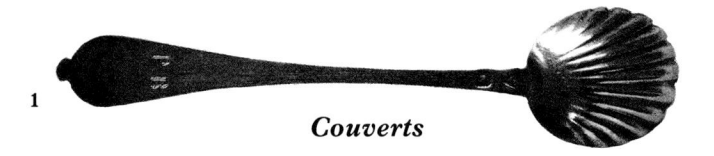

Couverts

1

Cuiller à sel. Argent. Prosper Cailloux, Paris, 1826-1838. (Musée Rolin, Autun).

2

Cuillers. Argent. De gauche à droite : (1) Cuiller à sucre. Jean-Pierre Chézelle, Paris. 1769-1770. (2) Cuiller à sucre ; forme doucine. Jean-Estienne Langlois. Paris, 1783-1786. (3) Cuiller à olives. Attribuée à François-Thomas Germain. Paris, 1756-1762. (4) Cuiller à olives ; modèle violon. Charles-Auguste Aubry, Paris, 1786-1787. (Musée du Louvre, Paris).

3

Cuiller à saupoudrer ; modèle à double filet. Motifs décoratifs repercés sur le cuilleron. Argent. Louis Vienot, Beaune, 1744-1750. (Musée Rolin, Autun).

4

Six petites cuillers dans un écrin de maroquin rouge ; modèle à filets et à double coquille. Argent doré. Jean-Michel Ross, Strasbourg, 1763-1789. (Musée des Arts décoratifs, Paris).

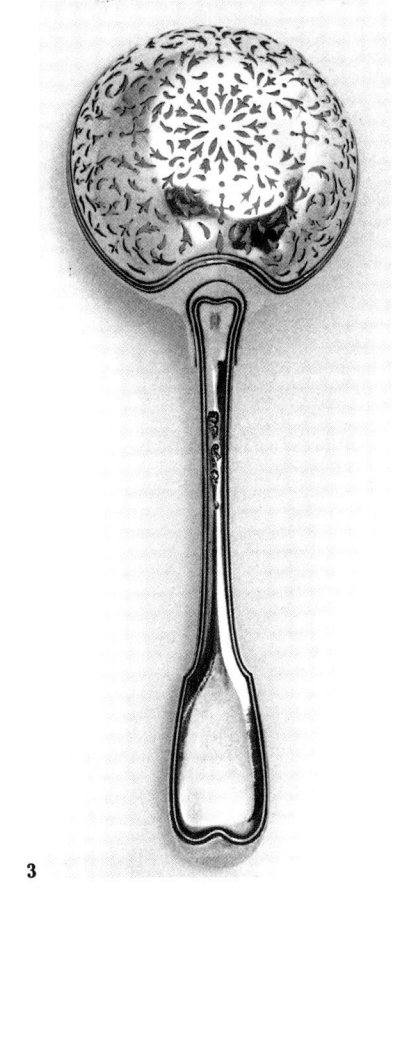

L'ORFÈVRERIE AU QUOTIDIEN 137

Couverts

1

Couperet-pelle à gâteau. Métal argenté ciselé et gravé. Christofle, fin du XIXᵉ siècle.

2

Pelle à gâteaux. Vermeil et ébène. Engle, Strasbourg, 1838. (Musée des Arts décoratifs, Paris).

3

Pelles à poisson. Argent. France, 1819-1838 (en haut), 1809-1819 (au-dessous). Couvert à huître. Argent. Paris, 1809-1819.

4

Brochettes. Argent. F.-J. Doyen, Paris, 1815-1830.

(1,3,4 : Musée Bouilhet-Christofle, Saint-Denis).

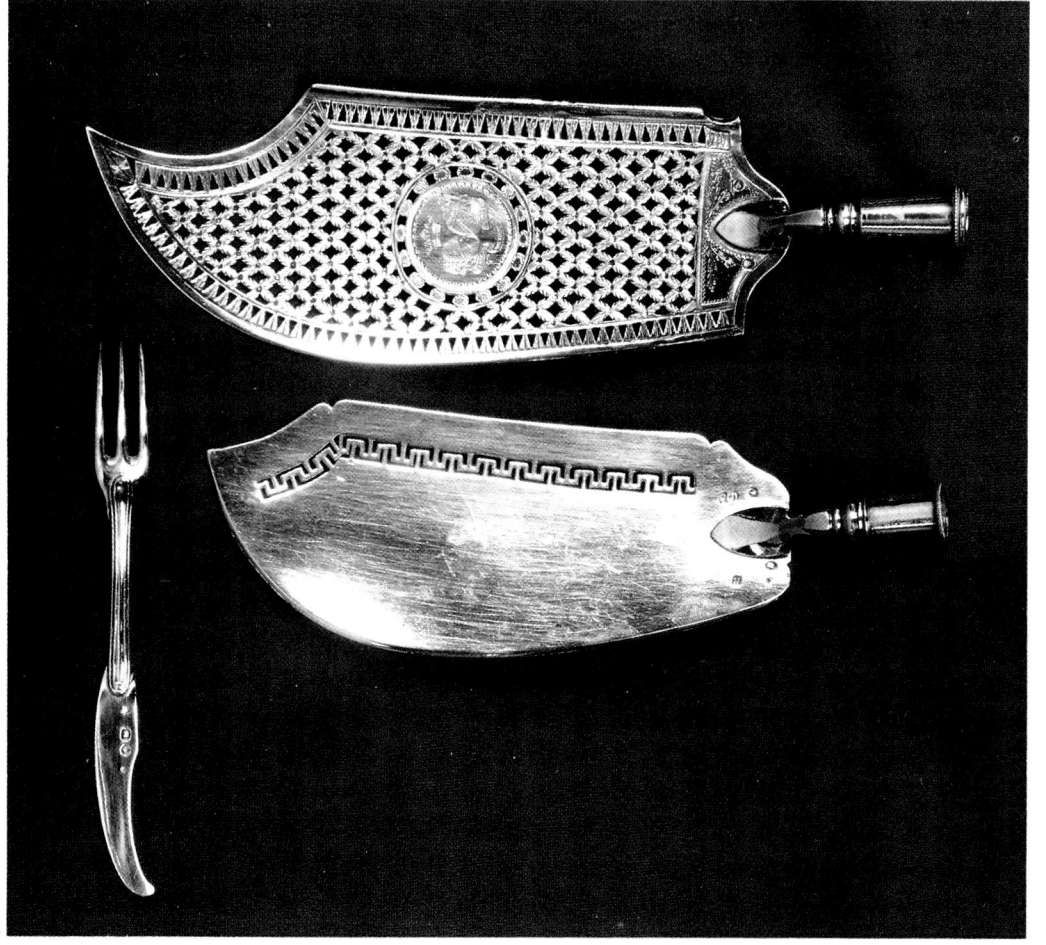

Les accompagnements

La saucière. Deux modèles, tous deux ovales et reposant sur un pied mouluré ovale, existent au XVIIIe siècle. Dès la fin du règne de Louis XIV, le type est à panse lisse ou renflée, à double bec pris aux extrémités relevées et à deux anses verticales fondues et rapportées sur les flancs. Ce type dérive des nefs disposées sur les tables princières médiévales. Quelques décennies plus tard apparaît une saucière de forme allongée, ayant l'aspect d'une navette évoluant parfois vers celle d'une gondole. Elle présente d'un côté un large bec verseur et de l'autre une anse relevée s'enroulant vers l'intérieur. Ce modèle sera repris au XIXe siècle. La saucière non couverte est posée sur un présentoir ovale indépendant jusqu'à la fin de l'Ancien Régime ; il est par la suite fixé au piédouche du récipient. Parfois, à l'intérieur, prend place une cloison verticale : unie, elle sépare deux sauces ; ajourée, elle sert de filtre. La *cuiller à dégraisser* à deux becs ou à filtre accompagne la saucière.

Saucières

1

Saucière. Coupe ovale en forme de nef à extrémités légèrement relevées. La bordure moulurée se redresse au milieu des longs côtés pour former deux anses ajourées. Argent. Edme-François Balzac, Paris, 1771. (Coll. part.).

2

Saucière. Argent. Andréas Altenburger, Strasbourg, 1693. (Coll. part.).

3

Saucière en forme de lampe à large bec verseur et anse en enroulement. Argent. Premier Empire. (Coll. part.).

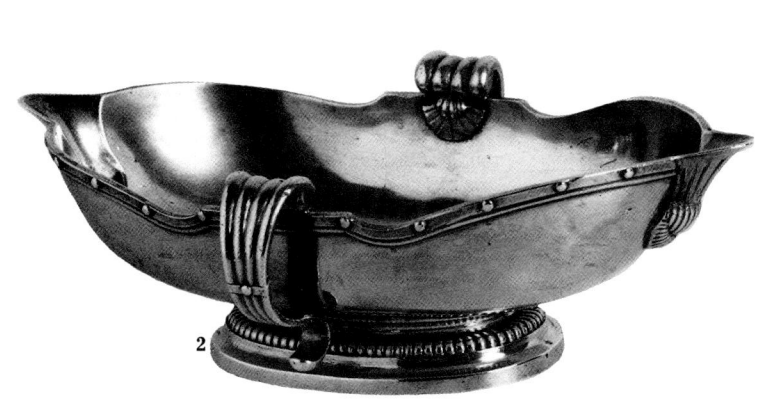

La salière. Par leurs dimensions réduites, les salières du XVIIIe siècle marquent une grande évolution dans les mœurs et les arts de la table par rapport au Moyen Age et à la Renaissance. Sous les Capétiens, une grande importance était donnée au décor dans lequel prenait place le récipient contenant les précieux condiments à protéger du vol et de l'empoisonnement : la « navette » était en or, en cristal ou en pierre dure, agrémentée de perles et de pierres précieuses. Le saleron était enfermé dans une nef gréée ou dans un élément architectural. Posséder une salière resta longtemps un privilège royal et princier : l'inventaire de Louis Ier d'Anjou en mentionne cent vingt-et-une, celui de Charles V, soixante-dix-sept. A la Renaissance, l'influence de la sculpture et de l'architecture persiste dans la composition des salières, qui demeurent sur les tables luxueuses l'objet prestigieux (c'est pourquoi François Ier fit appel à un orfèvre italien, Benvenuto Cellini, artiste le plus célèbre pour son habileté technique, pour lui ciseler une salière d'or).

A la fin du règne de Louis XIV, le souvenir de telles compositions en ronde bosse demeure dans l'utilisation du surtout ; cette imposante pièce d'orfèvrerie réunit en milieu de table les récipients à épices et à condiments disposés en permanence pendant les repas. Aux quatre coins de ces extraordinaires compositions sont placées des coquilles servant de salières. Quand, à partir des années 1730, le surtout perd progressivement son caractère fonctionnel pour devenir un objet ornemental et que les salières — comme les huiliers et les sucriers — en disparaissent, celles-ci deviennent un objet autonome placé à portée de main des convives. Des orfèvres — certains auteurs de surtouts — inventent des modèles en ronde bosse, dont la conception réaliste et narrative des motifs et dont la préciosité (elles sont en or) pourraient en faire l'élément d'un milieu de table. Thomas Germain regroupe sur un socle rocaille une coquille, un crabe et une tortue ; son fils figure un Indien portant un sac de sel ; Falconet et Auguste inventent un enfant pêcheur assis sur un rocher et tenant une huître. Les salières courantes se présentent comme un socle à gorge ou rectangulaire, parfois à pans coupés, reposant sur quatre petits pieds à enroulements ou sur une base moulurée. Sur le saleron ovale, s'adapte parfois un couvercle à charnière dont la forme et le décor à godrons évoquent une coquille (Edme-Pierre Balzac se spécialisa dans un type à rouleaux et à coquilles).

A partir des années 1770, le saleron, ovale ou rond, est en cristal blanc ou bleu. La coupelle prend place dans une monture d'argent fondu dont la ceinture repercée présente une frise décorative ajourée : typiques du style Louis XVI, les motifs, répartis entre les montants verticaux des pieds, sont généralement des guirlandes de fleurs ou de lauriers, des festons de raisins et des pampres, relevés par des nœuds de ruban surmontant un médaillon. Le couvercle à charnière présente une terrasse bombée souvent godronnée, à frise, à feuilles et à graines.

Les orfèvres de l'Empire affectionnent la salière double à salerons ronds en argent disposés sur un trépied antique et fixé soit sur une terrasse indépendante, soit sur un plateau rectangulaire unique à pans droits ou coupés, porté par des pieds à griffes. Une tige médiane — vase antique ou élément architectural classique — est reliée aux salerons ou fixée dans le socle. L'époque suivante reprend ces principes dans des salières isolées ou doubles dont la coupelle est en cristal taillé.

Salières

1

Salière. Forme cylindrique, saleron sphérique. Argent partiellement doré. Paris, fin XVe siècle ?

2

Salière couverte. Forme et socle rectangulaires à pans coupés. Saleron ovale à couvercle repoussé monté à charnière en forme de coquille. Argent. Rémy Chatria, Paris, 1735-1736.

3

Salière couverte. Forme ovale des socles en gorge. Saleron quadrilobé à couvercle fondu en forme de coquille. Argent. Joseph Charvet, Paris, 1753-1754.

4

Salières. Argent repercé et repoussé. Salerons en cristal bleu. Étienne Modenx, Paris, 1786-1787 (droite), fin XVIIIe siècle (gauche).

5

Salière double. Salerons en forme de coupe ronde sur pied circulaire. Tige médiane évoquant un pilastre antique. Plateau rectangulaire sur quatre pieds en griffes de lion. Argent et vermeil. J.-B. C. Odiot, Paris, 1798-1809. (Musée Bouilhet-Christofle, Saint-Denis).

(1 à 4 : Musée des Arts décoratifs, Paris).

Puis revient, comme pour les beurriers, la mode de la forme en coquille, avec persistance de la sculpture non seulement pour les salerons mais aussi pour la poignée.

La boîte à épices. Récipient ovale à deux compartiments recouverts chacun d'un couvercle monté à charnière, il repose sur quatre pieds bas. Les deux compartiments sont identiques (l'un pour le sel, l'autre pour le poivre) ou l'un

Salières

―――――― 1 ――――――

Salière double. Comme les pieds, la tige médiane est formée d'un vase antique aux anses en forme de col de cygne et surmontée d'un anneau. Argent et cristal blanc. Charles-Louis Bourgeois, Paris, 1819-1838.

―――――― 2 ――――――

Salière double. Décor éclectique emprunté à la fois aux styles Louis XV et Louis XVI. Argent et cristal bleu. Louis Bachelet, Paris, 1844.

―――――― 3 ――――――

Salière double. Naïade portant deux coquillages servant de salerons, dans le style de la Renaissance italienne. Argent. Auguste et Joseph Fannière. Paris, vers 1863. (Musée des Arts décoratifs, Paris).

(1,2 : Musée Rolin, Autun)

est à deux alvéoles (sel et poivre), l'autre étant réservé à la muscade. Quand celle-ci est présentée sous forme de noix, une râpe est placée entre les charnières des couvercles. La boîte à épices disparaît des tables à la fin de l'Ancien Régime.

L'huilier-vinaigrier. Associés sur les tables royales et princières au surtout qui contient les divers ustensiles d'assaisonnement, l'huilier et le vinaigrier sont réunis à partir du XVIIe siècle en un seul objet : ils sont présentés sur un plateau ovale dans deux supports ajourés montés à vis ; une tige centrale surmontée d'un anneau les sépare. Sur les bords latéraux ou de part et d'autre de la potence, deux anneaux servent à porter les bouchons en argent ou en cristal blanc des burettes en cristal. Sous la Régence, les orfèvres créent un nouveau modèle : un petit bassin de plan ovale ou rectangulaire dont la face supérieur présente quatre cavités circulaires (les deux grandes pour les flacons, les deux petites pour les bouchons) ; les deux anses sur les petits faces et les quatre pieds sont rapportés.

Le premier modèle évolue : dans la seconde moitié du XVIIIe siècle, il prend une forme de gondole sur quatre pieds, ajourés ou non, à enroulements fondus et rapportés. La prise centrale disparaît (il en est de même lorsque le plateau garde sa forme originelle ovale). Les porte-bouchons, anneaux ou corbeilles ajourées, sont soudés au milieu des faces latérales ou montés à vis au fond du plateau. Le modèle en gondole persiste au XIXe siècle. A cette époque, les bouchons des carafons sont en cristal.

Avec le retour à l'antique, le plateau est rectangulaire porté par des pieds en griffes de lion. Tandis que l'époque précédente utilisait comme motif décoratif des éléments végétaux empruntés à la vigne et à l'olivier, cette période se réfère à la sculpture et à l'architecture classiques. La monture des flacons est soit ajourée et ciselée, soit massive et repoussée d'ornements. Le surtout disparaissant, l'huilier-vinaigrier est souvent l'ornement décoratif recherché sur les tables bourgeoises du XIXe siècle. Il reste l'élément principal dans les nécessaires à condiments. Entre 1810 et 1840, les corbeilles des flacons sont souvent ciselées de galeries d'ogives courantes.

Huiliers-vinaigriers

1

Huilier-vinaigrier. Bassin rectangulaire à huit pans coupés. Ouvertures circulaires sur la face supérieure pour les burettes et les bouchons. Anses formées par des doubles balustres. Argent et cristal blanc. Pierre Bobillier, 1745. (Musée des Beaux-Arts, Besançon).

2

Huilier-vinaigrier. Bassin de forme gondole sur quatre pieds en enroulements. Argent et cristal blanc. Jean-Henry Distel, Strasbourg, 1766. (Coll. part.).

144

Huiliers-vinaigriers

---- 1 ----

Huilier-vinaigrier. Sur le bassin ovale porte-burettes montés à vis (décor de vigne et d'olivier) contenant les burettes en cristal à bouchon en argent (grappe et olive) et double potence portant les anneaux porte-bouchon. Argent partiellement doré. Nathanaël-Jacques Horning, Strasbourg, 1774. (Musée des Arts décoratifs, Strasbourg).

---- 2 ----

Porte-huilier. Bassin ovale reposant sur un pied ovale à ressaut. Extrémités relevées terminées en têtes de chimères tenant un anneau dans la gueule. Argent. Jacques-Louis-Auguste Leguay, Paris, 1789. (Coll. part.).

---- 3 ----

Huilier-vinaigrier. Décor de cygnes et de palmettes. Argent. France, 1809-1819.

---- 4 ----

Cabaret à liqueurs pouvant être utilisé comme service à condiments. Argent, sauf les bouchons en métal argenté. Froment-Meurice, après 1838.

---- 5 ----

Service à condiments. Comprend un huilier-vinaigrier, quatre salières et un moutardier avec leurs cuillers. Argent. France, 1809-1819.

(3, 4, 5 : Musée Bouilhet-Chritofle, Saint Denis).

Le moutardier. Connue depuis le XIIIe siècle, la moutarde est pendant plusieurs siècles servie sous forme sèche. Aucun récipient particulier n'est donc créé avant la fin du Moyen Age. Les premiers sont en étain, les modèles d'orfèvrerie étant rares avant le XVIIe siècle. La moutarde est alors présentée en poudre ou en pâte (assez liquide jusqu'au XVIIIe siècle, étant considérée comme une sauce) ; la graine de sénevé est écrasée puis éventuellement délayée dans du vinaigre, le moutardier prenant soit la forme d'une saupoudreuse à couvercle non ajouré — modèle d'origine étrangère fréquent en Angleterre et en Suisse, plus rare en France d'où il disparaît vers la fin du XVIIIe siècle —, soit celle d'un barillet ou d'un pichet. Le petit tonneau est présenté verticalement ou couché (le modèle le plus élaboré étant monté sur roues). Le pichet couvert et à anse latérale rappelle le pot à crème ou à lait ; seule la présence, non généralisée, d'une échancrure sous le bec pour y glisser la *cuiller à moutarde,* louche miniaturisée, peut éviter la confusion. Le vinaigre ayant un effet corrosif sur l'argent, le moutardier peut contenir une doublure en verre teinté, généralement bleu.

A partir du règne de Louis XVI, est créé un modèle qui se perpétue au XIXe siècle : dans une monture cylindrique porte-moutardier, en argent à trois montants cannelés (consoles, pilastres) reliés par des panneaux décoratifs ajourés ou des guirlandes relevées par des nœuds de rubans, est encastré un pot en cristal bleu. Le moutardier est muni d'un couvercle à charnière et parfois d'une anse verticale.

Le *porte-moutardier* repose sur trois petits pieds (généralement pattes de lion ou de bouc) ou est monté à vis sur un plateau ovale. Il peut être complété par un porte-bouchon annulaire fixé au plateau ou attaché à la carcasse du moutardier au niveau des ceintures ou d'un montant. A noter qu'il existe quelques modèles de monture à quatre montants et à quatre pieds.

Moutardiers

1

Moutardier. Amour poussant une brouette avec une levrette dressée ; le tonnelet qui contient une doublure amovible s'ouvre par un couvercle à charnière. A rapprocher de deux autres modèles plus grands, du même orfèvre et ayant appartenu à Mme de Pompadour, aujourd'hui conservés à Lisbonne. Argent partiellement doré. Antoine-Sébastien Durand, Paris, 1753-1755.

2

Moutardier à plateau. Louis Poussin, Rennes, 1781-1782.
(Musée de Bretagne, Rennes).

L'ORFÈVRERIE AU QUOTIDIEN 147

―――――― 3 ――――――

Moutardier à plateau avec un porte-bouchon. Argent et cristal. Louis-Joseph Bouty dit Milleraud-Bouty, Paris, 1781-1783.

―――――― 4 ――――――

Moutardier. Corps cylindrique divisé en trois compartiments ajourés séparés par des montants en colonnes cannelées ; couvercle monté à charnière, avec orifice pour la cuiller à moutarde. Argent et cristal bleu. Marc-Étienne Janety, Paris, 1784-1785.

―――――― 5 ――――――

Moutardier. Forme de vasque reposant sur une base carrée soutenue par quatre pattes de lion. Anses en forme de volute terminée par une tête de chimère. Couvercle en doucine surmonté d'une graine. 1819-1838.

(1, 3, 4, 5 : Musée des Arts décoratifs, Paris).

1

Sucriers

1

Sucrier à poudre. Forme balustre sur piédouche. Monture à baïonnette. Couvercle en dôme aplati repercé. Modèle caractéristique du dernier quart du XVIIe siècle et du début du XVIIIe siècle. Argent, Bordeaux, 1706. (Coll. part.).

2

Sucrier à poudre. Argent. Toussaint-Joseph Salmon, Arras, 1749. (Coll. part.).

3

Sucrier à poudre en forme de tonneau, divisé en deux parties s'emboîtant l'une dans l'autre. Le fond supérieur est repercé de trous circulaires. Argent. Charles-Louis Emmerich, Strasbourg, 1779-1789. (Musée des Arts décoratifs, Paris).

Le sucrier. Jusqu'à la fin du XVIIe siècle, le sucre est un produit rare réservé aux tables privilégiées. A la fin de l'Ancien Régime, sa consommation demeure réduite dans les classes populaires tandis que la bourgeoisie le découvre en même temps que les boissons exotiques.

Le sucre est présenté en poudre ; les morceaux de pain de sucre concassé ne sont utilisés qu'à partir de la fin du XVIIIe siècle alors que la poudre tend à disparaître. Celle-ci est servie dans deux types de récipients. Tout d'abord, le *saupoudroir* ou la *saupoudreuse* : récipient cylindrique élevé reposant sur une base ou un pied circulaire. Il est couvert d'un dôme ouvrant à baïonnette, repercé et surmonté d'un bouton. Au XVIIe siècle, la saupoudreuse a un corps droit uni ou à pans. Puis sa silhouette s'assouplit, perd de sa lourdeur, présente une élégante forme balustre caractéristique des plus beaux modèles fabriqués à Paris, ainsi qu'à Marseille et Bordeaux, ports où débarque le sucre des Antilles. Le deuxième type est un pot couvert dit *pot à sucre*. C'est le modèle miniature d'une terrine ou d'un pot à oille, de forme ovale ou ronde à panse renflée. Le couvercle indépendant présente une échancrure pour y glisser la *cuiller à saupoudrer* au cuilleron repercé. Il est couronné d'une terrasse surmontée d'un élément floral ou végétal fondu et rapporté ; le motif des trois fraises est la particularité des orfèvres marseillais et bordelais.

Dans les années 1780, un nouveau modèle est emprunté aux Anglo-Saxons. C'est un pot cylindrique en cristal maintenu dans un panier ajouré en argent, accompagné d'une *pince à sucre* en U à deux branches terminées par des cuillerons ou des coquilles ; un bouton ovale tourné est rapporté à la jonction des branches. A partir de la Restauration, le pot à sucre est constitué d'un vase en cristal couronné de cuillers : le récipient est monté sur un haut pied central dont le pourtour, ou celui de la coupe, présente des encoches pour y glisser verticalement les cuillers.

Le confiturier. Pot couvert dont les modèles s'inspirent de ceux du pot à sucre. L'appellation de ce récipient remonte au début du XIXe siècle.

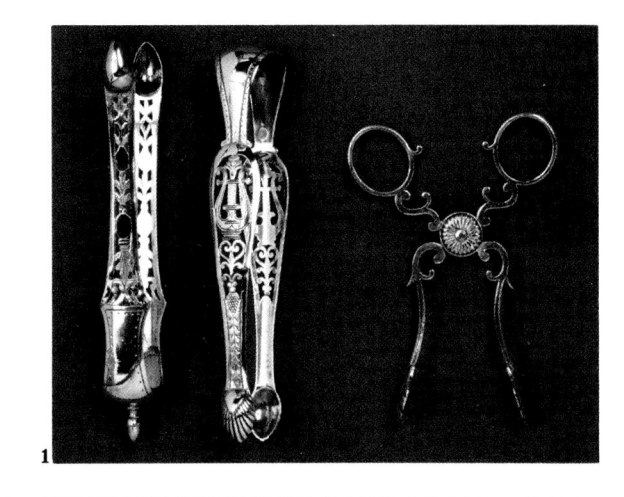

Sucriers

1

Pinces à sucre. Argent. De droite à gauche : 1809-1819 ; Paris, 1809-1838. (Musée Bouilhet-Christofle, Saint-Denis).

2

Pot à sucre. Forme ronde à panse renflée. Couvercle à double bombement. Argent. Paris, 1752. (Coll. part.).

3

Pot à sucre. Forme ronde à panse renflée dans sa partie supérieure à décor ciselé. Anses fondues et rapportées formées de branches feuillues. Couvercle bombé à deux ressauts à décor gravé et surmonté d'un bouquet de roses, retenu par un nœud, fondu et rapporté. Argent. Denis Lallemand, Bordeaux, 1781-1782. (Musée des Arts décoratifs, Bordeaux).

4

Pot à sucre. Dans une monture circulaire formée de deux ceintures et de quatre montants en forme de consoles, est placé un récipient cylindrique en cristal. Couvercle bombé surmonté d'un bouquet de roses noué d'un ruban. Argent et cristal bleu. Jean-Charles Roquillet-Desnoyers, Paris, 1778-1779. (Musée des Arts décoratifs, Paris).

L'ORFÈVRERIE AU QUOTIDIEN 151

— 5 —

Pot à sucre de forme ovale, porté par deux figures féminines reposant sur un socle rectangulaire à quatre pieds. A rapprocher des pièces d'un service commandé par Maximilien de Bavière, beau-père d'Eugène de Beauharnais. Vermeil. J.-B.C. Odiot, 1809-1819. (Coll. part.).

— 6 —

Pot à sucre en forme de cassolette portée par une colonne centrale et un trépied à patte de lion, le tout reposant sur une base triangulaire. Argent. J.-B.C. Odiot, 1809-1819. (Musée des Arts décoratifs, Paris).

— 7 —

Pot à sucre en forme d'urne Médicis couverte. Décor figuré, ajouré et ciselé sur chaque face. Anses en forme de cygnes aux ailes déployées et sortant de cornes d'abondance. Argent et cristal taillé pour la doublure du récipient. Paris, 1819-1838. (Musée des Arts décoratifs, Bordeaux).

Confituriers

--- 1 ---

Confiturier du service de la reine Hortense, avec une douzaine de petites cuillers. Modèle attribué à Percier. Argent doré. Martin-Guillaume Biennais pour l'ensemble et Pierre-Benoît Lorillon pour les cuillers. Paris, 1793-1819. (Musée du Louvre, Paris).

--- 2 ---

Confiturier en forme de vasque avec sa ceinture de douze cuillers. Argent et cristal. 1819-1830. (Coll. part.).

--- 3 ---

Confituriers avec sa douzaine de cuillers ; récipient en forme de vasque en cristal taillé. Argent. 1819-1838. (Musée des Arts décoratifs, Paris).

--- 4 ---

Confiturier avec son écrin. Argent pour le récipient, vermeil pour les cuillers. Premier Empire. (Musée Bouilhet-Christofle, Saint-Denis).

L'ORFÈVRERIE AU QUOTIDIEN 153

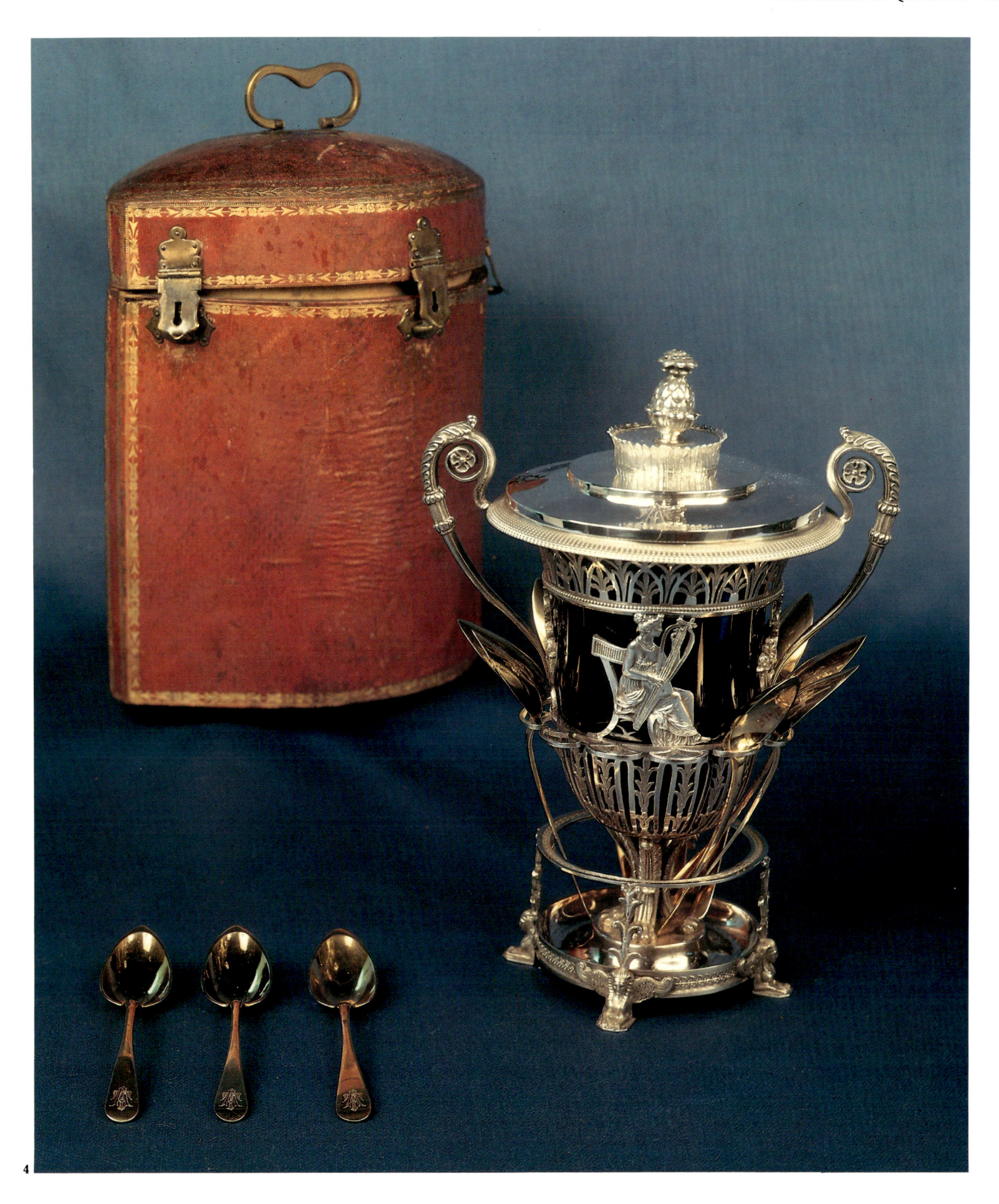

L'eau et le vin

FROIDES ou chaudes, les boissons complètent l'alimentation, soit qu'elles accompagnent un repas, soit qu'elles constituent en elles-mêmes une collation. Leur préparation, leur service et leur consommation nécessitent des ustensiles et des accessoires particuliers.

Le service

Les récipients verseurs. La variété des termes désignant au Moyen Age ces récipients à bec et à anse latérale s'explique davantage par la différence de leur capacité que par celle de leur silhouette. Les inventaires énumèrent, malheureusement avec peu de détails typologiques, des *pichiers*, des *pots* et des *pochons*, des *brocs*, des *justes*, copies en métaux précieux de mesures en bois, en céramique, en métaux ordinaires. La *buire* ressemble à un haut gobelet cylindrique sur piédouche pourvu d'une anse opposée à un long bec d'où coule l'eau. Certains types munis d'un couvercle à charnière présentent parfois un appui-pouce. L'usage de *bouteilles* et de *barils* en or ou en argent pour le service du vin est réservé à la table des princes.

Vers le milieu du XIVe siècle, commence une évolution de la vaisselle d'orfèvrerie vers une complexité des formes, une diversité des matériaux employés avec l'or et l'argent, une exubérance des motifs décoratifs : pendant plusieurs siècles, l'*aiguière* est soumise à la fantaisie créative des orfèvres. L'or et l'argent, massif ou doré, finement ciselés sont souvent rehaussés de pierres précieuses et d'émaux ou n'apparaissent que sous forme de monture de vases en cristal, en bois précieux et même en écorce de noix de coco souvent cités dans les inventaires du XIVe siècle. Les princes de Valois possédaient des modèles d'aiguières composites surprenants : en forme de canard tenant dans son bec un poisson par où coulait l'eau, de lion, de serpent, de sirène... Parmi les modèles les plus extravagants, dont Louis d'Anjou raffolait, citons une aiguière en forme de monstre, mi-femme mi-bête sauvage d'où sort une tête de bœuf dont la gueule versait l'eau. Même complication pour le couvercle, surmonté d'une tour ou de plusieurs statuettes en métal précieux.

La verve créative des orfèvres ne disparaît pas à la Renaissance : s'inspirant de modèles de vases antiques ou italiens de la Haute Renaissance, ceux-ci imaginent un répertoire de formes décoratives et d'ornements adaptés aux goûts de la cour de Fontainebleau. Les modèles dessinés et gravés qui sont parvenus jusqu'à nous attestent l'état d'esprit du moment où se mêlent la recherche et l'extériorisation du plaisir et de la richesse. Dans les représentations de scènes de banquet et d'allégories de la magnificence, il n'est pas rare de voir représentées au premier plan de splendides et imposantes aiguières. Empruntant des motifs au répertoire antique pour illustrer le thème de l'eau et du vin, les orfèvres bellifontains et parisiens les associent pour suggérer le goût de leur clientèle aisée pour l'érotisme et pour les concepts de fertilité et de force qu'ils véhiculent. La variété des modèles de pots et d'aiguières, assez bien représentée pour les XVIIe et XVIIIe siècles dans les collections, est attestée encore par les diverses formes données à ces époques aux burettes d'église, verseuses miniaturisées.

La célèbre *aiguière en casque* du Grand Siècle doit son nom au fait qu'elle évoque la forme d'un casque à l'antique renversé. Ce prototype qui disparaît dans la deuxième moitié du XVIIe siècle est petit à petit supplanté par l'*aiguière de forme balustre* à section circulaire et à encolure sinueuse. Il n'est pas rare que la panse porte dans sa partie inférieure un décor de godrons ou de canaux rayonnants ou de motifs iconographiques évoquant l'eau (roseaux, joncs, feuilles d'eau, postes) ou le vin. Dans ce modèle, signalons quelques exemplaires à la panse à côtes saillantes ou à pans coupés ; d'autres dont le bas de la panse est largement renflé et dont le col est haut et étroit de sorte que l'épaulement est nettement marqué. L'*aiguière en forme d'amphore* avec une partie inférieure ovoïde correspond aux époques des styles Louis XVI et Empire. Intermédiaire entre l'aiguière et le pot traditionnel, le pot à eau du XVIIIe siècle de forme architecturale s'inspire des modèles en étain en forme de balustre renflés sur piédouche à ressauts et moulures, et à anse en S. Tandis qu'au cours du XVIIe siècle, le verre supplante petit à petit les métaux précieux, les verseuses en argent sont dès lors remplacées par des bouteilles et des carafes en verre.

L'ORFÈVRERIE AU QUOTIDIEN 155

Récipients verseurs

1

Aiguière. Anse opposée à un long bec en forme dite « biberon ». Argent. Reims, fin XVe, début XVIe siècle. (Musée du Louvre, Paris).

2

Pot en cuivre doré avec panse en noix de coco ; anse et bandes sur le corps en argent niellé ; prise en ambre figurant une pomme. Provient de l'abbaye de Maubuisson. XIVe siècle. (Musée Lambinet, Versailles).

3

Pichet. Modèle emprunté à la fin du XVIe siècle. Argent. Bernard Coutaud, vers 1630. (Musée des Beaux-Arts, Besançon).

Récipients verseurs

1

Aiguière. Forme tulipe. Marque sous le bec. Argent. Maître non identifié, Metz, vers 1730. (Coll. part.).

2

Aiguière à panse largement renflée dans sa partie inférieure. Épaulement mouluré ; col haut et étroit ; encolure à découpe sinueuse. Argent. Alexis Porcher, Paris, 1742-1743.

3

Aiguière. Corps uni, couvercle à graine avec terrasse de feuilles rayonnantes. Anse d'ivoire moulurée fixée au corps par des hottes de vermeil. Argent. Jacques-Charles Mongenot, Paris, 1782-1783. (Musée du Louvre, Paris).

L'ORFÈVRERIE AU QUOTIDIEN 157

— 4 —

Verseuse. Forme balustre sur pied circulaire ; encolure sinueuse. Couvercle à charnière, avec partie centrale bombée portant une frise de feuilles et fruits. Argent doré et ébène. Maître anonyme, Paris, 1789.

— 5 —

Aiguière. Forme ovoïde sur pied circulaire. Bec verseur évasé très galbé avec col séparé du corps par une frise de feuilles d'acanthe. Corps uni en argent amati, 1798-1809.

— 6 —

Biberon de malade en forme de canard, partiellement fermé par un couvercle. Long goulot étroit ; anneau de préhension surmonté d'un appui-pouce. Argent, XVIe siècle. (Musée du Louvre, Paris).

(2, 4, 5 : Musée des Arts décoratifs, Paris).

Les supports. Sur les tables d'apparat, dès la fin du XVIIIe siècle, les bouteilles et les carafes sont disposées sur des supports en argent, petites plaques circulaires à rebord vertical, droit ou mouluré, uni ou ajouré : les *dessous de bouteille* ou *porte-carafe*. Au siècle suivant, la bouteille peut aussi être présentée couchée dans un *présentoir à bouteille* en forme de corbeille à encoche posé sur un chariot ou sur une monture articulée. Les modèles en argent massif sont rares, cet objet ayant été surtout fabriqué en métal argenté.

Le rafraîchissoir. Pendant le repas, surtout l'été, et à tout moment de l'année pour les boissons alcoolisées qui se dégustent bien fraîches, les bouteilles peuvent être mises à refroidir dans un *rafraîchissoir* ou *seau à rafraîchir* en argent, matériau qui conserve mieux la fraîcheur que la porcelaine ou le cuivre. Depuis le XVIIe siècle, la forme du récipient se rapproche de celle d'un vase, d'un seau ou d'un canthare quand il est destiné à une bouteille ; pour deux bouteilles au moins, il a la forme d'une cuvette plutôt ovale, pouvant comporter une cloison médiane. Le premier type est muni de deux petites anses ou de deux anneaux attachés aux parois latérales souvent galbées. Des cuves imposantes furent exécutées pour Louis XIV tandis qu'au XVIIIe siècle, de célèbres orfèvres, tels les Ballin, les Roettiers, les Auguste inventèrent pour les cours françaises et étrangères des modèles remarquables par leur beauté et parfois leur audace. Des seaux à glace en argent massif sont encore fabriqués de nos jours, accompagnés de *pinces à glace*.

La fontaine de table. Objet monumental connu dès le XIIIe siècle, ce réservoir à boisson est une pièce raffinée où les métaux précieux s'allient aux pierreries et aux émaux, souvent sophistiquée dans son allure : vase, superposition d'éléments architecturaux, rondes-bosses. Le ou les robinets, souvent en tête d'animal, sont placés dans la partie inférieure de la pièce, supportée par un ou trois pieds.

Supports et rafraîchissoirs

1

Dessous de bouteille du service de Madame Mère. Vermeil. Odiot, 1806. (Anc. coll. Odiot).

2

Plateau porte-verres, du service de Maximilien-Joseph. Argent. Biennais, Paris, vers 1800. (Residenz-Museum, Munich).

3

Rafraîchissoir à bouteille. Argent. Style Régence. (Coll. part.).

4

Seau à rafraîchir. Argent. Odiot, Paris, vers 1809. (Musée des Arts décoratifs, Paris).

5

Rafraîchissoir à verres du service de Madame Mère. Supports de quatre chérubins agenouillés ; anses en col de cygne. Vermeil. J.-B.C. Odiot, Paris, 1806. (Coll. part.).

6

Rafraîchissoir à verres sur pied avec anses en forme de sirène. Du service Demidoff. Vermeil. J.-B.C. Odiot, Paris, 1817. (Coll. part.).

L'ORFÈVRERIE AU QUOTIDIEN 159

3

4

5

6

Coupes à boire

1

Coupe sur pied. Argent. Jean-Jacques Arbilleur, Lons-le-Saunier, 1628. (Musée des Beaux-Arts, Besançon).

2

Coupe ou hanap. Argent partiellement doré. Michael Freyder, Strasbourg, début du XVIIe siècle. (Musée des Arts décoratifs, Paris).

3

Coupe sur pied. Vermeil. J. Oberlin, Strasbourg, 1665. (Coll. part.).

4

Drageoir. Argent. 1819-1838. (Musée Bouilhet-Christofle, Saint-Denis).

La consommation

Au Moyen Age, l'appellation de « tasse » est donnée à tout vase à boire et certains termes, de nos jours spécifiques, comme « verres » et « gobelets », sont employés indifféremment. Même constatation dans l'emploi contemporain des termes de « gobelet » et de « timbale ». Néanmoins, un vocabulaire typologique précis est utilisé depuis le XIXe siècle pour désigner les divers récipients en argent, plus rarement en vermeil, pour boire le vin et l'eau.

L'utilisation individuelle de vase à boire n'est pas courante avant la fin du XVIIe siècle : mari et femme, hôtes trempaient leurs lèvres dans le même récipient. L'usage de disposer les récipients à boire en permanence sur la table pendant le repas n'entre définitivement dans les mœurs qu'au XIXe siècle. Auparavant, ils étaient gardés à l'écart sur un dressoir ou sur une crédence, apportés par un serviteur qui en tenait un dans chaque main ou en disposait plusieurs sur un plateau circulaire ou ovale en argent, généralement à pied central : le *plateau porte-verres*.

Avant le service d'une boisson à déguster fraîche et au cours du repas, les verres sont mis à rafraîchir dans de l'eau très froide ou de la glace pilée contenue dans un *rafraîchissoir à verres* ou *verrière* : les bords de la cuvette ovale sont échancrés ou crénelés afin de poser les verres en laissant le pied au dehors. Au XVIIIe siècle, chez les nobles, la recherche d'intimité fait renoncer au service de la table par des valets : chaque convive dispose d'un *serviteur muet* en argent ou en bois précieux, superposition de petits plateaux supportant gobelets, rafraîchissoirs.

La coupe à boire. Les modèles les plus anciens de ce vase hémisphérique, datent du XIVe siècle, tels les types sans anse, en argent repoussé, utilisés à l'ancien Hôtel-Dieu du Mans. Le fond est plat ou convexe, ce dernier étant uni, ou sans décor, ou orné d'un médaillon rapporté gravé au burin et autrefois émaillé (le décor est végétal ou figuré d'inspiration religieuse, bien que l'objet soit laïc et à usage domestique, tendance courante au Moyen Age). Les princes et les prélats ne se servaient pas seulement de ces bols larges et peu profonds : les inventaires du XIIIe siècle signalent sur leur table et dans leur trésor un type particulier de coupe (proche des calices) en or, en argent, en argent doré à base circulaire ou à pans, parfois à tige en balustre avec nœud ; circulaire ou tronconique, le récipient est profond et souvent muni

4

d'un couvercle indépendant. Il existait des modèles en cristal, en bois (le plus souvent d'érable), en coquillage (nautile), en œuf d'autruche, avec monture en argent ou en vermeil comportant parfois une ou deux anses latérales.

Le terme de *hanap*, désignant à l'origine une simple coupe creuse évasée ou une écuelle, signifie aussi à l'époque des Valois un type de vase luxueux à pied, objet d'apparat décoratif. Des modèles sont représentés dans des tapisseries, des miniatures et figurent comme offrandes dans les scènes peintes d'adoration des mages. Aux XVIe et XVIIe siècles, sous l'influence allemande, les orfèvres de Strasbourg exécutent des hanaps en argent doré impressionnants par la taille et par la décoration. La *coupe à godrons* repose sur une tige en balustre posée sur un pied élargi ; ce support est aussi orné de godrons exécutés au repoussé. Sur le couvercle ciselé, le bouton sert de socle à une statuette. Un autre modèle caractérise la production strasbourgeoise : la *coupe en forme de gobelet* cylindrique ou piriforme montée sur un pied en balustre est chargée d'un décor végétal (rinceaux opulents et, dans la deuxième moitié du XVIIe siècle, fleurs épanouies) ou de scènes, figurées, ciselées en relief. La tige, elle aussi ornée de ces motifs repoussés et ciselés, peut en partie être formée par un personnage. Les hanaps disparaissent au début du XVIIIe siècle.

A la cour de Fontainebleau, ce sont les orfèvres italiens qui importent à la Renaissance un modèle de *coupe circulaire* très évasée soutenue par des personnages ; une fantaisie décorative, adaptée à l'atmosphère luxueuse et plaisante de la cour, caractérise ces vases destinés à boire soit de l'eau (dauphin, coquillages, Neptune, nymphes) soit du vin (Bacchus et Ariane) et à éveiller par leur ornementation suggestive le plaisir des sens. Pour la clientèle ordinaire, les coupes sont basses, unies, sur un pied mouluré. Au XVIIe siècle, elles portent deux anses fondues et rapportées en consoles ou en enroulements.

Si l'habitude de boire dans une coupe se perd vers la fin du XVIIe siècle, il est alors de coutume — et cela le restera jusqu'au XIXe siècle — d'offrir aux mariés une coupe hémisphérique aplatie, sur pied bas, à deux anses verticales en volutes surmontées par des crosses ou des têtes d'animaux soit réels soit fantastiques (les chimères) ; le bord extérieur de la *coupe de mariage* porte une inscription gravée, la plus fréquente indiquant le nom de l'épousée, la date du mariage. Après la cérémonie religieuse, les mariés buvaient à cette coupe qu'ils conservaient toute leur vie comme leur bibelot le plus précieux, parfois remis en service pour des occasions exceptionnelles comme pour la naissance d'un enfant (coupe d'accouchée présentée, contenant du pain trempé dans du vin, à la jeune mère). Les orfèvres de Dijon et de Morlaix s'étaient spécialisés dans cette production. De nos jours, la destination originelle de la coupe à boire est abandonnée : elle sert de drageoir, de vide-poche, et elle est souvent un cadeau marquant les étapes anniversaires de la vie.

L'ORFÈVRERIE AU QUOTIDIEN 163

Coupes à boire

1

Deux coupes. Décor des anses finement ciselé. Argent. Simon Carré, Lyon, 1682-1683 pour celle de droite : forme basse typique de la fin du XVIIe siècle. Jean-Mathieu Bernard, 1736-1737 pour celle de gauche : forme plus évasée et aux anses relevées. (Coll. part.).

2

Coupe à pied en gorge, ciselé. Argent. Yves Lucas ou Lucade, Saint-Pol-de-Léon, deuxième moitié du XVIIe siècle. (Musée des Arts décoratifs, Paris).

3

Gobelet de chasse. Couvercle surmonté de la statuette d'un fauconnier et scènes de chasse repoussées et ciselées, sur le corps. Argent. Jacob Oberlin, Colmar, vers 1665. (Musée des Arts décoratifs, Strasbourg).

Gobelets et timbales

---- 1 ----

Gobelet. Argent doré. Forme tulipe sur pied circulaire. Guillaume Pigeron, Paris, 1768-1769. (Musée des Arts décoratifs, Paris).

---- 2 ----

Gobelet. Argent. Coupe ovale à quatre côtes. Jacques-Henri Alberti, Strasbourg, 1773. (Musée des Arts décoratifs, Strasbourg).

---- 3 ----

Gobelet. Argent doré. Coupe ovale à quatre côtes. Pied à quatre contours. Strasbourg, 1792-1797. (Musée des Arts décoratifs, Strasbourg).

---- 4 ----

Gobelet. Argent doré. Forme cylindro-conique. Décor amati. Daniel Dietrich, Strasbourg, deuxième moitié du XVII° siècle. (Musée des Arts décoratifs, Paris).

L'ORFÈVRERIE AU QUOTIDIEN 165

Le gobelet et la timbale. La forme la plus ancienne est cylindro-conique à fond plat. Le modèle évolue : large base circulaire moulurée et col évasé. Sur les tables luxueuses du Moyen Age, figurent des gobelets tronconiques ornés sur la panse et le couvercle de motifs végétaux et de scènes figurées, repoussés et ciselés, parfois rehaussés d'émaux. La forme cylindrique est préférée au XVIᵉ siècle. Le modèle le plus connu des collectionneurs est le *gobelet de forme tulipe* du XVIIIᵉ siècle à piédouche godronné ou mouluré ; la coupe est souvent partagée à mi-hauteur par un double filet gravé ou un bandeau appliqué. Sous l'encolure moulurée court une frise d'entrelacs avec rosettes, coquilles, fleurons en tracé mati. La partie inférieure du vase est ornée de frises rapportées de lambrequins alternant parfois avec des feuilles lancéolées (style Louis XIV), de rocailles (Louis XV), de guirlandes de fleurs (Louis XVI). Du milieu du XVIIᵉ siècle à la fin du règne de Louis XVI, il arrive que des gobelets soient surmontés d'un couvercle indépendant ; celui-ci est en général bombé, la terrasse ciselée d'une rosace de feuilles portant une prise à bouton ou à graine.

A la fin du XVIIIᵉ siècle, apparaît le terme de *timbale* pour désigner un gobelet non couvert de forme tronconique à fond plat. La production de timbales — pour usage alimentaire, comme cadeau ou trophée — est importante au XIXᵉ siècle. Le gobelet cylindrique à fond arrondi et celui à piédouche sont les formes appréciées pendant la première moitié de ce siècle. Puis un type est créé, moitié gobelet à tulipe (profil galbé, encolure évasée), moitié timbale (sans pied). Les lignes s'assouplissent tandis que le décor — à savoir les frises, les bordures de médaillons dans lesquels s'inscrivent les initiales, la calligraphie de celles-ci — s'inspire d'ondulations végétales. Les orfèvres jouent avec l'opposition des fonds unis et des fonds rendus mats par guillochage au tour, décor original de la timbale Napoléon III. Au début du XXᵉ siècle, on note un retour à la forme ovoïde à panse droite, lisse, ou à côtes, ou à pans. L'architecture inspire la forme et le décor. Remplacés par les verres, gobelets et timbales en argent sont devenus de traditionnels cadeaux de baptême utilisés comme récipients à boire pendant l'enfance puis convertis en bibelots.

———— 5 ————
Timbale mignonnette. Argent. Forme tulipe à bords contournés. Bordeaux, XVIIIᵉ siècle. (Musée des Arts décoratifs, Bordeaux).

———— 6 ————
Six gobelets cylindro-coniques à bord supérieur évasé. Argent doré. Écrin en maroquin rouge. Jean-Henri Oertel, Strasbourg, 1775. (Musée des Arts décoratifs, Strasbourg).

———— 7 ————
Gobelet. Argent. Forme tulipe. Bertin Merger, Paris, 1725-1726. (Musée des Arts décoratifs, Paris).

serpent lové sur lui-même ou deux serpents affrontés), soit vertical. L'anse annulaire verticale est surmontée d'un appui-pouce généralement découpé. Le décor de l'anse et de l'appui-pouce varient dans chaque région viticole. Parmi les détails particuliers qui permettent de définir l'origine géographique d'une tasse à vin, notons l'élément de préhension en forme de coquille en Franche-Comté (motif d'utilisation générale au XVIIe siècle et dont la découpe varie au XVIIIe siècle suivant la région), de fleur de lys dans le Poitou, les cavités en cabochon et avec des motifs de vigne en relief sur les parois internes en Bourgogne. Le goûte-vin bordelais est unique en son genre : uni, de forme tronconique évasée, sans anse, au fond à ombilic très bombé. De nos jours, la tasse à vin n'est plus un instrument de travail. Il est encore utilisé lors de dégustation par des œnologues et des amateurs de vin : on le trouve essentiellement comme objet de vitrine, vide-poche ou cendrier.

La dégustation du vin

La pipette de cave. Elle sert à prélever le vin dans le tonneau et à le tester ; elle a la forme d'un petit tuyau cylindrique coudé avec une extrémité en entonnoir, l'autre en embouchure moulurée.

La tasse à vin. Appelé aussi *taste-vin* ou *goûte-vin*, ce récipient bas et circulaire sert aux vignerons et surtout aux négociants pour goûter le vin, en apprécier la couleur et déceler en transparence les impuretés de la robe. A cet effet, le fond est lisse ou orné d'un médaillon tandis que les parois internes sont unies, ou à stries droites, ou à canaux torses, ou à godrons parfois soulignés par des points. Ces différences caractérisent l'origine géographique du récipient et sa destination (dégustation de vin blanc ou rouge). La tasse à vin est munie d'une anse pleine ou d'un anneau soit horizontal (un

---
1

Tasse à vin. Argent. Ornée de godrons tors et de pointe. Anse annulaire verticale pourvue d'un appui-pouce. Bretagne, deuxième moitié du XVIIIe siècle. (Musée de Bretagne, Rennes.

2

Tasse à vin. Argent. Anse fermée par une languette rabattue. Isaïe-François Baignoux, Blois, 1769-1771. (Musée des Arts décoratifs, Paris).

3

Tasse à vin. Argent. Anse annulaire formée par un serpent enroulé. Pierre II Hugé, Angers, 1753. (Musée des Arts décoratifs, Paris).

4

Tasse à vin. Argent. Fond bombé. Ornée de godrons et de perles. Anse moulurée formée par une languette rabattue. Attribuée à Louis Drevon, Dijon, 1798-1809. (Musée Rolin, Autun).

5

Tasse à vin. Argent. Anse découpée en forme de feuille, ornée de raisins et de tiges, rattachée au corps par deux consoles feuillues. Bordeaux, 1744-1745. (Musée du Louvre, Paris).

6

Tasse à vin. Argent. Bec rapporté. Anse serpent. Jean-François Ruby, Nantes, 1779-1780. (Musée du Louvre, Paris).

7

Pipette de cave. Argent. Forme coudée, entonnoir à l'extrémité. Jean-Michel Hubschmann, Bordeaux, 1809-1819. (Musée des Arts décoratifs, Bordeaux).

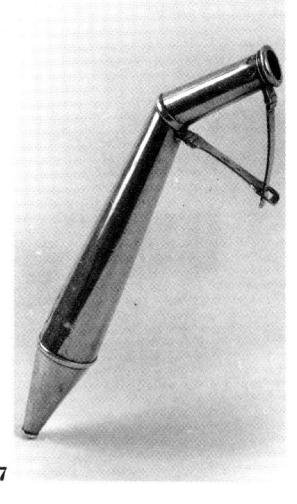

Les boissons exotiques

L'ARRIVÉE sur le marché européen de boissons dites coloniales ou exotiques — thé, café, chocolat — stimula dans la deuxième moitié du XVIIe siècle et pendant le XVIIIe, la créativité des orfèvres. Après avoir essayé d'adapter les récipients traditionnels, ils eurent à en inventer qui soient aptes à la préparation et au service de ces breuvages à déguster chauds. Les métaux précieux, conducteurs de chaleur, étaient donc plus appropriés que la porcelaine et la présence d'un couvercle était indispensable pour conserver au chaud ces boissons alors considérées comme médicinales ; de même, la hauteur et l'écartement des pieds permettaient de glisser sous la verseuse un réchaud qui pouvait aussi supporter des modèles à fond plat.

Le nécessaire à thé. Introduit en Europe par les marins de la Compagnie des Indes hollandaises, le thé apparaît timidement à Paris en 1602. Considéré en 1636 comme breuvage médicinal, fort cher, il est réservé aux classes les plus élevées qui comptent néanmoins peu d'amateurs. Ce n'est que dans la deuxième partie de son règne que Louis XIV posséda des *théières*, trois seulement, dont les deux premières après la visite des ambassadeurs du Siam en 1686. L'usage du thé est adopté à Paris dans le premier tiers du XVIIIe siècle. La plus ancienne théière conservée date de 1732. Les orfèvres de la capitale comme ceux des villes portuaires fabriquent alors des théières, mais il semblent qu'ils exportaient plus qu'ils ne vendaient sur le marché français ces nouveaux récipients, surtout lorsque ceux-ci entrent en concurrence avec ceux en porcelaine. Il faut attendre la fin du XVIIIe siècle et l'anglomanie pour que la consommation du thé se généralise ; elle devint courante au siècle suivant dans la bourgeoisie. On trouve alors des services à thé en argent, comprenant non seulement la théière, mais encore les accessoires (*sucrier, pot à lait* ou *à crème, passoire, boîte à thé*), suivant une mode lancée à Augsbourg. Le service à thé de Napoléon Ier, exécuté en 1809-1810 par Biennais et Giroux, se composait des pièces suivantes en argent doré : *fontaine à thé,* deux théières ovales de forme gondole, deux passoires, un *œuf à thé,* une boîte à thé, un pot à crème et même une cafetière. Un autre accessoire est inventé au XIXe siècle : la *cuiller à feuilles de thé,* servant de mesure.

A son apparition en France, le thé est préparé dans la coupe dans laquelle il est consommé. Dans le courant du XVIIe siècle, la décoction des feuilles séchées se fait dans un récipient verseur couvert. C'est, semble-t-il tout d'abord une bouilloire métallique, puis une théière en métal précieux dont

---

Service à thé et à café. Vermeil. Boin-Taburet, Paris, dernier tiers du XIXe siècle. (Coll. part.).

Nécessaire à thé

— 1 —

Fontaine à thé et réchaud. Argent. Vers 1880. (Coll. part.).

— 2 —

Fontaine à thé. Argent. Boin-Taburet, dernier tiers du XIXe siècle. (Coll. part.).

— 3 —

Théière. Argent. Pied circulaire. Panse tronconique renflée par le bas. Couvercle bombé à charnière surmonté d'un appui-pouce. Bec fixé à la partie renflée de la panse et figurant un col d'oiseau. Anse en ébène maintenue par deux hottes à disques. Calais, vers 1750. (Coll. part.).

— 4 —

Théière. Argent. Corps piriforme. Bec en S. Col de volatile. Couvercle à appui-pouce en forme de coquille et bouton en ivoire comme l'anse. Pierre Ducoing, Bordeaux, 1780. (Coll. part.).

l'aspect rappelle celle du récipient qui la précéda : silhouette trapue, ample panse basse, couvercle à charnière s'ouvrant perpendiculairement à l'anse ; les premiers modèles ont aussi été inspirés aux orfèvres par les verseuses à eau-de-vie chinoises en porcelaine. Au cours du XVIIIe siècle, l'allure de la théière est piriforme (en forme de poire). Le long bec incurvé, placé au bas du vase, se termine très fréquemment par une tête d'animal (lion, dragon, canard, cygne), élément propre à divers centres autres que Paris (par exemple dans le Nord : Valenciennes, Saint-Omer, Lille, Calais, Saint-Quentin, villes proches des Pays-Bas où le thé fut d'abord introduit ; mais aussi Mulhouse, Bordeaux, Marseille) et que l'on retrouve au siècle suivant.

Une passoire est montée à la naissance du bec pour filtrer les feuilles ébouillantées dans la théière (ce filtre distingue la théière de la cafetière lorsqu'il peut y avoir confusion dans la forme). Une passoire, *panier à thé*, peut être suspendue au bec ou posée sur la tasse. Le couvercle est bombé (le plus souvent doublement) avec à son sommet un bouton en même métal précieux que la théière, fondu et rapporté, en forme de fleur épanouie ; la charnière peut s'ouvrir encore dans l'axe de l'anse ; celle-ci, en bois fruitier noirci ou en ébène, est montée soit à douille cylindrique et unie, avec goupille transversale, soit en hottes circulaires maintenant entre elles l'extrémité de l'anse. On trouve aussi des anses articulées surmontant le couvercle.

Au début du XIXe siècle, l'allure piriforme du récipient est exagérée, sa forme s'allonge. Après l'Empire, de nouvelles silhouettes apparaissent : cylindrique, le corps droit ou oblongue ; les couvercles à charnière ou indépendants sont légèrement bombés ou plats ; le bouton est en bois comme l'anse (ébène, palissandre teinté).

Nécessaire à thé

1

Théière. Argent. Décor de côtes torses sur les panses et la calotte du couvercle à appui-pouce et bouton en toupie. Bec terminé en tête de griffon. Anse en ébène maintenue dans deux hottes côtelées.
François-Joseph Baudoux, Lille, 1759.
(Musée des Arts décoratifs, Paris).

2

Bouteille à thé. Argent doré. Forme trapue à large goulot inspirée d'un modèle chinois en céramique.
Antoine Martin, Paris, 1736-1737.
(Musée du Louvre, Paris).

3

Théière. Argent doré. Décor « côtes de melon. » Robert-Joseph Auguste, Paris, 1781. (Coll. part.).

4

Théière. Argent. Forme ovale aplatie. Bec en col de cygne. Couvercle plat surmonté d'un animal fantastique. Paris, 1809-1819.
(Musée Bouilhet-Christofle, Saint-Denis).

L'ORFÈVRERIE AU QUOTIDIEN 171

Cafetières

---- 1 ----

Verseuse. Argent, ébène. Forme tronconique évasée sur trois pieds à enroulements et attaches unies. Bec pris sur pièce. Manchon cylindrique rapporté pour le manche tourné. Couvercle à couvre-bec, bouton sphérique avec chaînette reliée au manchon. Sébastien Leblond, Paris, 1706-1707. (Musée des Arts décoratifs, Paris).

---- 2 ----

Cafetière. Argent, ébène. Pied circulaire. Corps piriforme à décor de côtes torses. Bec verseur pris sur pièce. Couvercle à charnière à décor de côtes torses s'enroulant en un panache tors. Jacques Hanappier, Orléans, 1752-1754. (Musée des Arts décoratifs, Bordeaux).

---- 3 ----

Cafetière. Argent. Fond plat. Étienne-Jacques Maru, Paris, 1752. (Coll. part.).

Le nécessaire à café. Dans la première moitié du XVIIe siècle, des voyageurs européens rapportent du café d'Abyssinie. Importé en petite quantité, il est peu diffusé et coûte cher. Il n'arrive en France que vers 1643 à Marseille où il est torréfié puis envoyé sur Paris. Il est alors dégusté à la cour puis, dans le dernier tiers du XVIIe, dans les salons parisiens. La vogue du café se répand dès lors plus vite que celle du thé et sa consommation — on en boit trois fois par jour au XVIIIe siècle — demeurera dorénavant supérieure. Torréfié à domicile, le café est ensuite moulu dans un *moulin*, d'abord identique à celui utilisé pour les épices, dont il ne se distingue qu'à la fin du XVIIIe siècle ; il comporte un tiroir encastré dans sa partie inférieure. Ordinairement en bois complété par du fer ou du cuivre, le moulin à café est en argent chez les gens de condition.

Le plus ancien modèle français de *cafetière* date de 1705. Pendant plus d'un demi-siècle, on s'était contenté d'utiliser des verseuses à liquides chauds (bouilloires, théières). Les orfèvres créèrent un récipient couvert en argent dans lequel le café était préparé à la turque, bouilli sur un *réchaud* et servi. Afin que les marcs restent tassés dans le fond du vase,

1

le bec court rapporté ou pris sur pièce est placé le plus haut possible, seul détail qui différenciait au XVIIe siècle la cafetière d'une théière.

Lorsque la cafetière repose sur un fond plat, la verseuse est alors largement renflée à sa base ; on appelle *cafetière marabout* un modèle à fond plat, à corps piriforme renflé dans sa partie inférieure, muni d'un couvercle bombé. Au XIXe siècle, les exemplaires sans pied sont de forme cylindrique ou tronconique, le bec verseur est remplacé par un goulot rectiligne partant du fond de la panse. La *cafetière tripode* est le modèle le plus courant au XVIIIe siècle. Elle est montée sur trois pieds à enroulements ou à ressauts, les attaches sont unies, soit en cartouches lisses, soit décorées d'un motif végétal ou en coquille. Le corps est piriforme, à bec court, muni d'un couvercle légèrement bombé monté à charnière, avec un appui-pouce à enroulements et surmonté d'un bouton à graines ou à feuilles et à graines. Le manche latéral et horizontal en bois est monté à vis ou fixé par des broches transversales dans un manchon rapporté, cylindrique ou en balustre. Au cours du XVIIIe siècle, les pieds s'allongent ; leur incurvation devient un élément distinctif des centres de fabrication. A partir du Directoire, la forme ovoïde domine. Lorsqu'elle n'est pas portée par trois pieds (généralement à griffes s'attachant par une palmette) la cafetière repose sur un pied circulaire rapporté. Le bec verseur s'allonge et s'incurve ; l'anse en bois est à double attache (hottes), l'inférieure placée dans l'axe de l'un des pieds ; elle est de profil angulaire ou en volute.

La taille de la cafetière varie : les modèles courants mesurent dix-huit à vingt-deux centimètres en moyenne au XVIIIe siècle, vingt-trois à vingt-cinq centimètres au XIXe siècle. Le modèle miniature la *cafetière égoïste* contenant une seule tasse, est de dix à quinze centimètres. Au XIXe siècle, il existe un grand modèle, la *cafetière filtre* à deux éléments.

Cafetières

1

Cafetière. Argent, bois d'amarante. Forme tronconique sur trois pieds figurant des plants de caféier se dispersant sur la panse. Bec et manchon enrichis de feuilles et de rocailles. Antoine Bailly, Paris, 1753-1754. (Musée des Arts décoratifs, Paris).

2

Cafetière. Argent doré. Modèle à panse ovoïde, influencé par des dessins de Percier, appartenant à un service commandé par Joséphine. Joseph-Gabriel Genu, Paris, 1797-1804. (Coll. part.).

3

Cafetière. Argent. Époque Empire. (Coll. part.).

4

Cafetière. Argent. Forme tronconique à fond plat. Goulot rectiligne partant du fond du corps. Louise Charvet, Chambéry, deuxième quart du XIXe siècle. (Musée savoisien, Chambéry).

Cafetières

1

Cafetière. Argent. Panse renflée dans sa partie basse sur trois pieds à enroulements et attaches de feuilles stylisées. Couvercle à calotte légèrement bombée à bouton de fruit sur une terrasse feuillue. Charles-Nicolas Veyrat, Paris, 1838-1840. (Musée Bouilhet-Christofle, Saint-Denis).

2

Cafetière double. Argent. Jean-Baptiste Claude Odiot, Paris, 1870-1880. (Coll. part.).

La chocolatière. Connu en France après le thé et le café, le cacao avait été pourtant rapporté antérieurement en Europe. Les Espagnols qui le découvrent au Mexique vers 1520 gardent secrète la préparation de la boisson stimulante qu'ils en obtiennent. En traversant les Pyrénées pour épouser Louis XIII et Louis XIV, Anne d'Autriche et Marie-Thérèse arrivent avec leurs habitudes alimentaires et leurs femmes de chambre : la célèbre gouvernante Molina, attachée au service de Marie-Thérèse, prépare en cachette le chocolat qui est envié par la cour. Celle-ci peut bientôt déguster à son tour ce breuvage qui est ensuite connu dans les salons parisiens à partir de 1670.

Le mélange de lait, d'eau bouillante et de pâte de chocolat émietté ou râpé doit être bouilli et agité pendant sa préparation afin de faire fondre toutes les parcelles de chocolat et de faire mousser la boisson. Cette recette impose le choix du matériau (l'argent : solide et garant de la chaleur) et de la forme de la chocolatière : assez haute, le plus souvent piriforme, montée sur trois pieds (pour glisser dessous un réchaud) ou à fond plat (dans les petits modèles contenant une ou deux tasses) pour être stable pendant le délayage du chocolat et l'agitation de la boisson. Ces opérations se font à l'aide du moulinet ou *moussoir* dont le manche en ébène est passé dans un orifice circulaire situé au centre du couvercle et dissimulé sous une terrasse mobile pivotante portant un bouton. Vers 1745, les modèles du nord de la France sont influencés par ceux d'Angleterre à pans coupés. Dans la deuxième moitié du siècle, les côtes droites sont remplacées par des côtes torses, influence tardive du rocaille parisien.

La bouilloire de table. Thé, café, chocolat peuvent être préparés sur la table ou allongés pendant la dégustation. L'eau frémissante est contenue dans un récipient verseur sphérique, couvert, à fond plat (pour être posé sur un réchaud), muni d'un goulot latéral coudé et d'une anse articulée surmontant le couvercle. Au XVIIIe siècle, il existe un modèle de bouilloire de petit format, le *coquemar*. A la fin du siècle, et au suivant, la bouilloire de table prend de l'importance : elle ressemble à un vase couvert en forme de cratère ou d'amphore avec un robinet placé au bas de la panse.

Le pot à lait - pot à crème. Apparu au XVIIIe siècle, il est en forme de pichet couvert ou de cruche, à panse plus ou moins renflée. Les modèles les plus élégants rappellent les aiguières.

Chocolatières

--- 1 ---

Chocolatière. Argent, ébène. Panse unie de forme ronflée et évasée sur trois pieds à ressauts et à attaches en médaillon végétal. Bec rapporté en culot terminé à sa partie inférieure par une boule et portant un couvre-bec. Manchon cylindrique à manche latéral tourné. Couvercle à charnière, bombé, à appui-pouce à enroulements et orifice circulaire dissimulable sous une terrasse mobile pivotante. G.S., Paris, 1745. (Musée Bouilhet-Christofle, Saint-Denis).

--- 2 ---

Chocolatière. Argent, ébène. Fait partie d'un nécessaire de voyage. Fond plat. Jean-Pierre Charpenat, Paris, 1788-1789. (Musée de la Parfumerie, Grasse).

--- 3 ---

Chocolatière. Argent, citronnier. Forme tronconique légèrement évasée à fond plat. Anse semi-circulaire mobile. Couvercle indépendant à bouton pivotant en forme de pomme de pin. Jean-Baptiste-François Chéret, Paris, 1786-1787. (Musée des Arts décoratifs, Paris).

Tasses et soucoupes

——— 1 ———

Tasses et leurs soucoupes. Vermeil. Paris, 1819-1838. (Musée Bouilhet-Christofle, Saint-Denis).

——— 2 ———

Tasse et soucoupe. Argent doré. Paris, 1798-1838. (Coll. part.).

Pots à lait - pots à crème

───────── 1 ─────────

Pot à lait. Argent. Large panse unie et fond plat. Bec en culot pris sur pièce. Couvercle à charnière. Anse à enroulements. Deuxième quart du XVIIIᵉ siècle. (Musée de Bretagne, Rennes).

───────── 2 ─────────

Pot à crème. Argent. Pied à six contours. Panse renflée à la partie inférieure, à décors de côtes torses limitées par des bandes amaties ondulantes. Bec en culot rapporté. Anse à enroulements. Couvercle à charnière et appui-pouce. Paris, 1763-1764. (Musée des Arts décoratifs, Paris).

───────── 3 ─────────

Pot à lait. Argent. Époque Restauration. (Musée municipal, Orange).

───────── 4 ─────────

Pot à lait. Argent, poirier. Forme ovoïde sur pied circulaire. Bec verseur très évasé. Paris, 1819-1838. (Musée des Arts décoratifs, Bordeaux).

La toilette

L'ORFÈVRERIE AU QUOTIDIEN 179

1

Aiguière et bassin. Argent doré. François-Nicolas Rousseau, Paris, 1783-1784. (Musée des Arts décoratifs, Paris).

2

Paire de boules à éponge (à droite) et à savon. Argent. Antoine Plot, Paris, 1750. (Coll. part.).

3

Toilette. Argent. Pots à fard ou à pommade sur présentoir, pot à eau et bassin, paire de grandes boîtes à poudre, paire de petites boîtes à pâte ou à pommade, boîte rectangulaire et « carré » à peigne ou à racines : Jean-Charles Fauché, Paris, 1749-1750. Paire de flambeaux : François Joubert, Paris, 1765-1766. (Musée des Arts décoratifs, Bordeaux).

POUR des objets confidentiels, car réservés à l'hygiène, quelques privilégiés poussèrent le luxe jusqu'à les utiliser en métaux nobles. Leur rareté ajoutait à leur valeur : en 1607, le futur Louis XIII voulut échanger sa salière contre le pot de chambre en argent de Mlle de Vendôme. Mineurs dans l'orfèvrerie du XVIIe au XIXe siècles, ces types d'objets sont peu fréquents dans les collections. A côté de rares crachoirs, bidets, pots d'aisance, les ustensiles de toilette sont mieux connus.

Nécessaire féminin. Parmi les coutumes de la vie mondaine des femmes aux XVIIe et XVIIIe siècles, celle de recevoir des amis au cours de la toilette a donné lieu à des recherches morphologiques et plastiques de la part des orfèvres chargés de fournir des objets utilitaires d'une beauté luxueuse et raffinée pour cette cérémonie. Sur une table ou un guéridon, la dame étalait les accessoires qu'elle utilisait pour se laver, ceux contenant des produits de beauté et ses objets de parure. L'ensemble, constituant une *toilette*, était d'ordinaire rangé dans un coffret en bois précieux aisément transportable ; il formait alors un *nécessaire*.

L'*aiguière* et *son bassin* restèrent des accessoires de table à déjeuner jusqu'à la fin du XVIIe siècle : aux époques où l'usage des couverts n'était pas généralisé, on se rinçait les doigts au cours du repas. Dans la chambre, le pot à eau et la cuvette sont les objets de toilette familiers. Ils sont accompagnés d'autres pièces dont le nombre peut atteindre la trentaine dans un ensemble d'apparat possédé par une reine ou une impératrice et souvent en or. Les *récipients à produits de beauté* sont des boîtes cylindriques ou des pots couverts qui contiennent de la poudre, de la pommade, des pâtes, des fards. Ces récipients sont souvent présentés par paires sur un plateau présentoir. Les racines pour nettoyer les dents, les brosses à dents, les brosses à cheveux, les peignes, les mouches sont rangés dans des *boîtes à accessoires* rectangulaires, couvertes. Leurs dimensions sont adaptées aux objets contenus. Le couvercle à charnière peut être doublé intérieurement d'un miroir. Les flacons à parfum en cristal, au bouchon en métal précieux, peuvent être complétés par une *cassolette brûle-parfum*. La *boîte* ou *boule à éponge* est ajourée pour permettre à l'éponge de sécher, tandis que celle à *savon* qui l'accompagne est unie. L'inventaire d'une toilette

La toilette

1

Toilette de la comtesse von der Leyden. Boîtes à poudre, pots à fard et plateaux de J.-J. Kirstein. Brosse à habits et boîte ovale de C.-L. Emmerich, Strasbourg, 1789-1790. (Coll. part.).

2

Toilette. Argent et cristal. A appartenu au duc de Nemours. J.-B. C. Odiot, Paris, 1873. (Coll. part.).

3

Miroir. Argent fondu, repoussé, ciselé, doré sur âme d'acajou. Propriété de la femme du futur Jacques II, témoignage de la renommée de l'orfèvrerie française dans les cours étrangères. Paris, 1659 ou 1661. (Musée du Louvre, Paris).

4

Bouteille à parfum. Argent. Paris, 1669-1670. (Victoria and Albert Museum, Londres).

5

Pot à eau et bassin. Argent. Faisait partie d'un nécessaire de la reine Marie-Antoinette. Jean-Pierre Charpenat, Paris, 1787-1788. (Musée de la Parfumerie, Grasse).

6

Pelote à épingles. Argent. Velours de soie or. Couvercle monté à charnières, à partie centrale évidée pour le coussinet. François Joubert, Paris, 1762-1764. (Musée des Arts décoratifs, Paris).

7

Flacon à parfum en cristal. Bouchon, galeries ajourées. Du service de toilette de la comtesse von der Leyden. J.-L. Kirstein, Strasbourg, 1789. (Musée des Arts décoratifs, Strasbourg).

8

Cassolette. Argent, ivoire. Du récipient en forme de vase Médicis, se dressent deux tiges creuses portant des œillets d'où s'échappe la vapeur du parfum chauffé par le réchaud à esprit-de-vin. Daniel-Jean Joubert, Paris, 1750-1752. (Musée des Arts décoratifs, Paris).

9

Cassolette. Argent. Brûle-parfum provenant du nécessaire de toilette de Stéphanie de Bade. M.-G. Biennais, Paris, vers 1809-1811. (Badisches Landesmuseum, Karlsruhe).

L'ORFÈVRERIE AU QUOTIDIEN 181

peut encore comporter une *gantière,* sorte de corbeille ou de plateau ovale servant à présenter les gants ; une *boîte à épingles de toilette* — celles-ci sont piquées dans la pelote située soit à l'intérieur, soit à l'extérieur du couvercle quand il existe — ; un *gratte-langue,* une *paire de ciseaux,* un ou deux *bougeoirs de toilette,* un *miroir à main* ou *sur pied,* une *sonnette,* un *coffret à bijoux.*

Nécessaire masculin. Le rasage nécessite dans la toilette masculine des accessoires particuliers : un *plat à barbe* ou *barbière* de forme ovale à échancrure(s) arrondie(s) sur le large bord du bassin relevé vers l'extérieur ou à mentonnière amovible (plaque rapportée à découpure concave épousant la forme du menton). Une *boîte à rasoirs.* Une *boîte à savon à barbe* identique aux boules des XVIIe et XVIIIe siècles. Au siècle suivant, le savon à barbe se présentant en poudre, le dessus de la boîte est perforé. *Un bol* à savon à barbe. Le *pot à eau* est muni d'un couvercle plat à charnière maintenant la chaleur de l'eau.

La toilette

———————— 1 ————————

Cuvette. Argent. Utilisée comme plat à barbe avec le rajout d'une mentonnière. Jacques-Henri Alberti, Strasbourg, 1775. (Musée des Arts décoratifs, Strasbourg).

———————— 2 ————————

Pot à eau et plat à barbe. Premier quart du XVIIIe siècle. (Coll. Christofle).

———————— 3 ————————

Nécessaire de voyage. Argent, cristal, nacre, ivoire, acier, ébène, acajou. L'un des quatre nécessaires en argent de Napoléon pour la toilette, le déjeuner, le thé. Martin-Guillaume Biennais, Paris, 1809. (Château de Malmaison, Rueil).

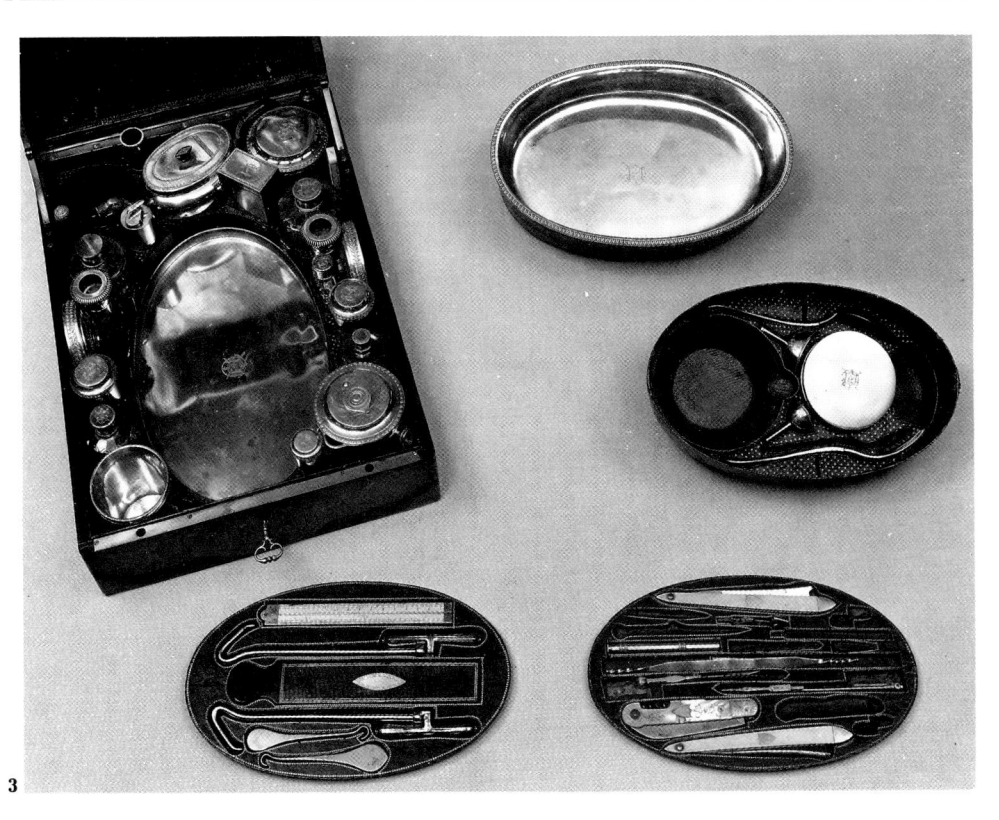

L'éclairage

COMME les autres ustensiles domestiques, les luminaires à cire et leurs accessoires sont des objets utilitaires qui ont inspiré aux orfèvres des recherches plastiques.

Le bougeoir. Si le mot bougie est employé à partir du XIVe siècle, celui de bougeoir, apparu au début de la Renaissance, n'entra dans le langage courant qu'un siècle plus tard. La chandelle de suif restait en effet la matière première la plus usitée. La bougie en cire est enfoncée dans une très courte tige creuse, le *binet*. Celui-ci est fixé à un support — plaque ou plateau — muni d'une prise latérale. En forme d'anneau, de languette, de manche, elle permet de transporter aisément le léger luminaire et de le poser sur un meuble. Le bougeoir peut être fixé à un mur, à un paravent ou à un rebord de meuble lorsque la prise a la forme d'un crochet ou d'une broche.

Le chandelier. La source lumineuse est une flamme unique dans le cas du *flambeau* ou de plusieurs flammes portées par autant de branches issues d'une tige centrale, l'ensemble s'appelant *candélabre*. Les deux modèles sont souvent présentés par paire.

A la différence des flambeaux d'église, terminés par une fiche dans laquelle la bougie est plantée, le flambeau domestique présente une extrémité supérieure creuse. Ce porte-lumière, le binet, peut être complété par une *bobèche* ; placée au sommet ou à la base de la douille, elle sert à recueillir la cire. Trois sortes de flambeaux sont particulièrement spécifiques. Le modèle type de l'époque Louis XV présente une structure tripartite : la base circulaire, formée d'un pied à contours (trois contours, quatre lobes, six ou huit segments en accolades) et surmontée d'une cloche ; la tige ou le fût de

---

Paire de candélabres. Argent. Pied en forme de flambeau surmonté d'un pot à feu à la base duquel s'attachent les trois bras, constitués d'enroulements d'acanthes, terminés par une corolle supportant une bobèche d'où s'élève un binet, modèle réduit de celui du pied. Gabriel Genu, Paris, 1787-1788. (Musée des Arts décoratifs, Paris).

L'éclairage

1

Bougeoir. Argent. Plateau circulaire. Binet moulure renflé à la base. Anse annulaire pourvue d'un appui-pouce. Nicolas Stévenart, Paris, 1724-1725. (Musée des Arts décoratifs, Paris).

2

Bougeoir. Argent. Début du XVIIIe siècle. (Coll. part.).

3

Bougeoir. Argent. Bassin rond à contours sinueux moulurés de filets. Binet à bord mouluré s'évasant vers la base. Manche oblique à filets terminé par une spatule. Paul Senel, Marseille, vers 1752. (Coll. part.).

4 et 5

Bougeoirs. Argent. (4) : plateau circulaire, mouluré et lobé, reposant sur un pied reporté ; anneau circulaire pourvu d'un appui-pouce en spatule. Saint-Quentin, vers 1785. (5) : plateau circulaire bordé de godrons. Manche plat terminé en spatule découpée et ciselée. XVIIIe siècle. (Coll. part.).

forme balustre ; le binet cylindrique en forme de vase placé au-dessus du collet supérieur. Ces diverses parties sont enrichies de coquilles, d'acanthes, de rocailles, de guirlandes ou d'entrelacs, de fleurons. Le *mestier* ou flambeau à la financière ou en faisceaux est construit sur un plan carré : un fût à section carrée, creux donc sans binet. A côtes verticales imitant un faisceau de bougies ou de chandelles de cire, elle repose sur un socle carré s'incurvant en son centre. Entre la base et le fût, la bobèche plate est, elle aussi, carrée. Ce modèle est apparu en France vers le milieu du XVIe siècle et disparaît au début du XVIIIe siècle. A Strasbourg, le *flambeau en trompette* est un emprunt aux orfèvres suisses. La base étirée vers le haut offre une extrémité inférieure relevée en cuvette ; le binet est directement lié par un nœud à la base, de sorte que ce modèle ne comprend pas de fût.

La *girandole* est un candélabre dont le fût est constitué par des figures humaines (amours, déesses, couple enlacé) ou un tronc d'arbre qui supportent des branches enguirlandées d'où sortent les bobèches. L'invention de tels chandeliers originaux faisait la notoriété des orfèvres qui se faisaient portraiturer auprès de leur ouvrage que l'histoire a sélectionnée pour la mémoire de l'artiste : tel est le cas pour Thomas Germain.

Le bras de lumière. Applique supportant une ou deux branches de lumière.

L'éteignoir. Cône dont on recouvrait la bougie pour l'éteindre.

Les mouchettes. Ciseaux à larges branches, l'une munie d'une boîte dans laquelle on coupe la mèche de la bougie pour la régler et l'éteindre. L'absence de ce récipient désigne l'objet comme un *ciseau à moucher* utilisé pour couper la mèche. Les deux instruments sont présentés sur un plateau, le *porte-mouchettes*.

L'éclairage

1

Candélabre. Argent. Paris, époque Louis XIV. (Coll. Odiot).

2

Candélabre ou girandole. Argent. La silhouette tournoyante, les trois bras de lumière déséquilibrés, la végétation ondulante font de ce luminaire un remarquable exemple de l'exubérance rocaille. Claude Duvivier, Paris, 1734-1735, d'après un modèle de Juste-Aurèle Meissonnier. (Musée des Arts décoratifs, Paris).

3

Flambeau d'une paire. Argent. Base carrée à pans coupés. (Musée du Louvre, Paris).

186

1

L'ORFÈVRERIE AU QUOTIDIEN 187

L'éclairage

---- 1 ----

Flambeau de bureau. Argent doré. Exécuté pour Napoléon Ier sur un dessin de Percier, réutilisé par Louis XVIII. Six lumières. Tige balustre renflée vers le bas ornée de figures de Neptune, Minerve, Apollon avec leurs attributs. Abat-jour circulaire à hauteur réglable. M.-G. Biennais, Paris, 1809. (Musée du Louvre, Paris).

---- 2 ----

Flambeau d'une paire. Argent. Jean Debrie, Paris, 1751. (Coll. part.).

---- 3 ----

Flambeau d'une paire. Argent. Jean-François Balzac, Paris, 1753-1754. (Coll. part.).

---- 4 ----

Flambeau. Argent. Pied circulaire à contours. Paris, première moitié du XVIIIe siècle. (Coll. part.).

---- 5 ----

Flambeau. Argent. Forme « trompette ». Jean-Henri Oertel, Strasbourg, 1765. (Musée des Arts décoratifs, Strasbourg).

L'éclairage

---- 1 ----

Flambeau d'une paire. Argent. Tige en obélisque ajouré de losanges. François-Daniel Imlin, Strasbourg, 1809-1819. (Musée des Arts décoratifs, Strasbourg).

---- 2 ----

Flambeau d'une paire. Argent. Charles-Antoine-Armand Lenglet, Paris, 1823-1838. (Musée Rolin, Autun).

---- 3 ----

Mouchettes. Argent. Province, deuxième moitié du XVIIIe siècle. (Musée Rolin, Autun).

---- 4 ----

Mouchette et son plateau. Argent. Plateau ovale à contours rentrés. Appui-pouce à coquille et caducée sur spatule. Mouchette forgée, petites crosses aux anneaux des doigts sur deux supports composés de deux doubles pieds-de-biche. Jacques Duguay. Paris, 1734-1735. (Musée du Louvre, Paris).

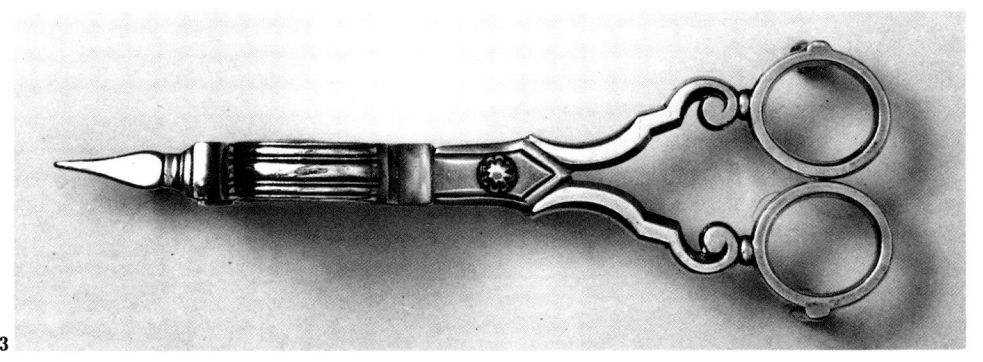

L'écriture

Les accessoires de bureau sont des objets à la fois utilitaires et décoratifs dont les types n'ont guère évolué. L'*écritoire* est un plateau garni de trois godets : pour l'encre, pour l'éponge, pour les plumes. Il est complété par l'*étui à cire* et la *sonnette* posée sur le godet central. Le *flambeau de bureau* est un accessoire qui s'intègre dans la catégorie du luminaire.

1

Écritoire. Argent. Plateau rectangulaire à extrémités contournées rentrées, sur quatre pieds boules. De gauche à droite : godets octogonaux pour les plumes et l'encre, pour l'éponge, pour la poudre à sécher. Premier tiers du XVIIIe siècle. (Coll. part.).

2

Écritoire. Métal argenté. Plateau ovale contourné sur quatre pieds toupie. Sonnette balustre encastrée dans une coupe à éponges. A droite et à gauche : godets pour les plumes et l'encre, pour la poudre à sécher. Paris, deuxième tiers du XVIIIe siècle. (Musée du Louvre, Paris).

L'écriture

1

Écritoire. Argent doré. Écrin de maroquin rouge à poignées et fermetures de cuivre. Thomas Germain, Paris, 1746-1747. (Musée du Louvre, Paris).

2

Encrier de poche et porte-plume. Argent. Réservoir ovale avec couvercle à fermeture à vis. Aurait appartenu à Charlotte Corday. Pierre Le Maire, Paris, 1758-1759. (Musée Lambinet, Versailles).

3

Encrier de voyage, boîte saupoudreuse à sable, boîte rectangulaire à éponge et à pierre ponce (?). Argent. Paris, 1784-1785. (Musée des Arts décoratifs, Bordeaux).

4

Écritoire de voyage et étui à cire. Argent. Paris, 1784 et XIXe siècle. (Musée Bouilhet-Christofle, Saint-Denis).

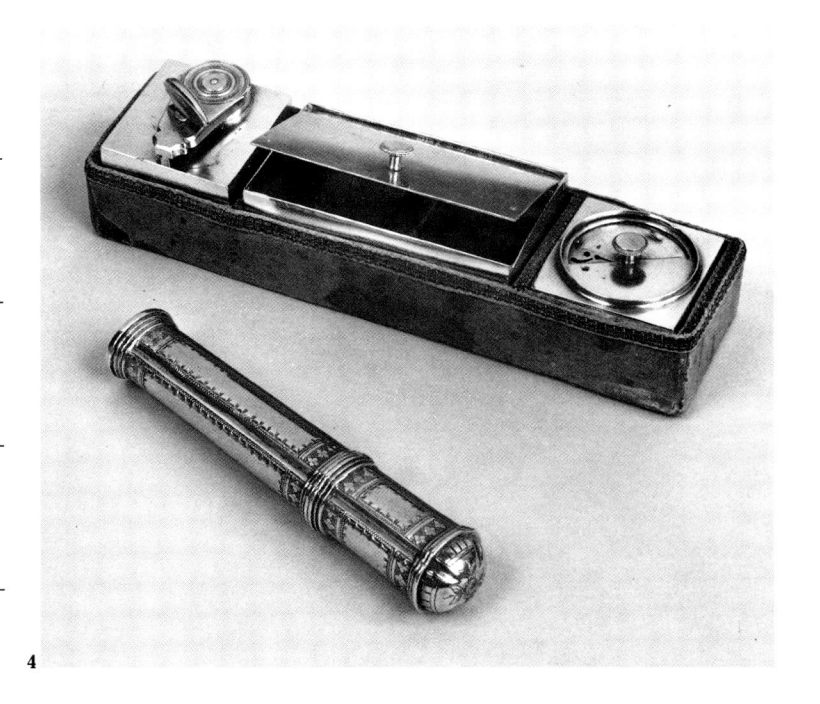

L'ORFÈVRERIE AU QUOTIDIEN 191

— 5 —

Écritoire. Argent pour les pieds, le manche, les neuf accessoires tels encrier, boîte à cire, flambeaux. Socle en bois de noyer plaqué de bois de rose, creusé de compartiments. Pierre-Louis Régnard, Paris, 1760-1761. (Musée des Arts décoratifs, Paris).

Habit de Pôtier d'Estain

*Parmi tous les objets servant à constituer le costume du personnage,
on reconnaît quelques pièces d'orfèvrerie :
flambeau « à la financière »,
assiettes « à la cardinal », aiguière à couvercle, saupoudreuse, burette de table.
Gravure de Nicolas de Larmessin, d'époque Louis XIV.*

L'orfèvrerie d'étain

par
PHILIPPE BOUCAUD

Si les orfèvres se cantonnaient à la production de pièces d'apparat, ou pour le service de la table, ou encore de vases sacrés pour le culte, il n'en était pas de même pour les maîtres potiers d'étain, dont l'éventail de production était beaucoup plus large.

Cette production peut être divisée en deux catégories : d'une part la poterie et la platerie courantes, fournissant des ustensiles solides d'usage quotidien, destinés au service de l'office, au mesurage et au transport des liquides, au service des maisons hospitalières et conventuelles, etc. ; d'autre part, une production de qualité, élégante et raffinée, destinée au service de la table et à la présentation, dans les maisons nobles et bourgeoises. Nous n'aborderons, dans cette courte étude, que la partie de leur production qui peut être mise en parallèle avec celles des orfèvres, et qui mérite bien le nom d' «orfèvrerie d'étain» qu'on lui a donné. Elle était en effet destinée à concurrencer l'orfèvrerie d'argent auprès d'une clientèle moins fortunée qui désirait paraître en adoptant les manières des grands.

Nous continuerons cependant à contester l'appellation « argenterie du pauvre », à la limite du péjoratif et ne correspondant pas à la réalité, car si l'orfèvrerie d'argent fut de tous temps réservée à une certaine élite, l'orfèvrerie d'étain la côtoyait aussi souvent dans nombre de maisons nobles et bourgeoises. Il n'y a, pour s'en convaincre, qu'à consulter la riche iconographie que nous ont laissé les peintres flamands de natures mortes. Les potiers d'étain le savaient bien, et proposaient à la clientèle des pièces « à la façon d'argent », ainsi qu'en témoignent de nombreux documents du temps.

Les objets présentés dans cette étude témoignent assez de la qualité d'un art qui ne le cède en rien à celui des orfèvres.

La technique

Si la mise en œuvre de l'argent et celle de l'étain procèdent des mêmes techniques, et si l'orfèvre et le potier d'étain utilisent un outillage similaire, ce n'est pas toujours avec la même finalité.

Le *forgeage,* courant chez l'orfèvre, n'est utilisé qu'occasionnellement par le potier d'étain, pour des commandes spéciales : grandes pièces de platerie, ou encore fontaines à thériaque telles que celles conservées à Lyon, Toulouse et Troyes. Par contre, le *planage* et le *repassage* destinés à écrouir le métal des grands plats pour les rendre plus solides, fut employé couramment jusqu'au milieu du XVIIIe siècle. D'où la présence du marteau, sur la majorité des poinçons de maîtres.

Le *moulage,* que l'orfèvre utilise pour la réalisation de certains éléments à fort relief, est par contre la technique essentielle du potier d'étain, et ce depuis le début de cette industrie. Les moules sont en bronze, et constitués de deux pièces ou coquilles pour la platerie, et de quatre pièces pour le « rond ». Dans ce cas, les objets sont fondus en deux parties qui sont ensuite assemblées par une soudure horizontale circulaire. Après *ébarbage* sur le tour (suppression des défauts de fonte), les pièces annexes telles que déversoir, anse, poucier sont soudées sur l'objet qui est finalement poncé et poli avant livraison. La ductilité de l'alliage et sa fonte à basse température permettent sa mise en œuvre dans des moules à la ciselure très fine et très précise. Aussi le potier d'étain, contrairement à son confrère orfèvre, ne reprend-il jamais en *ciselure* les décors ainsi obtenus. De même ne procède-t-il pas au *reperçage* des oreilles d'écuelle ou des bouchons de saupoudreuses, car ces décors d'*ajourages* sont obtenus directement par les moules. Ce qui lui permet d'économiser la main-d'œuvre, et de maintenir des prix de revient très compétitifs. La réalisation de tels moules — en bronze — coûtait très cher, et les maîtres cherchaient à en obtenir la meilleure rentabilité. Contrairement à son confrère orfèvre dont chaque production est unique et d'inspiration renouvelée, le potier d'étain ne peut donc pas « coller » à la mode en permanence. Utilisant ses moules le plus longtemps possible, il fabrique parfois des objets dont le style peut avoir un demi-siècle de décalage par rapport à la date de création de leurs moules ! Ce qui nous permet de rencontrer, en étain, des objets dont les équivalents en argent ont aujourd'hui disparu.

Il ne recourt jamais non plus au *repoussage,* ni à l'*étampage.* Les seuls décors réalisés postérieurement à la coulée le sont grâce à la *gravure,* soit au *trait,* soit au *tremblé.* La première est obtenue par un poinçon ou un fin ciselet avec lequel l'artisan grave le motif à reproduire, généralement des armoiries. La seconde technique, dite au « tremblé », reproduit des motifs d'inspiration plus populaire, et souvent anecdotiques. L'artisan utilise un ciselet plat, plus ou moins large, et, tout en avançant la main, imprime à son poignet un mouvement alternatif dont le résultat est une ligne en zigzag, d'où le terme de « tremblé ». Ce procédé sera très employé à Paris et en Alsace aux XVIIe et XVIIIe siècles, et dans le nord jusqu'au milieu du XIXe siècle.

Planche extraite de l'Encyclopédie, montrant un atelier de potier d'étain au XVIIIe siècle.

Les poinçons

Tout au long des siècles, le but du poinçonnage était l'identification du fabricant et la garantie pour la clientèle du respect des règlements en vigueur. Ainsi, à côté du poinçon du maître potier d'étain peut apparaître le poinçon de l'autorité chargée de la surveillance de la fabrication (maîtres-jurés de la corporation, mais aussi fonctionnaires municipaux ou royaux).

Au Moyen Age et au XVIe siècle, les poinçons sont petits et ne comportent en général, à côté du marteau couronné, qu'un signe distinctif (étoile, oiseau, etc.), plus rarement des initiales, qui ne permettent plus l'identification du fabricant.

Au cours du XVIIe siècle, les poinçons de maîtres deviennent plus intelligibles. Les petits poinçons présentent, de part et d'autre du marteau couronné, les initiales du maître et, en dessous, l'initiale de la ville où il exerce. Certains maîtres — par mimétisme ? — feront figurer dans leur poinçon les deux « grains de remède » des orfèvres, sans que cela ait ici une quelconque signification.

Apparaissent alors les grands poinçons, réservés à l'étain fin, sur lesquels on peut lire en toutes lettres ETAIN FIN, le nom du maître et la date de son accession à la maîtrise.

Au centre, dans un cartouche, une figuration rappelant son patronyme sous forme de rébus ou de jeu de mots. Ainsi pour J.-P. Tonnelier, un tonnelier au travail, pour Laurent Chatelain, un Saint-Laurent, pour la famille Morand, une tête de maure, etc.

Il y eut de nombreux édits sur le poinçonnage des étains, qu'il serait hors de propos d'énumérer ici. A Paris, en 1643, il était ordonné aux maîtres de refaire leurs poinçons sous la forme décrite ci-dessus. Mais la grande « nouveauté » de la fin du XVIIe siècle sera l'institution d'un impôt proportionnel au poids des marchandises fabriquées. Les orfèvres y avaient été assujettis dès 1672, les potiers d'étain le seront en 1674, mais cette mesure soulèvera chez eux tant d'hostilité qu'elle sera rapportée en 1676. Le sursis fut de quinze ans, et en mai 1691, était promulgué un « Édit du Roy portant création des Essayeurs et Controlleurs d'Estain », dans lequel les poinçons de contrôle sont parfaitement décrits : « L'étain fin sera marqué d'une double F couronnée, entourée du nom de la ville où ladite marque aura été apposée et l'année de l'apposition d'icelle... L'étain commun sera marqué d'un C couronné entouré comme il est dit ci-dessus ». Ces poinçons devaient être renouvelés tous les ans. Ces prescriptions furent assez bien observées jusqu'au début du XVIIIe siècle. Ensuite, nous voyons les dates s'espacer de plus en plus, et la forme des poinçons se

Toulouse, 1709

Paris, après 1764

diversifier. Ces poinçons ne seront pas renouvelés après le milieu du siècle, sauf dans quelques grands centres. Les potiers d'étain, couverts de dettes par le rachat de multiples offices créés artificiellement pour renflouer un trésor royal de plus en plus exsangue, n'ont plus les moyens de payer cet impôt qui aura concouru pour une part à les faire disparaître.

(Poinçons agrandis deux fois)

Le Moyen Age

Assez peu d'objets de cette époque nous sont parvenus. Ce sont pour la plupart des objets religieux, grâce à la coutume d'enterrer certains dignitaires de l'Église avec des objets attestant de leur fonction : calice et patène généralement, crosse plus rarement. Ces objets n'étaient pas consacrés puisque leur unique destination était l'enfouissement. Aussi, bien que leurs formes soient identiques à celles de leurs homologues en argent, les trouvons-nous dépourvus de toutes les ornementations habituelles : cabochons de pierres dures ou de cristal de roche, médaillons d'émail, gravure, etc.

Les calices présentent de ce fait des formes très pures. Sur un pied rond ou à pans, plus rarement lobé, s'élève une tige haute séparée en son milieu par un nœud généralement mouluré. La coupe est large et peu profonde jusqu'au début du XVe siècle, pour devenir ensuite plus haute. Généralement trouvés dans le sol, ils sont en assez mauvais état. Certains sont fabriqués dans un alliage de très mauvaise qualité à prédominance de plomb. Dépourvus de poinçons, ils ne peuvent donc être localisés ou datés qu'en référence à la date d'ensevelissement du personnage qu'ils accompagnaient.

Quelques coffrets à saintes huiles dont la fabrication remonte plutôt au XVIe siècle, sont conservés. Leur forme et leur technique de fabrication attestent cependant des productions des siècles précédents. En forme de châsse, rectangulaires ou plus rarement carrés, ils pouvaient recevoir un, deux ou trois récipients cylindriques contenant les huiles saintes que l'on allait administrer à domicile aux malades et aux mourants. Fabriqués à partir de plaques de métal assemblées, soulignées de quelques moulures taillées à l'outil, seule une crête peut parfois être prétexte à décor.

Un petit récipient hexagonal (salière ou pixyde ?) conservé au musée de Cluny, présente sur les côtés des figurations du Christ et de saints inscrites dans des réserves lobées sur fond quadrillé. Sur le couvercle à charnière, une représentation de l'Annonciation sous des arcatures en plein cintre, avec l'inscription BOSSETVS ME FECIT AVE MARIA GRATIA PLENA DOMINVS TECVM. On s'accorde à dater cet objet de la fin du XIIIe siècle.

1

Calice sur pied élevé, à pans concaves. État de conservation exceptionnel pour une pièce de cette époque. France, fin du XVe siècle. (Coll. part.).

2

Coffret à saintes huiles complet de ses trois burettes intérieures. Très belle crête à décor de fleurs de lys. France, vers 1500. (Coll. part.).

3

Pixyde ou salière. Le plus ancien objet d'étain portant l'indication de son fabricant : BOSSETVS ME FECIT. France, fin du XVIIIe siècle. (Musée de Cluny, Paris).

La Renaissance

On peut affirmer que cette période fut l'une de celles où la production des artisans fut essentiellement à but décoratif. Orfèvres, verriers, faïenciers, relieurs, et aussi bien sûr potiers d'étain, rivalisaient d'adresse et de savoir-faire pour proposer à leur clientèle des objets aux formes élégantes et à l'ornementation délicate, destinés à garnir les dressoirs des pièces de réception.

Ainsi, parallèlement à leurs confrères orfèvres, les potiers d'étain offraient-ils bassins, aiguières, chopes, bouteilles en tous points semblables aux pièces d'argent. Les objets conservés sont assez nombreux pour avoir fait l'objet d'une étude particulière, publiée à Leipzig, en 1897, mais ils sont malheureusement pour la plupart anonymes. Il semble que la région lyonnaise ait été le centre de cette production que

---------- 1 et 2 ----------

Le bassin et l'aiguière « de la Tempérance » sont sans conteste les plus célèbres pièces d'étain de tous les temps. François Briot, Montbéliard, vers 1580-1590. (Musée des Arts décoratifs, Paris).

les Allemands baptisèrent autrefois *Edelzinn* (littéralement : « étains nobles »), terme pour lequel nous n'avons jamais trouvé de traduction satisfaisante.

Cette production se caractérise par des objets d'une rare élégance, porteurs de décors en faible relief directement inspirés de l'école de Fontainebleau et de l'œuvre d'ornemanistes tels qu'Étienne Delaune, Virgil Solis, etc. Donnons pour premier exemple l'ensemble le plus célèbre de cette époque, le bassin et l'aiguière dits « de la Tempérance », œuvre de François Briot. Sur le bassin, autour du médaillon central représentant la Tempérance (où apparaissent les initiales F.B.), s'ordonnent les allégories des Quatre Éléments que séparent des figures en terme et des arabesques, tandis que sur l'aile apparaissent les Sept Arts libéraux ainsi que Minerve, symbolisant la sagesse. Sur l'aiguière, trois cartouches ovales représentent des allégories de la Foi, de l'Espérance et de la Charité, séparés par des motifs de cuir et d'arabesques. Le reste de l'aiguière est orné de masques et de grotesques, ainsi que l'anse et le déversoir. Les initiales F.B. y apparaissent trois fois. Le bassin présente au revers de l'ombilic un médaillon sur lequel l'artiste s'est représenté en buste avec,

La Renaissance

1

Autoportrait de François Briot au revers du bassin « de la Tempérance ». (Musée des Arts décoratifs, Paris).

2

Aiguière à couvercle à décor d'arabesques. Roland Greffet, maître à Lyon de 1528 à 1568. (Kunst und Gewerbe Museum, Cologne).

3

Ciboire à décor en relief, supporté par un ange. Un ostensoir présente le même décor. France, ateliers lyonnais, deuxième moitié du XVIe siècle. (Musée du Louvre, Paris).

4

Coffret à saintes huiles à décor en relief de rinceaux et de mascarons. Ateliers lyonnais, troisième tiers du XVIe siècle. (Coll. part.).

5

Très beau calice à piétement lobé et décor en relief. France, fin du XVIe siècle. (Coll. part.).

en exergue, l'inscription SCVLPEBAT FRANCISCVS BRIOT. Il précisait bien ainsi l'importance qu'il accordait à cette phase du travail. François Briot a sans doute réalisé d'autres œuvres, mais seul l'ensemble de la Tempérance porte clairement sa signature. Parmi les œuvres qui lui sont attribuées, citons le bassin et l'aiguière de Mars, et l'aiguière de Suzanne.

Un autre décor, également très prisé, était celui d'arabesques ou, pour reprendre l'expression de l'époque, « à la façon arabique et ytalique ». De nombreux objets furent ornés de ce décor, mais le seul dont l'auteur soit identifié porte un poinçon de Rolin Greffet, maître à Lyon en 1528, mort en 1568. C'est une aiguière à col plat et à couvercle, ornée d'entrelacs et de rinceaux, le culot, de gros godrons. L'anse présente une femme en terme et le déversoir, un mascaron féminin. De très nombreux objets porteurs de ces décors, et très similaires en style, ont été produits à Nuremberg à la même période. Ils sont facilement identifiables grâce aux poinçonnages presque toujours présents sur les pièces allemandes.

Cette période de fastes nous a laissé quelques objets de culte porteurs de décors semblables. Un ostensoir et un ciboire, conservés au musée du Louvre, présentent, sur une base tronconique ornée de gros godrons et de frises de rinceaux, un ange qui soutient, pour l'ostensoir, un soleil rayonnant surmonté d'un clocheton ajouré et pour le ciboire, une coupe et son couvercle à charnière surmonté d'une croix, décorés de façon similaire. Un assez grand nombre de coffrets à saintes huiles nous sont parvenus, sans doute à cause d'une utilisation tardive des moules. Ils sont en forme de malle rectangulaire à couvercle bombé et présentent des plages de décors d'arabesques alternant avec des zones unies. Un seul porte un poinçon, attribué à un membre de la dynastie des Cordier, maîtres potiers d'étain à Lyon entre 1472 et 1555.

A côté de ces objets précieux, on peut citer quelques rares ustensiles destinés au service de la table : des écuelles en particulier, qui sont un des éléments essentiels du service de cette époque. La forme en est très simple : le bol est très creux, presque hémisphérique, et présente parfois au fond un léger ombilic. Les oreilles sont petites, pleines, trilobées. Près de chaque convive était placé un tranchoir, comme en témoignent de nombreuses miniatures du temps. Au Moyen Age, c'était une simple tranche de pain sur laquelle on plaçait un morceau de viande pour le trancher (d'où le nom) puis, ce fut une petite plaque de bois, d'argent ou d'étain. De forme rectangulaire ou ronde, le tranchoir comporte sur son pourtour une petite moulure destinée à contenir le jus et n'a aucun décor.

Presque tous ces objets présentent des poinçons qui ne sont pas identifiables avant la première moitié du XVIIe siècle. Souvent trouvés dans le sol, on conclut à des provenances locales proches des lieux de fouille. Mais si des écuelles ont été trouvées un peu partout en France, seule la région du Nord nous a livré des tranchoirs, dont plusieurs sont conservés au musée de Lille.

La Renaissance

——————— 1 ———————

Écuelle à oreilles pleines. France, Normandie ou Picardie, milieu du XVIe siècle. (Coll. part.).

——————— 2 ———————

Tranchoir rectangulaire. Poinçons non identifiés. Flandre, deuxième moitié du XVIe siècle. (Coll. part.).

L'âge d'or, 1610-1730

Au XVIIe siècle, le retour de la paix civile et religieuse, le développement croissant du commerce et de l'industrie favorisent l'ascension sociale de la bourgeoisie, marchands, hommes de robe et même artisans aisés. Cette nouvelle clientèle, toujours prompte à adopter les manières de la cour, réclamait pour son service des objets de qualité « à la mode ». Tous ne pouvaient en acquérir en argent, mais l'orfèvrerie d'étain était à leur portée. Et les potiers d'étain leur proposaient des objets identiques et d'aussi bon usage.

L'aiguière. C'est la pièce d'apparat par excellence, toujours présente sur le dressoir quand un serviteur ne la fait pas circuler parmi les convives pour « donner à laver » les mains pendant les repas, car l'on mange encore avec les doigts (l'usage de la fourchette, introduite au XVIe siècle, ne se généralisera que dans le premier tiers du XVIIIe siècle). Cette aiguière, au début du siècle, repose sur un piédouche court et comporte un couvercle légèrement surélevé, plat ou à peine mamelonné, manœuvré par un poucier généralement en volute moulurée.

L'anse, d'abord droite, dite *carrée,* évolue ensuite vers un profil en S ou en C. Le déversoir, très long et attaché très bas sur la panse, est la seule élégance de cet objet un peu austère, bien en harmonie avec la mode de son temps. Certains exemplaires présentent un décor de rinceaux feuillagés sur le couvercle, l'anse est parfois ornée de godrons, ou d'un rang de perles de diamètre décroissant, dit *chenille.* Quelques filets torsadés viennent compléter ce décor. La

---

Aiguière couverte à col plat. Poinçon de qualité pour l'étain fin. Ateliers lyonnais, deuxième moitié du XVIIe siècle. (Coll. part.).

quasi-totalité des exemplaires conservés porte des poinçons de maîtres lyonnais. Conjointement sont produits des modèles sans couvercle, encore plus sobres. Le déversoir se réduit à un simple bec verseur, la plupart du temps à pans, ou cannelé, quand il n'est pas tout simplement absent.

Dans le dernier tiers du XVIIe siècle, le couvercle disparaît définitivement, et le profil général de l'aiguière devient plus élégant : le piédouche s'élève progressivement et est fréquemment orné de godrons, puis un nœud vient s'insérer sous le corps qui s'allonge. L'anse adopte des profils en S ou en C, et peut être cannelée ou à pans et agrémentée d'une crosse ou d'une volute et d'une chenille. Le bec verseur reste peu important, souvent cannelé, parfois uni ou, plus rarement, orné d'un mascaron. Une moulure médiane, parfois un filet torsadé vient, comme pour le modèle précédent, agrémenter la nudité du vase. De nombreux centres ont produit ce type d'aiguière, et l'on peut toujours citer Lyon, et aussi Paris, Bordeaux, Nancy, Besançon. Précisons encore que la mode semble s'en être perpétuée plus longtemps dans l'est de la France (Metz, Nancy, Besançon), jusque dans le premier tiers du XVIIIe siècle. Car ces modèles ne resteront à la mode qu'une trentaine d'années : apparaît en effet vers 1680 l'aiguière dite *en casque,* ainsi nommée parce que le profil du vase retourné rappelle celui du casque romain. C'est l'aiguière *Louis XIV,* dont la vogue fut grande, et qui fut fabriquée dans toute la France à un nombre considérable d'exemplaires.

Il nous faut à ce stade de notre propos ouvrir une petite parenthèse historique, car il y a une raison à ce regain d'activité des potiers d'étain à la fin du siècle : Louis XIV, ayant épuisé le trésor par des guerres continuelles, enverra à la fonte son mobilier d'or et d'argent (1689), puis sa vaisselle (1709). Il demandera aux nobles de suivre son exemple, mais bien peu s'exécuteront, et de bien mauvaise grâce. Ils se débarrasseront de quelques vieilleries, cachant le reste de leurs possessions en attendant des jours meilleurs. Dans l'intervalle, ils remplaceront leurs objets indisponibles par la faïence, encore bien chère, et aussi par l'étain.

Le corps de l'aiguière s'est encore allongé et se prolonge par un ample déversoir pincé en son milieu. Le piédouche, très souvent à godrons, peut être aussi à pans. Mais la grande nouveauté est le décor qui apparaît sur le culot de certains modèles : gros godrons lancéolés imitant des appliques à Bordeaux et à Toulouse, entrelacs rubanés à Bordeaux,

L'âge d'or, 1610-1730

1

Aiguière à col plat sur piédouche, ornée de plusieurs filets torsadés. Anse en C à crosse drapée. Poinçon de contrôle de Metz pour l'étain fin daté 1691.

2

Aiguière en casque à culot décoré de godrons en applique (technique classique en orfèvrerie d'argent, seul exemple connu en orfèvrerie d'étain). Étienne Bacquet, maître à Paris en 1680. Contrôle pour l'étain fin daté 1707.

3

Écuelle à couvercle à toit plat à décor rubané. Contrôle de Toulouse daté 1709. Pas de poinçon de maître.

4

Écuelle à couvercle à décor « à la dentelle ». Louis Charasse, maître à Paris en 1717. Contrôle à la navicelle, après 1764.

(Coll. part.).

rinceaux feuillagés à Lyon. De nombreux modèles restent cependant unis, ornés de leur seule moulure médiane. Tous les centres de quelque importance en ont produit ; seule la région du Nord (Artois, Flandre, Picardie) et la Normandie, sans doute déjà acquises à la faïence, semblent les avoir ignorées.

L'écuelle à bouillon. C'est un autre élément essentiel du service de la table, car on sert encore force potages et viandes en sauce. Jusqu'au milieu du XVIIe siècle, le modèle évolue peu par rapport à celui des siècles précédents : le contour extérieur des oreilles devient plus sinueux, les ajourages plus nombreux et plus compliqués. Le bol s'élargit et le fond remonte pour devenir complètement plat. Une grande nouveauté apparaît vers le milieu du siècle : le couvercle, destiné à garder chauds les mets que l'on apporte de l'office. D'abord légèrement surélevé, plat ou à peine mamelonné, il s'élève progressivement en fort mamelon dans les dernières années du siècle. La prise évolue également : d'abord en anneau mobile à cuisses de grenouille, puis fixe en anneau, en dauphin, ensuite en cabestan orné d'un profil d'empereur romain (Bordeaux), elle devient vers la fin du siècle un élégant bouton plat décoré d'une marguerite. A Lyon, la prise est souvent en forme de cupule, pour servir de salière. C'est un détail caractéristique pour ce centre.

Les décors se développent tout naturellement sur les couvercles. Sur les modèles plats, décors méplats rubanés (Bordeaux, Toulouse), de godrons rayonnants (Bordeaux, Lyon), décors *à la Bérain* (Paris, Lyon), rinceaux feuillagés spiralés (Strasbourg, Lisieux). A Bordeaux, un décor spécifique de style Régence déploie des frises concentriques de palmettes, réserves et quadrillages. A Paris est créé le décor *à la dentelle,* qui aura beaucoup de succès et sera repris dans tout le royaume : sur un fond finement quadrillé se détachent des rinceaux et des motifs divers rappelant la dentelle. Les maîtres de Rouen et de Lyon utiliseront aussi beaucoup ces décors. A Strasbourg, on conserve des décors en faible relief de médaillons historiés sur fond de rinceaux dans la tradition de l'*Edelzinn*. Les oreilles de ces écuelles, quand elles ne sont pas simplement ajourées, sont également décorées. Le motif de prédilection en est la palmette, souvent accompagnée d'un cœur enflammé, symbole de l'amour, (l'écuelle était un cadeau traditionnel de mariage ou de fiançailles). A Bordeaux, ce sont des bustes à l'antique qui apparaissent sur les modèles Régence.

L'âge d'or, 1610-1730

1

Assiette « à la cardinal » avec armoiries non identifiées gravées sur l'aile. Michel III Salmon, maître à Chartres en 1681.

2

Rare plat « à venaison » ovale, décoré en son centre d'armoiries non identifiées gravées au trait. Antoine Morand, maître à Lyon dans la deuxième moitié du XVIIe siècle.

3

Saupoudreuse balustre à culot décoré de rinceaux en faible relief (provenance exclusivement lyonnaise). Vincent Archimbaud, maître cité à Lyon en 1741. Contrôle pour l'étain fin daté 1741.

4

Différents modèles de moutardiers. De gauche à droite : Besançon, milieu du XVIIIe siècle ; Paris, 1707 ; Paris, 1707 ; Beaune, 1691.

(Coll. part.).

La platerie. Les pièces de qualité ne manquent pas dans ce type d'objets. Les grands plats, qui garnissent si bien le fond des dressoirs, paraissent aussi à table pour présenter les mets. A tout seigneur, tout honneur : le plat *à la cardinal,* plutôt dit à l'époque *à la Mazarin.* Ceci parce que le cardinal (nonce à l'époque) en avait apporté — en faïence, ou en argent — dans ses bagages en arrivant à Paris, et non, comme on le dit souvent, parce que sa forme évoque celle du chapeau cardinalice. Celle-ci évoluera légèrement au cours du temps : le fond est d'abord creux, presque hémisphérique, et l'aile est très large (c'est le *tondino* italien), puis le fond devient plat, se relève et s'élargit au détriment de l'aile. Des assiettes répondant aux mêmes descriptions sont produites concurremment. Il existe également quelques rares exemplaires ovales. La majorité présente sur l'aile de belles armoiries gravées à la mode du temps. Les plus beaux exemplaires proviennent généralement des grands centres, mais ils furent fabriqués dans toute la France.

Vers le milieu du siècle apparaît le plat dit *à venaison,* destiné à présenter aux convives les pièces de venaison ou les volailles apprêtées. C'est un plat de grandes dimensions, cinquante centimètres de diamètre et parfois plus, dont l'aile plate s'orne au pourtour d'une moulure multiple comportant parfois un filet torsadé. Il en existe de rares exemplaires ovales. Ils présentent presque tous de grandes et belles armoiries gravées en leur centre. Leur mode durera environ un demi-siècle, et ils disparaîtront dans le premier tiers du XVIIIe siècle. Leur fabrication est circonscrite à certains grands centres : Bordeaux, Besançon, et surtout Paris et Lyon.

De nombreux objets destinés au service de la table ont été fabriqués en étain, mais seuls les grands centres nous offrent une production régulière et diversifiée ne permettant pas cependant une étude comparative ou statistique approfondie.

La saupoudreuse à sucre. Cet objet semble avoir eu une grande vogue sur nos tables à la fin de ce siècle ; ses dimensions habituelles, une vingtaine de centimètres de haut, laissent à penser qu'elle y avait une place de choix. Le modèle le plus ancien est parfaitement cylindrique et cerné d'une petite moulure à la base et sous le bouchon. Celui-ci, hémisphérique sur une partie droite, est simplement percé de trous ronds et surmonté d'un petit bouton tourné. On le rencontre uniquement à Paris, parfois avec des poinçons de la fin du XVIIe siècle, plus souvent avec ceux de 1701 ou 1707. Le modèle change au tournant du siècle et adopte une forme balustre un peu écrasée reposant sur un piédouche court mouluré ou à godrons. Le balustre devient ensuite plus élancé, le piédouche s'élève et peut être souvent à pans, avec ou sans godrons. Les plus beaux modèles, d'origine lyonnaise, présentent un corps balustre hexagonal, le culot resté circulaire pouvant être décoré d'une zone de rinceaux rappelant le décor des aiguières de même provenance. Les bouchons sont plus tronconiques, et joliment ajourés d'ouvertures en forme d'étoiles et de virgules. Les seuls centres en ayant produit des séries de quelque importance sont Paris et Lyon. Les poinçonnages les plus récents datent du milieu du XVIIIe siècle.

Le moutardier. Ce petit objet a donné lieu à des créations originales et très équilibrées. Les plus anciens présentent un corps en forme de vase presque cylindrique reposant sur un piédouche court, le couvercle plat est manœuvré par un poucier en forme de gland ou de coquille. L'anse, au profil en S, se termine parfois par une petite volute. Puis le corps s'évase, le piédouche mouluré s'élève sur un nœud. Le couvercle mamelonné peut être orné d'un rang de godrons ainsi que la base du piédouche. Le poucier est généralement en volute, l'anse en S se termine par une crosse. Des modèles particulièrement élégants, à Paris et à Lyon, peuvent avoir le corps et le piédouche à pans. A Besançon et dans le Nord (Arras, Lille), on rencontre des culots ornés de godrons, de lambrequins ou de rinceaux feuillagés, décors qui se répètent sur les couvercles. Un autre modèle plus simple est commun à tout l'est de la France (Bourgogne, Champagne, Lorraine). Il est en forme de tonneau présentant une moulure en haut et en bas du corps. Le couvercle mamelonné et mouluré est manœuvré par un poucier à glands, à bourgeons ou à volute. L'anse est en simple S. Les plus anciens remontent à la fin du XVIIe siècle et seront produits pendant une grande partie du siècle suivant.

La salière. Élément important du service de la table, la rareté, aujourd'hui, de ce petit objet s'explique sans doute par l'agressivité du sel vis-à-vis de l'étain, à qui l'on préféra d'autres matériaux, tels le verre ou la faïence. Vers le milieu du siècle, elle affecte la forme d'un diabolo, parfois à pans, le bord du pied et celui de la coupelle pouvant recevoir en décor une frise feuillagée ou un rang de godrons. Sa hauteur peut dépasser dix centimètres. Vers la fin du siècle, la coupelle repose sur un piédouche, rond ou à pans, parfois orné d'un rang de godrons. Sa hauteur est ramenée à cinq ou six centimètres, et sa forme n'évoluera plus jusqu'à l'arrêt de la production.

Les boîtes à épices. Contenant les précieuses poudres dont on faisait encore grand usage au XVIIe siècle, elles sont, en étain, très rares. Ici encore, leur forme est très exactement celle de leurs homologues en argent : un petit récipient bas muni d'un double couvercle à charnière, monté sur quatre petits pieds à griffes ou à volute. Le couvercle est parfois décoré d'un rang de godrons, le récipient pouvant être rectangulaire ou ovale.

Les burettes de table. Aussi rares sont ces burettes, destinées à contenir l'huile et le vinaigre. Ce sont d'élégants récipients de forme balustre reposant sur un piédouche élevé. La gorge étroite est fermée par un petit couvercle mamelonné et mouluré. Un long déversoir en S est attaché au gras de la panse et présente fréquemment un décor feuillagé à sa base et une terminaison en bec d'oiseau. L'anse peut être ornée de volutes, feuillages, ou être joliment moulurée. Le corps et le piédouche peuvent être à pans. Des rangs de godrons soulignent fréquemment le piédouche et le bord du couvercle.

Le luminaire. En étain, il peut sembler d'une grande rareté par rapport au luminaire d'argent qui est, lui, courant. Il peut y avoir deux raisons à cela : ustensile d'usage quotidien, le flambeau nécessitait un matériau solide pour sa fabrication, aussi préférait-on à l'étain, peu résistant dans les chocs et les chutes qui ne manquaient pas d'arriver, des matériaux plus solides tels que l'argent ou le laiton. D'autre part, la présence de flambeaux d'argent, ostensiblement disposés sur les cheminées d'une maison, ne laissait aucun doute quant à l'aisance de son propriétaire. Les modèles du XVIIe siècle sont de petite dimension — environ quinze centimètres de haut — et reflètent bien eux aussi la mode du temps : sur une base carrée à pans coupés, octogonale ou encore ronde, à cuvette ou mamelonnée et moulurée, s'élève une tige à nœuds et balustre, parfois à pans, qui supporte le binet. Une rangée de godrons peut en orner la base. Vers la fin du siècle, la tige s'élève et le flambeau, qui est presque toujours sur plan octogonal, atteint une vingtaine de centimètres de haut. La fabrication de ces modèles se poursuivra au XVIIIe siècle, dans de grands centres tels que Paris, Lyon ou Rouen. Le flambeau à la financière, typique de la deuxième moitié du XVIIe siècle, est connu en étain à moins de dix exemplaires. La base carrée, à cuvette, est ornée d'une large frise en relief de rinceaux pouvant présenter en son centre deux dauphins entrelacés (motif commémorant la naissance du dauphin en 1661). Une frise plus petite, reprenant les mêmes motifs, orne la bobèche qui est située à la base du fût. Celui-ci, cannelé et orné de trois zones de moulures, représenterait un paquet de bougies que l'on achetait ainsi liées ensemble (?). Tous les exemplaires connus, sauf un, portent des poinçons de Paris.

1

L'âge d'or, 1610-1730

1

Boîte à épices à double couvercle orné d'un rang de godrons. Pieds à enroulements feuillagés. Gabriel-André Morando, maître cité à Lyon en 1748. Poinçon de contrôle pour l'étain fin daté (17)61.

2

Burette de table balustre. Déversoir en tête d'oiseau, orné d'un décor feuillagé à sa base. Antoine Alègre, maître cité à Angers en 1710. Contrôle pour l'étain commun daté 1736.

3

Petit flambeau à tige balustre à nœud et base carrée à pans coupés. Contrôle de Montier-en-Der, pour l'étain commun daté 1691.

4

Très rare flambeau « à la financière ». La base et la bobèche sont ornées de drapés et de feuilles d'acanthe. N. Couvreur, maître à Paris en 1671. Pas de poinçons de contrôle. Avant 1691.

(Coll. part.).

*L'âge d'or,
1610-1730*

———— 1 et 2 ————

Deux modèles de coffrets à saintes huiles parisiens. (1) : J. Carrier, maître à Paris en 1678. Pas de poinçon de contrôle. (2) : J. Rousseau (?), maître cité à Paris en 1716. Pas de poinçon de contrôle.

———— 3 ————

Importante cimarre balustre sur piédouche élevé. Couvercle surmonté d'une prise tournée et manœuvrée par un poucier à glands. Par un maître de Troyes non identifié, vers 1700.

(Coll. part.).

Les objets de culte. On en rencontre assez peu de cette époque. Seuls les coffrets à saintes huiles semblent avoir été fabriqués de préférence en étain. La forme générale reste rectangulaire, le couvercle à doucine supportant une croix tréflée. Les modèles sont nombreux et assez variés, de toutes provenances possibles, sauf le Nord et l'Est. A Paris, la base est ornée de godrons et une frise de rinceaux court sur le tiers supérieur du corps. A Toulouse, le modèle est cylindrique. La fabrication se poursuivra sans modifications notables jusqu'à la fin du XVIIIe siècle.

La cimarre. Issue directement du Moyen Age, la cimarre, sous la forme qu'elle revêt en étain, est une production originale des maîtres potiers d'étain. C'est un grand « vaisseau » (de 30 à 40 cm de haut) de forme balustre reposant sur un piédouche très élevé, ce qui lui confère une rare élégance. Elle est munie d'un couvercle mamelonné manœuvré par un poucier, à glands ou à bourgeons, attaché en haut d'une anse plate en S. Mais sa grande originalité réside dans une deuxième anse, lobée, mobile autour de deux tétons fixés de part et d'autre du gobelet et permettant de la porter. La cimarre était en effet utilisée par les notables pour porter le vin d'honneur à une personnalité qui entrait dans une ville. Celles conservées sont essentiellement originaires de Bourgogne et de Champagne, où cette coutume dut se perpétuer, puisque certains exemplaires portent des poinçons de la deuxième moitié du XVIIIe siècle.

Le déclin,
1730-1780

Dans les dernières années du XVIIe siècle commencent à déferler sur le marché les productions d'un concurrent dont les potiers d'étain ne soupçonnent pas immédiatement qu'il va les conduire à la ruine : il s'agit de la faïence. Son éclat, la vivacité de ses couleurs, et bientôt le coût moindre, feront abandonner l'étain à son profit par une clientèle raffinée et avide de nouveauté.

Aussi, à l'exception de quelques grands centres dans lesquels ils pouvaient encore trouver une clientèle, les potiers d'étain se cantonneront-ils désormais à la production de pièces d'usage courant. Parfois, à la suite d'une commande, ils fouillaient le fond de l'atelier pour en exhumer un vieux moule de leur père et fabriquer, avec un décalage d'un demi-siècle ou plus, des objets passés de mode dont se satisfaisait une clientèle de province moins exigeante. Il ne faut pas en conclure que les maîtres potiers d'étain ne créèrent plus. Parmi les créateurs, il faut citer les maîtres de Bordeaux : continuant de produire des modèles d'écuelles conçus au XVIIe siècle, ils vont de surcroît suivre la mode et créer des modèles Louis XV à décor rocaille dont ils poursuivront la fabrication jusqu'à la fin du XVIIIe siècle. Certains exemplaires sont d'un dessin admirable et d'une qualité d'exécution irréprochable. Le maître François Fabreguettes, en particulier, s'en était fait une sorte de spécialité. A Paris et à Lyon, on continuera à fabriquer des modèles *à la dentelle* qui semblent avoir conservé la faveur du public un certain temps.

La soupière et le légumier. Il faut bien remarquer que l'écuelle ne peut plus être d'usage courant chez ceux qui veulent adopter les manières de leur temps. On ne présente plus en effet le potage individuellement aux convives, mais dans une soupière dont l'usage va se généraliser rapidement. Les potiers d'étain n'en fabriqueront pas, si ce n'est à Strasbourg : un modèle ovale à côtes droites, monté sur quatre pieds à volutes, anses rocaille détachées et prise du couvercle en artichaut ; et un autre à côtes torses répondant par ailleurs à la même description. C'est en Alsace également (Strasbourg, Mulhouse, Colmar) que l'on créera des modèles

---

Écuelle à bouillon à décor rocaille. Étienne Deyre, maître à Bordeaux dans la deuxième moitié du XVIIIe siècle. Poinçon de qualité avec la mention « Rafine » (sic). (Coll. part.).

Le déclin, 1730-1780

―――――――― 1 ――――――――

Soupière, ou terrine, ovale à côtes torses sur quatre pieds à enroulements feuillagés. Par un maître de Strasbourg non identifié, deuxième moitié du XVIIIᵉ siècle. (Coll. part.).

―――――――― 2 ――――――――

Légumier sur piédouche, orné de plusieurs rangs de perles. Décor floral gravé « au tremblé ». Frédéric Doll, maître à Colmar à la fin du XVIIIᵉ siècle. (Coll. part.).

de légumiers de style Louis XVI : le corps assez bas, évasé, repose à plat sur son fond ou s'élève sur un piédouche orné d'une rangée de perles ; il est muni d'anses carrées. Le couvercle, mamelonné ou conique légèrement incurvé, est orné de deux rangées de perles et surmonté d'une prise en forme d'urne.

Le pot à eau. L'usage du « pot à l'eau », comme le nomme Salmon, se répand au XVIIIᵉ siècle. Destiné à contenir l'eau — et sans doute aussi le vin — à la disposition des convives sur la table, sa conception date de la fin du XVIIᵉ siècle. D'une élégante forme balustre, le pot à eau s'élève sur un piédouche mouluré, parfois à godrons (Paris, Rouen). La gorge évasée est presque toujours soulignée d'une fine moulure. L'anse, au profil en S, parfois avec un décrochement à sa partie inférieure, se terminant en volute, est souvent surmontée d'une chenille. Ce modèle se rencontre partout. A Angers, un modèle différent, à gorge droite, comporte une anse demi-ronde ornée de feuillages et d'un filet torsadé sur sa face plate. A Paris, certains rares modèles comportent un couvercle, à Rodez et à Toulouse, la gorge peut se prolonger en déversoir, telle une aiguière.

La platerie. La production — importante — se cantonne au plat rond dit *à filet*, apparu dans le dernier tiers du XVIIᵉ siècle : l'aile, assez étroite, est cernée d'une moulure multiple qui va se simplifiant au cours du temps. Dans certains centres (Rennes, Bordeaux, Lyon), la moulure est parfois remplacée par un rang de godrons. Vers le milieu du siècle apparaît le contour mouvementé dit aussi *contour*

Le déclin, 1730-1780

1

Pot à eau balustre sur piédouche orné d'un rang de godrons. Anse à décrochement. L.F. Cantelle, maître à Saint-Germain-en-Laye en 1712. (Coll. part.).

2

Plat rond « à filets » orné sur l'aile d'armoiries non identifiées gravées au trait. Valentin Couroye, maître à Paris en 1662. Contrôle pour l'étain fin daté 1707. (Coll. part.).

3

Curieux plat creux de service obtenu à partir du moule d'une jatte rectangulaire utilisé trois fois. Leigue, maître actif à Aurillac au milieu du XVIIIe siècle. (Musée des Arts décoratifs, Paris).

Louis XV, sur des plats ronds ou ovales. La région du Nord et l'Alsace en particulier en produiront jusqu'au milieu du XIXe siècle. Des centres importants tels que Bordeaux, Toulouse ou Rouen, n'en ont pas fabriqué, Lyon n'a produit que quelques plats ovales, et Paris nous a laissé en petit nombre des modèles ronds et ovales d'un dessin très pur et de très belle qualité. Parallèlement à ces dessins classiques, certains maîtres ont su créer des modèles particuliers, ronds et ovales, parfois creux, à côtes, avec des anses, etc. Citons d'élégants contours cernés d'un rang de godrons à Limoges, les jattes creuses, carrées ou rectangulaires, de Rodez et d'Aurillac, les plateaux lyonnais, les contours très particuliers de Beaune et Dijon.

Les petites pièces. Pour le service de la table, où argent et métal plaqué, verrerie, faïence et maintenant porcelaine tiennent le haut du pavé, les potiers d'étain poursuivront la fabrication à partir des moules conçus au siècle précédent. Signalons cependant à Lyon, vers le milieu du siècle ou un peu avant, de petites pièces, moutardiers et pots à crème, de forme balustre à côtes torses (Strasbourg et Bordeaux sont les seuls autres centres ayant employé ce décor) reposant sur un pied court ; le couvercle mamelonné est également à côtes torses, l'anse finement moulurée comporte souvent un décrochement. Certains modèles sont unis, sans côtes. La qualité d'exécution est irréprochable.

Les verseuses. Des modes nouvelles permettront localement quelques sursauts d'activité. Ainsi le café, le thé et le chocolat deviennent-ils des boissons à la portée du plus grand nombre. Les maîtres du nord de la France créeront des modèles très proches de ceux d'argent : la théière présente une forme balustre écrasée, sans pied, et un couvercle mamelonné et mouluré muni d'un bouton tourné, parfois

L'ORFÈVRERIE D'ÉTAIN 213

Le déclin, 1730-1780

1

Crémier à côtes torses et déversoir cannelé. Claude Laubreaux, maître cité à Lyon en 1747. Contrôle pour l'étain fin daté 1748.

2

Verseuses façon orfèvrerie d'argent. Pieds cambrés en laiton, anses de bois sculptées de feuillages. C.A. Gonelle, maître à Besançon en 1737. Poinçons de qualité pour l'étain fin.

3

Théière à côtes droites. Déversoir en tête d'animal et anse de bois. Par un maître non identifié, Flandre, XVIIIe siècle.

4

Timbale tulipe sur piédouche godronné. André-François Boicervoise, maître à Paris en 1741. Contrôle à la navicelle, après 1764.

5

Rare taste-vin à appui-pouce en coquille unie. Contrôle pour l'étain commun de Rouen daté (17)91. Pas de poinçon de maître.

(Coll. part.).

garni de bois. Un long déversoir en S s'attache au gras de la panse et est fréquemment terminé en bec d'oiseau ou en tête d'animal. L'anse est presque toujours en bois. Les modèles les plus anciens, créés avant le milieu du siècle, peuvent être à côtes droites, à pans, ornés parfois de rangs de godrons. A Besançon, le maître Gonelle a produit un modèle en tous points semblable aux verseuses d'argent : corps piriforme allongé monté sur trois pieds cambrés en laiton, couvercle mamelonné surmonté d'un bouton à marguerite, élégant bec verseur mouluré. L'anse de bois sculptée d'une feuille est maintenue sur le corps par des goupilles cachées par de petites marguerites. Enfin, à Strasbourg, on a produit quelques rares verseuses à côtes torses, de forme balustre sur pied court, à couvercle hémisphérique à charnière, et anse de bois.

La timbale. Objet très fréquent en argent, les seules que l'on rencontre en étain sont d'origine parisienne : de forme tulipe bien évasée, montée sur un piédouche court orné d'un large rang de godrons. Elles sont toujours ornées de gravures d'inspiration populaire à sujet de fleurs et de personnages. Elles étaient offertes comme cadeaux de mariage ou de fiançailles et les plus anciennes ne remontent pas avant le milieu du siècle.

Le taste-vin. De même pour le taste-vin, dont toute collection d'orfèvrerie possède plusieurs exemplaires, et qui est rarissime en étain. Pour les quelques exemplaires identifiés, on retrouve des modèles identiques à ceux d'argent : appuie-pouce plat en coquille unie à Rouen, découpé en fleur de lys dans l'Ouest, et le typique modèle de Bordeaux à ombilic central. Paris a produit un banal modèle à anse serpent, jusque tard dans le XVIIIe siècle.

La coupe de mariage. Également plus rare qu'en argent, elle en adopte les mêmes formes : large coupe montée

Le déclin, 1730-1780

1

Flambeau d'une paire à tige balustre à nœuds, orné de deux rangs de godrons. Pierre Gaillard, maître cité à Rouen en 1779. Pas de poinçon de contrôle. (Coll. part.).

2

Flambeau à décor de cannelures, rangs de perles et frises feuillagées. Une des rares productions françaises de style Louis XVI. Jacques-Frédéric Borst, maître à Strasbourg en 1769. (Coll. part.).

3

Planche extraite de L'Art du potier d'étain de Michel Salmon (1788). On y voit représentées de nombreuses pièces d'orfèvrerie d'étain qui ont fait l'objet de cette étude.

sur un piédouche court mouluré, anses à volutes et rinceaux parfois ornées d'une tête d'oiseau. L'essentiel de la production date de la première moitié du XVIIIe siècle, et est circonscrite à Lyon et à la Bourgogne.

Le luminaire. Il est toujours assez peu fréquent, pour les raisons invoquées plus haut. La dimension du flambeau est plus grande qu'au siècle précédent, vingt-cinq à trente centimètres de haut environ. Sur une base mamelonnée et moulurée assez élevée, à pans puis à contour mouvementé, s'élève une tige à nœud et balustre, surmontée d'un binet, généralement à pans. La bobèche existe pour certains modèles, mais n'a sans doute pas été fabriquée partout. Citons comme centres d'une production régulière : Rouen, Nîmes et Bordeaux où l'on fabriqua également un modèle à côtes torses Louis XV. A Strasbourg, dans le dernier tiers du siècle, l'atelier Borst créera un superbe modèle à cannelures et rangs de perles de style Louis XVI.

Il apparaît cependant clairement, dans l'ensemble, que l'on assiste à l'agonie d'une profession. En effet, plus on avance dans le XVIIIe siècle, moins les ateliers sont nombreux, et plus leurs productions sont banales, quand elles ne sont pas médiocres. Seuls quelques ateliers à Paris, Strasbourg, Lyon et Bordeaux arriveront à maintenir une activité de quelque importance jusqu'à la fin du siècle, puis ils devront abandonner leur production de qualité pour se résigner, afin de survivre, à n'être plus que des fournisseurs de vaisselle pour les couvents, et de matériel pour les hôpitaux. Au tournant du siècle, l'orfèvrerie d'étain aura vécu.

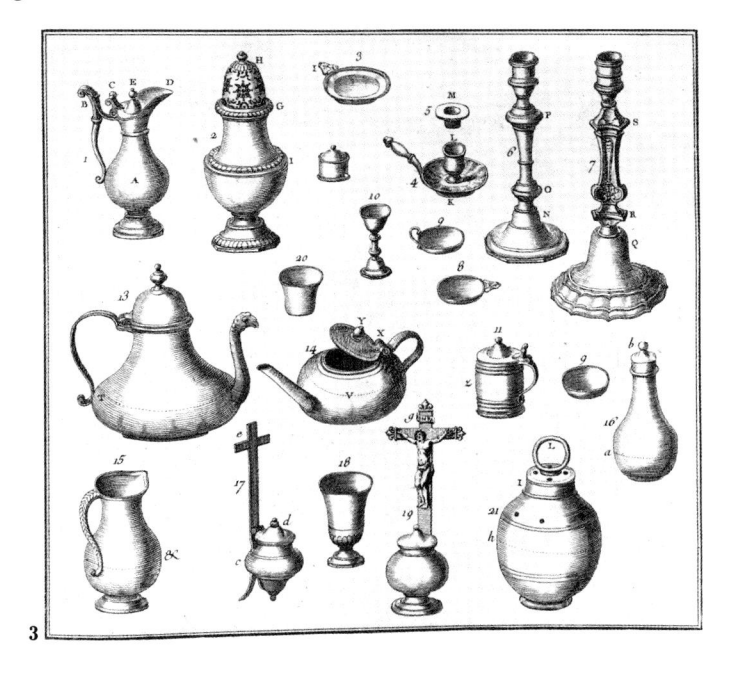

Glossaire

A

AIGUIÈRE. Vase monté sur pied, orné d'une anse et d'un bec ou versoir et destiné à contenir de l'eau. Accompagnée d'un bassin elle servait à se laver les mains à table.

ARGENTURE. Dépôt d'une couche d'argent sur un objet. L'argenture électrochimique est réalisée par électrolyse d'une solution de cyanure de potassium et d'argent.

B

BIGORNE. Petite enclume très allongée dont les extrémités sont en pointes de formes diverses. Utilisée en orfèvrerie, elle porte gravée en creux les signes qui s'imprimeront en relief sur les objets, tandis que le coup de poinçon gravera la marque de garantie.

BINET. Partie supérieure d'un bougeoir dans laquelle on place la bougie.

BOBÈCHE. Partie supérieure du chandelier où se place la chandelle ; par extension disque qui s'y adapte pour empêcher la cire de couler.

BOUGEOIR. Petit chandelier sans pied, à manche ou à anse.

BOUTON. En orfèvrerie, petit élément décoratif en relief, souvent en forme de plante, (artichaut, grenade, etc.) permettant la préhension d'un couvercle.

BOUTS DE TABLE. Petits flambeaux à deux ou trois branches disposés aux extrémités d'une table.

BRASURE. Assemblage de deux pièces métalliques, à haute température.

BURIN. Outil en acier avec pointe carrée ou triangulaire pour dégrossir les pièces métalliques.

C

CANDÉLABRE. Grand chandelier à plusieurs branches, allant le plus souvent par paire pour former une garniture de table ou de cheminée.

CANNELURE. Rainures parallèles creusées sur un objet ; elles peuvent être plates, rudentées ou torsées.

CHANDELIER. Support dans lequel on pique ou encastre une bougie. La tige, ou fût, est terminée par un élément appelé binet.

CHARGE. Indication de la quantité de métal précieux déposée sur un objet.

CISELURE. Sculpture, pour la décoration du métal, réalisée avec de petits outils d'acier frappés au marteau.

COQUILLE. Élément décoratif très fréquemment utilisé à partir du XVIIe siècle.

COUVERTS. Ce que l'on dispose sur une table pour le repas : nappe, assiettes, verres, cuillers, fourchettes, couteaux, etc. Au sens le plus restrictif : cuiller et fourchette.

CUILLERON. Partie creuse d'une cuiller.

D

DOUBLÉ (PLAQUÉ). Superposition de métaux par corroyage, en général cuivre sur argent. Procédé très ancien remis à la mode par l'Anglais Bolsover, en 1742, à Sheffield, pour les manches de couteaux ; il fut très utilisé sous la Révolution où le métal précieux était rare. La galvanoplastie a remplacé le doublé qui disparaît vers le XIXe siècle.

E

ÉLECTROLYSE. Décomposition chimique de certaines substances par le passage d'un courant électrique ; utilisée en orfèvrerie pour la dorure ou l'argenterie des pièces.

EMBOUTISSAGE. Déformation d'une pièce de métal par écrasement entre deux outils ayant des formes opposées. Aux reliefs de la face d'une pièce correspondent au revers des creux de même importance.

ESTAMPAGE. Impression en relief sur du métal au moyen d'une matrice gravée en creux.

F

FLAMBEAU. Autre appellation du chandelier dont il ne diffère que par ses dimensions plus importantes.

FONTAINE. Récipient monté sur pieds ou support sous lequel un petit réchaud à alcool ou esprit-de-vin chauffe l'eau nécessaire à la préparation du thé ou du café.

G

GALVANOPLASTIE. Procédé consistant à déposer, par électrolyse, un métal, en général l'or ou l'argent, sur une pièce métallique.

GOBELET (TIMBALE). Petite pièce d'orfèvrerie offerte pour une occasion marquante de la vie ; créé au XVIIIe siècle, cet objet fut d'un usage courant à la fin du XIXe siècle.

GODRONS. Sorte de bossage en forme d'oves allongées et étroites qui, disposées en série, forment une ornementation.

GROSSE ORFÈVRERIE. Pour distinguer l'argenterie de table du bijou, la vaisselle d'argent s'est appelée « grosserie », puis par déformation « orfèvrerie grossière », enfin « grosse orfèvrerie ».

I

INSCULPATION. Le marquage d'un poinçon ou griffe de la corporation se faisait autrefois par insculpation sur une plaque de métal où figuraient le nom, la date et le poinçon choisi par les maîtres orfèvres.

M

MÉNAGÈRE. Désignait au XVIIIe siècle un coffret pour ranger les boîtes à épices ou à sucre et les huiliers-vinaigriers. A partir de la fin du XIXe siècle, par extension, ensemble de couverts et pièces à servir.

R

RAFRAÎCHISSOIR A VERRES. Récipient circulaire ou ovale contenant de l'eau glacée et comportant des échancrures pour caler le pied des verres. Cette même appellation était employée pour rafraîchir les bouteilles mais la pièce avait une forme de seau, haut et étroit.

S

SOIE. Partie prolongeant la lame d'un couteau et qui en permet la fixation au manche.

SURTOUT. Ensemble d'objets, déposés au centre de la table, ayant des fonctions ornementales ou utilitaires (salière, boîte à épices, corbeille à fruits, terrine, etc.).

V

VERMEIL. Argent massif recouvert d'or.

Sources des photographies

P. ABEL MUSÉE MUNICIPAL D'ORANGE 89 (3).
AGENCE TOP 69 (1, 3) - 130 (1) - 132 (1) - 156 (1).
BADISCHES LANDESMUSEUM KARLSRUHE 180 (9).
BIBLIOTHÈQUE NATIONALE, PARIS 30 (1) - 32 (1, 2) - 34 (1).
C. ET P. BOUCAUD 169 (1) - 195 - 196 (1, 2) - 198 (1, 4, 5) - 200 (1, 2) - 201 - 203 (1, 2, 3, 4) - 204 (1, 2, 3, 4) - 207 (1, 2, 3, 4) - 208 (1, 2, 3) - 209 - 210 (1, 2) - 211 (1, 2) - 213 (1, 2, 3, 4, 5) - 214 (1, 2).
BRITISH MUSEUM, LONDRES 34 (2 coul.).
BULLOZ 12 - 113 - 192 - 194 - 197 (1, 2).
BUNDESDENKMALAMT, VIENNE 38 (2).
A. CHADEFAUX 8 (coul.) - 78 (5 coul.) - 85 (4, 5) - 89 (4) - 90 (1 coul.) - 96 (2) - 105 (3, 5) - 123 (4) - 124 (6) - 135 (4, 8) - 136 (4) - 138 (1, 3, 4) - 141 (5) - 145 (3, 4, 5) - 150 (1) - 152 (4 coul.) - 160 (4) - 166 (5, 6) - 170 (3, 4) - 174 (1) - 175 (1) - 176 (1 coul.) - 182 (2) - 190 (4) - 197 (1, 2).
C. CHOFFET, MUSÉE DES BEAUX-ARTS, BESANÇON 143 (1) - 155 (3) - 160 (1).
© C.N.M.H.S. - SPADEM 36 (1) - 41 (1, 3) - 45 (3) - 50 (2) - 53 (1) - 76 (2) - 93 (2) - 130 (4) - 133 (1) - 135 (7) - 136 (2) - 156 (3) - 170 (2) - 185 (3) - 188 (4) - 189 (2) - 190 (1).
F. DRAGU 211 (2).
ESTAMPILLE 58 (1).
   F. DRAGU 133 (4) - 149 (1) - 168 (4 coul.).
   D. GENET 14 (2) - 15 (coul.) - 59 (1) - 64 (4 coul.) - 73 (1 coul.) - 75 (1 coul.) 86 (1) - 114 (2) - 123 (1 coul.) - 163 (1 coul.) - 179 (2).
   G. KRILOFF 17 (5).
GIRAUDON 17 (4) - 20 (2) - 50 - 53 (2) - 85 (1) - 114 (1) - 116 (2) - 133 (5) - 185 (1) - 198 (3).
   LAUROS-GIRAUDON 97.
M. GUERMEUR 103 (3) - 109 (3) - 111 (2, 3) - 112 (1).
L. ET L. JOUBERT 25 - 26 (2) - 36 (2, 3) - 45 (3) - 90 (3) - 118 (2) - 150 (3) - 151 (7) - 152 (1) - 164 (5) - 165 (5) - 166 (5, 6, 7) - 171 (2) - 177 (4) - 190 (3).
KOLLAR 106 (3, 4 coul.).
KUNSTGEWERBEMUSEUM, COLOGNE 198 (2).
L. LARSEN, DANEMARK 18 (coul.).
MUSÉE DES ARTS DÉCORATIFS, PARIS 16 (1) - 17 (6) - 20 (2) - 28 (2) - 46 (2 coul.) - 64 (1) - 66 (2) - 69 (5) - 73 (2) - 81 (1) - 103 (1) - 105 (2) - 106 (2) - 121 (3) - 134 (4 coul.) - 138 (2) - 146 (1) - 157 (5) - 165 (6) - 166 (2, 3) - 180 (6, 8) - 183 - 184 (1) - 185 (2) - 211 (3).
SULLY - JAULMES 28 (1) - 45 (6) - 57 (2) - 60 (2) - 68 (2, 6) - 69 (2, 6) - 71 (1 coul.), 2, 3) - 75 (2) - 77 (2) - 78 (6) - 86 (2) - 99 (1 coul.) - 103 (2) - 105 (1) - 106 (1) - 116 (3) - 117 (5) - 120 (1) - 123 (2, 3) - 124 (4, 5) - 126 (1 coul., 3, 4) - 141 (1, 2, 3, 4) - 142 (3) - 147 (3, 4, 5) - 149 (3) - 150 (4) - 151 (6) - 152 (3) - 156 (2) - 157 (4) - 158 (4) - 160 (2) - 163 (2) - 164 (1, 4) - 165 (7 coul.) - 170 (1) - 171 (1) - 173 (1 coul.) - 175 (3) - 177 (2) - 178 (1) - 179 (1) - 191.
MUSÉE DES ARTS DÉCORATIFS, STRASBOURG 187 (5) - 188 (1).
MUSÉE DES BEAUX-ARTS, ANGERS 64 (3).
MUSÉE DES BEAUX-ARTS, CAEN/M. SEYVE CRISTOFOLI 57 (1 coul.).
MUSÉE DE BRETAGNE, RENNES 126 (2) - 146 (2) - 166 (1) - 177 (1).
MUSÉE LAMBINET, VERSAILLES 38 (1) - 117 (4) - 118 (3) - 124 (3) - 132 (2) - 134 (2, 3) - 135 (5) - 155 (2) - 190 (2).
MUSÉE DU MANS 20 (1).
MUSÉE ROLIN, AUTUN 26 (1) - 64 (2) - 136 (1, 3) - 142 (1, 2) - 166 (4) - 188 (2, 3).
NATIONAL GALLERY, LONDRES 30 (2 coul.).
RESIDENZ-MUSEUM, MUNICH 53 (4, 5) - 158 (2).
RÉUNION DES MUSÉES NATIONAUX 16 (3) - 32 (3, 4) - 34 (1) - 38 (3) - 41 (4) - 42 (2 coul.) - 45 (4) - 46 (1 coul.) - 47 - 49 (2, 3 coul.) - 50 (1, 4) - 55 (2) - 60 (1) - 61 (3 coul.) - 62 (1, 2) - 66 (1) - 69 (7) - 76 (1) - 78 (1) - 82 (2 coul.) - 86 (1 coul.) - 94 (1, 2, 3, 4 coul.) - 96 (1) - 118 (5 coul.) - 124 (2) - 129 (2) - 130 (2, 5 coul.) - 155 (1) - 157 (6) - 175 (3) - 180 (3, 5) - 182 (3) - 187 (1 coul.).
D. RIGAULT, ANNECY 58 (1) - 173 (4).
VICTORIA AND ALBERT MUSEUM, LONDRES 41 (2) - 45 (2) - 49 (1) - 82 (1) - 90 (2) - 180 (4).

D.R. 14 (1) - 16 (2) - 45 (1, 5) - 50 (3) - 53 (3) - 55 (1) - 58 (2) - 59 (2) - 69 (4) - 77 (1) - 78 (2, 3, 4) - 81 (2, 3) - 85 (2, 3) - 89 (1, 2) - 93 (1) - 99 (2) - 100 (1, 2, 3, 4) - 101 (1, 2) - 105 (4) - 109 (1, 2, 4) - 111 (1 coul., 4) - 112 (2) - 116 (1) - 118 (1, 4) - 120 (2, 3) - 121 (1, 2) - 124 (1) - 129 (1, 3) - 130 (3) - 133 (2, 3) - 134 (1) - 135 (6) - 139 (1, 2, 3) - 143 (2) - 145 (1, 2) - 149 (2) - 150 (2) - 151 (5) - 152 (158 (1, 3, 5, 6) - 160 (3) - 163 (4) - 164 (2, 3) - 166 (4) - 167 - 168 (1, 2, 3) - 171 (3) - 173 (2, 3) - 174 (2) - 176 (2) - 179 (3) - 180 (1, 2, 7) - 182 (1) - 184 (2, 3, 4, 5) - 187 (2, 3, 4) - 188 (1) - 189 (1) - 196 (3) - 198 (1, 4) - 203 (4) - 214 (3).

Cet ouvrage a été réalisé par
**LES ÉDITIONS DE L'ILLUSTRATION
BASCHET & CIE**
DENIS BASCHET
étant président directeur général
ROGER ALLEGRET
directeur des éditions

LUC-OLIVIER BASCHET
en a assuré la direction artistique
et technique

Photocomposition :
NORD COMPO
Photogravure :
S.N.O.
Papier :
PAPETERIE DE L'AA
Impression :
AUBIN IMPRIMEUR